Breymann

C++
eine Einführung

Ulrich Breymann

C++

eine Einführung

HANSER

Prof. Dr. Ulrich Breymann lehrte Informatik an der Fakultät Elektrotechnik und Informatik der Hochschule Bremen
Kontakt: breymann@hs-bremen.de

Bibliografische Information der Deutschen Nationalbibliothek:

Die Deutsche Nationalbibliothek verzeichnet diese Publikation in der Deutschen Nationalbibliografie; detaillierte bibliografische Daten sind im Internet über http://dnb.d-nb.de abrufbar.

Lektorat: Brigitte Bauer-Schiewek
Herstellung: Irene Weilhart
Copy editing: Petra Kienle, Fürstenfeldbruck
Layout: Ulrich Breymann mit LaTeX
Umschlagdesign: Marc Müller-Bremer, www.rebranding.de, München
Umschlagrealisation: Stephan Rönigk
Druck und Bindung: Kösel, Krugzell
Printed in Germany

Print-ISBN: 978-3-446-44637-3
E-Book-ISBN: 978-3-446-44912-1

Inhalt

Vorwort **13**

1 Erste Grundlagen **15**

1.1 Historisches 15
1.2 Die Programmiersprache C++ und die Maschine 16
1.3 Werkzeuge zum Programmieren 18
1.3.1 Der Editor 18
1.3.2 Der Compiler 19
1.4 Die Beispiele 20
1.5 Wo gibt es Hilfe? 20
1.6 Das erste Programm! 21
1.6.1 Fehlermeldungen 24
1.7 Eingaben und Kommentare 26
1.7.1 Kommentare und Namen 28
1.8 Zahltypen und -bereiche 29
1.8.1 Ganze Zahlen 29
1.8.2 Kommazahlen 33
1.8.3 Bit-Operatoren 34
1.8.4 Vorsicht Falle: Umwandlung des Zahltyps 35
1.9 Zeichen und Zeichenketten 38
1.9.1 Eingabe 41

1.9.2 Zeichen und Zahlen 43
1.10 C++-Quiz 44

2 Zahlen raten – Kontrollstrukturen anwenden 47
2.1 Fallunterscheidung mit if 47
2.1.1 Vergleichsoperatoren 49
2.1.2 Logische Verknüpfungen 50
2.1.3 Bedingungsoperator 52
2.1.4 if und Fehler bei der Eingabe 53
2.1.5 Fehler in Verbindung mit if 55
2.1.6 C++-Quiz 56
2.2 Wiederholungen 57
2.2.1 while-Schleife 57
2.2.2 do-while-Schleife 59
2.2.3 for-Schleife 61
2.2.4 Abbruch mit break 62
2.2.5 Abbruch mit boolescher Variable 63
2.2.6 continue – zurück an den Anfang 63
2.2.7 C++-Quiz 64
2.3 Der Zufall kommt ins Spiel 66
2.3.1 Bereich für Zufallszahlen definieren 69
2.4 Konstante 71
2.5 Auswahl mit switch 73
2.6 Aufzählungstyp 76
2.7 C++-Quiz 78

3 Ein- und Ausgabe 79
3.1 Standardein- und -ausgabe 80
3.1.1 Umleitung auf Betriebssystemebene 81
3.2 Ein- und Ausgabe mit Dateien 82
3.2.1 Schreiben einer Textdatei (Spielerdatenbank) 82
3.2.2 Einlesen der Spielerdatenbank 84

3.2.3 Binärdatei ... 86

3.3 Formatierung der Ausgabe ... 88

3.4 C++-Quiz ... 89

4 Aufgaben strukturieren ... 91

4.1 Deklaration und Definition ... 92

4.1.1 Übergabe per Wert ... 93

4.1.2 Überladen einer Funktion ... 95

4.2 Trennung von Schnittstelle und Implementation ... 96

4.2.1 Namensräume ... 100

4.2.2 Präprozessoranweisungen ... 101

4.3 Übergabe per Referenz ... 102

4.4 Dateiübergreifende Sichtbarkeit ... 104

4.5 Rekursion ... 106

4.6 Einschränkung der Sichtbarkeit ... 109

4.7 C++-Quiz ... 112

5 Das Spielfeld ... 113

5.1 Eine Zeile ... 113

5.1.1 Zeilen mit array ... 114

5.1.2 Zeilen mit vector ... 116

5.2 Das Spielfeld – viele Zeilen ... 117

5.2.1 Spielfeld mit vector ... 119

5.2.2 Feld vorbesetzen ... 120

5.3 Die Anwendung – TicTacToe ... 121

5.4 C++-Quiz ... 130

6 Spieler, Würfel und Klassen ... 133

6.1 Objektorientierung ... 134

6.2 Klasse Spieler ... 136

6.2.1 explicit ... 141

6.2.2 private oder public? ... 142

6.3 Trennung von Schnittstelle und Implementation 143
6.4 Mehr über Konstruktoren 145
6.4.1 Allgemeiner Konstruktor 145
6.4.2 Standardkonstruktor 145
6.4.3 Kopierkonstruktor 146
6.4.4 Einheitliche Initialisierung 149
6.5 Die Zerstörung von Objekten 150
6.5.1 Der Laufzeit-Stack 150
6.5.2 Destruktor 151
6.6 Klasse Würfel 153
6.7 Würfelspiel: Mensch gegen Maschine 155
6.7.1 Der Computer spielt gegen sich selbst 156
6.8 C++-Quiz 161

7 Grafik mit C++ 163

7.1 Ereignisgesteuerte Programmierung 164
7.2 Einfache Grafik 165
7.3 Klassenvariablen und -funktionen 169
7.4 Ereignisse 171
7.5 Bewegte Grafik 173
7.6 Grafikerzeugung 181
7.7 C++-Quiz 187

8 Dynamische Speicherbeschaffung 189

8.1 Zeiger 190
8.1.1 Zeiger auf Zeichen 192
8.1.2 Zeigerarithmetik und Wahrheitswerte 193
8.2 C-Arrays 195
8.2.1 Parameterübergabe per Zeiger 197
8.3 Speicherbeschaffung 198
8.3.1 Die beste Art! 198
8.3.2 new und delete – tun Sie es nicht! 199

8.3.3 unique_ptr ... 202
8.3.4 shared_ptr ... 204
8.4 Grafische Objekte dynamisch erzeugen ... 206
8.4.1 Speicherplatz besser nutzen ... 208
8.5 Zeiger als Beobachter ... 209
8.6 C++-Quiz ... 211

9 Vererbung ... 213
9.1 Generalisierung und Spezialisierung ... 213
9.2 Vererbung am Beispiel ... 214
9.2.1 Statische Auswertung ... 220
9.3 Konstruktor erben ... 220
9.4 Polymorphismus ... 221
9.4.1 Polymorphismus und »die großen Drei« ... 223
9.4.2 Überschreiben oder nicht überschreiben? ... 223
9.4.3 Polymorphismus-Anwendung ... 225
9.4.4 Herausfiltern bestimmter Klassen ... 226
9.5 Abstrakte Klassen ... 227
9.6 Mehrfachvererbung ... 228
9.7 Polymorphismus und SFML – TicTacToe reloaded ... 229
9.8 Probleme der Modellierung mit Vererbung ... 236
9.9 C++-Quiz ... 237

10 Fehlerbehandlung ... 239
10.1 Fehler erkennen und signalisieren ... 240
10.2 Fehler behandeln ... 240
10.3 Vordefinierte Exceptions ... 244
10.4 Eigene Exception-Klasse ... 245
10.5 C++-Quiz ... 247

11 Interaktives Spiel mit Grafik und Sound ... 249

11.1 Anzeige des Spielergebnisses ... 251

11.2 Einfache grafische Komponenten ... 253

11.2.1 Der Mond ... 253

11.2.2 Die fallenden Objekte ... 254

11.3 Sprites ... 256

11.3.1 Der Vogel ... 259

11.4 Spielablauf ... 260

12 Überladen von Operatoren ... 269

12.1 Zeiger als Beobachter: Operatoren -> und * ... 272

12.2 ++, ==, << und weitere ... 274

12.2.1 Typumwandlung ... 279

12.2.2 ++ vorangestellt (Präfix) ... 279

12.2.3 ++ nachgestellt (Postfix) ... 281

12.2.4 Gleichheitsoperator ... 282

12.2.5 Subtraktion ... 284

12.2.6 Ausgabeoperator << ... 284

12.2.7 Eingabeoperator >> ... 286

12.2.8 Objekte als Funktion ... 287

12.2.9 Indexoperator [] ... 287

12.2.10 Arithmetische Operatoren += und + ... 289

12.2.11 Zuweisungsoperator ... 291

12.2.12 new, delete und die großen Drei ... 294

12.3 Empfehlungen ... 298

12.4 C++-Quiz ... 299

13 Die C++-Standardbibliothek ... 301

13.1 Templates ... 302

13.1.1 Funktions-Template ... 303

13.1.2 Template-Spezialisierung ... 305

13.1.3 Klassen-Template ... 307

13.2 Funktionsobjekte und Lambda-Funktionen 309
13.2.1 Funktionsobjekte 310
13.2.2 Lambda-Funktionen 314
13.3 Paare 315
13.4 Iteratoren 317
13.4.1 Iterator-Kategorien 321
13.5 Algorithmen 322
13.5.1 Funktionsweise 322
13.5.2 sort 324
13.5.3 find 324
13.5.4 binary_search und lower_bound 326
13.5.5 copy 328
13.5.6 remove und erase 329
13.5.7 fill 330
13.5.8 Folge mit fortlaufenden Werten füllen 331
13.5.9 generate 331
13.5.10 min und max 332
13.5.11 min_element und max_element 333
13.5.12 accumulate 333
13.5.13 Skalarprodukt 335
13.6 Container 336
13.6.1 Gemeinsame Eigenschaften 336
13.6.2 Sequentielle Container 339
13.6.3 array 341
13.6.4 vector 341
13.6.5 list 342
13.6.6 deque 343
13.6.7 stack 344
13.6.8 Assoziative Container 344
13.6.9 map 345
13.6.10 set 349

13.6.11 unordered_map 350
13.6.12 unordered_set 351
13.7 Zeitmessung und Datum/Uhrzeit 352
13.8 Komplexe Zahlen 354

14 Referenzsemantik 357
14.1 Compiler-generierte Funktionen 358
14.2 Empfehlungen 359
14.3 Praktische Umsetzung 360

15 Ausblick 363
15.1 Template-Erweiterungen 363
15.2 Die C++–Standardbibliothek 364
15.3 Test von C++-Programmen 366

A Anhang 367
A.1 Installationshinweise für Windows 368
A.1.1 Compiler 368
A.1.2 Entwicklungsumgebung 368
A.1.3 SFML 370
A.2 Installationshinweise für Linux 371
A.2.1 Compiler 371
A.2.2 Entwicklungsumgebung 371
A.2.3 SFML 372
A.3 Installationshinweise für OS X 373
A.3.1 Compiler und Entwicklungsumgebung 373
A.3.2 SFML 374
A.4 ASCII-Tabelle 376

Glossar 379

Literatur 391

Stichwortverzeichnis 393

Vorwort

Zur Entstehung dieses Buchs

Als Verfasser des recht umfangreichen Werks »Der C++-Programmierer« habe ich überlegt, dass manche Interessierte einen leichten Einstieg suchen, noch ohne sehr in die Tiefe gehen zu wollen. Ein anderer Grund ist, dass es während der Entstehung dieses Buchs keines in einem vergleichbaren Format gab, das sowohl aktuell war als auch fachlich überzeugte.

Für wen ist dieses Buch geschrieben?

Dieses Buch ist für alle geschrieben, die eine kompakte Einführung in die Programmierung mit C++ suchen und noch keine Programmiererfahrung in C++ haben, aber die Bedienung ihres Computers kennen. Erstes Ziel ist es, schnell einen Einstieg in die eigene Programmierung mit C++ zu ermöglichen. Es ist wie beim Autofahren: Dazu müssen Sie nur in Grundzügen wissen, wie der Motor im Einzelnen funktioniert. Das zweite Ziel ist, Sie mit den modernen Konzepten von C++ vertraut zu machen.

Die verwendeten Beispiele sind zum großen Teil Spiele, auch gibt es eine Einführung in die Grafikprogrammierung. Der Vorteil ist, dass Sie nicht nur die objektorientierte Programmierung kennenlernen, sondern auch den Umgang mit Mausklicks und Grafik, obwohl Grafik kein Bestandteil des C++-Standards ist. Das ist für diejenigen, die keine Spiele programmieren wollen, kein Nachteil. Die Programmierung von Spielen ist so anspruchsvoll wie die Programmierung einer Steuerberechnung – aber interessanter. In diesem Buch wird die Grafik durch eine externe Bibliothek realisiert, die für Spiele besonders geeignet ist. Compiler und alle Beispiele zum Download finden Sie auf *http://www.cppbuch2.de*.

Ist C++ einfach oder schwer?

C++ ist einfach, wenn man sich an die in diesem Buch vorgestellten Empfehlungen zur Programmentwicklung hält. Der Lernaufwand für das Ziel, C++ programmieren zu können, wird durch eine verständliche Darstellung möglichst klein gehalten – er ist aber nicht Null! Mal eben schnell C++ lernen ist aufgrund der Komplexität der Sprache unrealistisch. Der Schwerpunkt des Buchs liegt auf den modernen Konzepten der Programmiersprache C++, nicht im Versuch, sie vollständig zu beschreiben.

C++ kann schwer sein, wenn eine fehleranfällige Konstruktion wie etwa eine eigene Speicherverwaltung mit Zeigern gebaut werden soll. C++ ist auch schwer, wenn Sie ohne entsprechende Vorbildung versuchen, manche Teile der Dokumentation [ISOC++] oder den Programmcode der C++-Standardbibliothek zu verstehen. Die Schwierigkeiten verringern sich natürlich mit zunehmender Kenntnis der Sprache. Dabei helfen neben diesem Buch mein genanntes Werk [Br] und die anderen im Literaturverzeichnis genannten Quellen.

Danksagung

Meinen Testleserinnen und Testlesern Jendrik Bulk, Katrin Grunert, Tim Pissarczyk, Rahel Schmied und Sophia Zell danke ich herzlich für die verschiedenen Anregungen. Frau Weilhart vom Hanser-Verlag danke ich für die zahlreichen Hinweise zur Verbesserung des Layouts.

Bremen, im April 2016

Ulrich Breymann

1 Erste Grundlagen

Fragen, die dieses Kapitel beantwortet:

- Wie arbeitet C++ mit dem Computer zusammen?
- Was macht ein Compiler und wie ist er zu benutzen?
- Wo erhalte ich die Beispiele zu diesem Buch?
- Wo gibt es Hilfe?
- Wie sieht ein einfaches Programm aus?
- Welche Zahltypen gibt es?
- Was sind Zeichen und Strings und wie nutze ich sie?

1.1 Historisches

C++ wurde etwa ab 1980 von Bjarne Stroustrup als die Programmiersprache »C with classes«, die Objektorientierung stark unterstützt, auf der Basis der Programmiersprache C entwickelt.

1998 wurde C++ erstmals von der ISO (International Standards Organisation) und der IEC (International Electrotechnical Commission) standardisiert. Diesem Standard haben sich nationale Standardisierungsgremien wie ANSI (USA) und DIN (Deutschland) angeschlossen. Das C++-Standardkomitee hat kontinuierlich an der Verbesserung von C++ gearbeitet, sodass 2003, 2011 und 2014 neue Versionen des Standards herausgegeben wurden. Die Kurznamen sind dementsprechend C++03, C++11 und C++14. Dieses Buch berücksichtigt den neuesten Standard.

Viele Entwickler[1] im technisch-wissenschaftlichen Bereich bevorzugen C++ wegen der Vielseitigkeit, der Eignung zur hardwarenahen Programmierung und der Geschwindigkeit. Es gibt sogar (mindestens einen) Menschen mit einem C++-Tattoo (Bild) – das nenne ich echte Begeisterung! C++ wird in vielen großen Projekten eingesetzt.

Dazu gehören[2] die bekannten Adobe-Produkte Photoshop, Acrobat und Illustrator, das Windows- und andere Betriebssysteme, Microsoft-Office, die Web-Browser Chrome und Firefox, einige Facebook-Komponenten, die Datenbank MySQL sowie viele weitere.

1.2 Die Programmiersprache C++ und die Maschine

Ein Algorithmus ist eine Abfolge von festgelegten Schritten zur Lösung einer Aufgabe, ähnlich einem Rezept zum Backen eines Kuchens. So haben Sie in der Schule gelernt, wie man Zahlen addiert, sodass Sie im Prinzip die Rechnung in einem Restaurant auch ohne Taschenrechner kontrollieren könnten. Ein von Ihnen geschriebenes Programm, auch Quellprogramm genannt, ist nichts anderes als ein in einer Programmiersprache geschriebener Algorithmus. Der Prozessor[3] (CPU = central processing unit) Ihres Computers (= die Maschine) versteht Ihr Programm jedoch nicht ohne Weiteres. Der Prozessor versteht nur binäre Daten, die also als Folge von Bits[4] vorliegen. Ein ausführbares Programm besteht

1 Geschlechtsbezogene Formen meinen stets Frauen, Männer und alle anderen.

2 *http://www.stroustrup.com/applications.html*

3 Siehe Erläuterung im Glossar Seite 387.

4 Abkürzung des englischen Worts »binary digits«, also Nullen und Einsen

damit aus einer Folge von Bits, die zu Rechnerworten gruppiert werden. Deswegen wird der Programmtext (Ihr programmierter Code) vom Compiler in die Sprache des Prozessors (die Maschinensprache) übersetzt. Das Ergebnis ist ein *ausführbares* Programm, das Sie direkt starten, also von dem Prozessor ausführen lassen können. Betrachten Sie die C++-Anweisung

```
c = a + b;
```

Die Größen a, b und c seien Variablen (d.h. veränderbar), die ganze Zahlen darstellen. Die Anweisung besagt, dass die Werte von a und b addiert werden. Das Ergebnis wird dann c zugewiesen. Wenn also a = 3 ist und b = 5, hat c nach der Anweisung den Wert 8.

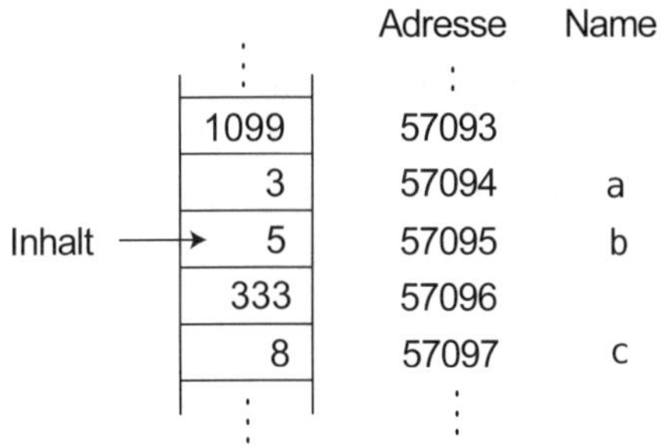

Bild 1.1 Speicherbereiche mit Adressen

Die CPU holt sich den Wert von a aus dem Speicher (siehe Abbildung 1.1) und legt ihn in einem Register ab. Anschließend wird der Befehl »addiere dazu den Wert von der Stelle b« ausgeführt. Dazu muss natürlich auch der Wert von b geholt werden. Dann wird die Addition ausgeführt und das Ergebnis an die Stelle c geschrieben. Das Gute ist, dass man sich um die Adressen der Speicherzellen gar nicht kümmern muss – das erledigt der Compiler. Im Programmtext greifen wir auf die entsprechenden Stellen einfach über die Namen a, b und c zu.

Ein Compiler ist ebenso ein ausführbares Programm, das auf Ihrem Computer bereits vorhanden ist oder das Sie sich aus dem Internet herunterladen können (dazu später mehr). Der Übersetzungsvorgang, Compilation genannt, durchläuft im Groben(!) die folgenden Schritte:

- *Vorverarbeitung.* Unter anderem ist das die Beseitigung von Kommentaren. Kommentare sind Beschreibungen für den menschlichen Leser, die das Verständnis des Programmcodes erhöhen, für die Maschine aber unwesentlich sind. Der C++-Compiler ruft dazu ein spezielles Programm auf, den *Präprozessor.*
- *Analyse der Grammatik* (auch Syntax genannt). In dieser Phase prüft der Compiler, ob Sie sich an die Regeln der Programmiersprache gehalten haben. Wenn nicht, gibt es eine Fehlermeldung.
- *Zuordnung von Bedeutungen zu den Symbolen.* So weiß der Compiler, wenn er das Symbol + zwischen zwei Zahlen findet, dass eine Addition ausgeführt werden soll.
- *Erzeugung von Zwischencodedateien für die einzelnen Programmdateien.* Ein Programm besteht meistens aus mehreren Dateien.
- *Erzeugung des ausführbaren Programms durch Zusammenbinden der Zwischencodedateien.* Das Zusammenbinden heißt auch Linken. Das vom Compiler zu diesem Zweck aufgerufene Programm ist der Linker.

1.3 Werkzeuge zum Programmieren

Um Programme schreiben und ausführen zu können, brauchen Sie nicht viel: einen Computer mit einem Editor und einem C++-Compiler.

1.3.1 Der Editor

Wenn Sie ein Programm schreiben wollen, brauchen Sie einen passenden Editor. Word und ähnliche Programme sind nicht das Richtige, weil in den Dateien versteckte Formatierungen enthalten sind. Für Windows-Systeme eignet sich Notepad++ sehr gut, für Linux etwa Kwrite, um nur eine Auswahl zu nennen. OS X (Mac) stellt TextEdit zur Verfügung, besser geeignet ist jedoch der Editor von Xcode (siehe unten). Wenn Sie im

Finder eine der *cpp*-Dateien der heruntergeladenen Beispiele anklicken, wird sie automatisch im Xcode-Editor geöffnet. Sie können sie modifizieren und mit ⇧+⌘+s unter einem anderen Namen abspeichern, um damit zu experimentieren.

Solche Editoren werden auch ASCII[5]-Editoren genannt, obwohl sie auch Umlaute wie ä, ö, ü usw. verarbeiten können. Der ASCII-Standard definiert 128 Zeichen, wie etwa Ziffern, Kleinbuchstaben, Großbuchstaben und einige Sonderzeichen. Umlaute sind nicht enthalten (siehe Tabellen ab Seite 376). In einem Programmtext sollten Sie auf Umlaute verzichten, weil manche Systeme sie nicht vertragen.

1.3.2 Der Compiler

Auf Linux-Systemen ist der Open-Source-C++-Compiler g++[6] meistens vorhanden, oder Sie können ihn leicht mit Hilfe der Systemverwaltung installieren. Weitere Hinweise finden Sie ab Seite 371.

Von dem genannten g++-Compiler gibt es eine Portierung für das Windows-Betriebssystem, siehe *http://www.cppbuch2.de*. Weitere Hinweise finden Sie ab Seite 368.

Auf einem Mac mit OS X sollten Sie die Entwicklungsumgebung Xcode mit dem Clang-Compiler[7] installieren. Weitere Hinweise finden Sie ab Seite 373.

Für dieses Buch verwende ich nur die genannten Compiler. In einem Windows-Eingabeaufforderungsfenster[8] wird er durch Eingabe des Befehls `g++` mit einigen Parametern aufgerufen. In einer Linux- oder OS X-Konsole rufen Sie den Compiler ebenfalls mit `g++` auf, auch wenn sich im Fall von OS X der Clang-Compiler hinter dem Aufruf verbirgt.

Wenn Sie eine Entwicklungsumgebung benutzen möchten, empfehle ich für Windows und Linux Netbeans (siehe Abschnitte A.1.2 und A.2.2) mit

---

5 American Standard Code for Information Interchange

6 *https://gcc.gnu.org/*

7 *http://clang.llvm.org/get_started.html*

8 Statt des Wortungetüms Eingabeaufforderungsfenster oder des Begriffs Terminal werde ich von nun an das Wort *Konsole* verwenden.

C++-Plug-in bzw. Xcode für OS X (Abschnitt A.3.1). Die entsprechenden Kommandos, um ein Programm zu compilieren und auszuführen, werden in den ersten Kapiteln angegeben – sowie immer, wenn sich etwas grundlegend ändert.

1.4 Die Beispiele

Alle Beispiele des Buchs können Sie aus dem Internet von der Adresse *http://www.cppbuch2.de/* herunterladen, wenn Sie keine Lust zum Abtippen haben. Meiner Erfahrung nach ist Abtippen fehlerträchtig – andererseits lernt man durch eigenes Schreiben. Es ist allemal sinnvoll, die heruntergeladenen Beispiele auszuprobieren, im Editor zu modifizieren (etwa einen Fehler einzubauen) und die Wirkung der Modifikation zu sehen. Außerdem können Sie Teile für eigene Zwecke herauskopieren, wenn Sie wollen.

1.5 Wo gibt es Hilfe?

Bei der Programmentwicklung wird gelegentlich das Problem auftauchen, etwas nachschlagen zu müssen. Es kann auch sein, dass man etwas nicht ganz verstanden hat und nach weiteren Erläuterungen sucht. Es gibt die folgenden Hilfen:

- Es gibt ein recht umfangreiches *Stichwortverzeichnis* ab Seite 393 und ein sehr detailliertes *Inhaltsverzeichnis*.
- Referenzen zur C++-Standardbibliothek finden Sie unter *http://stdcxx.apache.org/doc/stdlibref/* und *http://www.cplusplus.com/reference/*.
- Wenn Sie nicht mehr weiterwissen, kann das Forum *http://www.c-plusplus.de/forum/viewforum-var-f-is-15.html*

recht hilfreich sein. Um eine möglichst gute Hilfestellung zu bekommen, lohnt es sich, die ersten, mit »Wichtig« gekennzeichneten Einträge zu beherzigen.

- Erklärungen zu Begriffen sind im *Glossar* ab Seite 379 aufgeführt.

1.6 Das erste Programm!

Wenn Sie sich die genannten Werkzeuge besorgt haben, kann es losgehen. Am besten legen Sie sich zunächst ein Verzeichnis an, in dem sich Ihre Programme befinden sollen. Der Lehrbuch-Klassiker ist das »Hello world!«-Programm, das nur eben diesen Text anzeigt. Schreiben Sie den folgenden Programmtext (ohne Zeilennummern) und speichern Sie ihn in einem Verzeichnis als Datei *hello.cpp* ab:

Listing 1.1 Das erste Programm *(beispiele/kap1/hello.cpp)*

```
#include <iostream>

int main() {
  std::cout << "Hello world!\n";
  return 0;
}
```

Die Endung *cpp* des Dateinamens sagt, dass es sich um ein C++-Quellprogramm handelt. Öffnen Sie eine Konsole in dem Verzeichnis und geben Sie ein:

```
g++ -o hello.exe hello.cpp
```

`g++` ruft den Compiler auf, der wiederum den Präprozessor und den Linker aufruft. Um die Letzteren müssen Sie sich also nicht kümmern. `-o hello.exe` bedeutet, dass die zu erzeugende ausführbare Datei *hello.exe* heißen soll. `hello.cpp` schließlich ist der Name Ihres soeben geschriebenen Programms. Wenn Sie nun mit `dir` (Windows) oder `ls` (Linux) nachsehen, finden Sie die Datei *hello.exe* im Verzeichnis. Die Abkürzung

```
g++ hello.cpp
```

funktioniert auch, nur dass der Compiler für die ausführbare Datei einen Standardnamen wählt, etwa *a.exe* oder *a.out* je nach System. Tippen Sie nun `hello.exe` ein beziehungsweise `./hello.exe` unter Linux oder OS X, wenn das aktuelle Verzeichnis nicht im Pfad liegt. Das Programm wird ausgeführt und auf dem Bildschirm erscheint die Meldung »Hello world!«. Was bedeuten nun die einzelnen Zeilen des Programms?

1
```
#include <iostream>
```
Mit einem Programm kann man nicht nur rechnen, sondern auch Ausgaben auf die Konsole veranlassen und Eingaben entgegennehmen. Die Absicht wird dem Compiler in Zeile 1 mitgeteilt. Sie können die Zeile so interpretieren: Der Compiler soll in Ihr Programm alles einschließen (englisch *include*), was er für die Ein- und Ausgabe braucht. `iostream` bedeutet *input output stream.* Mit »stream« (dt. Strom) ist gemeint, dass es einen Strom von Zeichen in das Programm hinein bzw. hinaus gibt. Das Zeichen # bedeutet eine Anweisung an den Präprozessor. Solche Anweisungen heißen *Makro.* Letzlich liest der vom Compiler aufgerufene Präprozessor die Systemdatei *iostream* an dieser Stelle ein, sodass ihr Inhalt Bestandteil Ihres Programms ist. Dateien wie *iostream* werden *Header*-Dateien genannt, weil sie am Anfang eines Programms eingebunden werden (head = engl. für Kopf).

2 Leerzeile. Eine Leerzeile spielt für den Compiler keine Rolle. Leerzeilen werden zur Strukturierung eines Programms benutzt, um die Lesbarkeit zu erhöhen. Dasselbe gilt für Einrückungen. So wird ein *Block,* das ist der zwischen den Klammern `{` (Zeile 3) und `}` (Zeile 6) stehende Text, eingerückt, indem zwei Leerzeichen am Anfang der Zeile eingefügt werden. Diese Leerzeichen werden vom Compiler ignoriert.

3
```
int main() {
```
Jedes C++-Programm fängt mit `main()`, dem Hauptprogramm, an. `main()` ist eine Funktion, die einen ganzahligen Wert zurückgibt. Die Information, dass der Wert eine ganze Zahl ist, wird dem Compiler mit dem Schlüsselwort `int` (Abk. für Integer) mitgeteilt. `int` wird auch *Typ* oder *Datentyp* der ganzen Zahlen genannt. Ein Typ definiert letztlich, welche Operationen mit einem Wert des Typs

möglich sind. Im Fall `int` sind das Operationen wie addieren, subtrahieren usw.

Funktionen kennen Sie vermutlich aus der Mathematik. So würde der Funktionsaufruf *sin 45°* bedeuten, dass für weitere Berechnungen das Ergebnis der Funktion an die Stelle des Aufrufs tritt. So ist es auch in C++, nur dass die Funktionsparameter in runden Klammern angegeben werden. Wenn keine Parameter zu übergeben sind, bleiben die Klammern leer, so wie hier bei `main()`. Die ganze Zahl, die von `main()` zurückgegeben wird, kann vom Betriebssystem ausgewertet werden.

Am Ende der Zeile steht eine öffnende geschweifte Klammer. Sie kennzeichnet den Beginn eines Blocks, wie bei Zeile 2 beschrieben. Programmcode, der zu einer Funktion gehört, steht stets innerhalb eines Blocks.

```
4 std::cout << "Hello world!\n";
```

Diese Anweisung bewirkt die Ausgabe auf dem Bildschirm. Sie wird, wie jede einzelne[9] Anweisung, mit einem Semikolon abgeschlossen. `cout` ist ein Objekt, das für die Ausgabe verantwortlich ist. In C++ gibt es sogenannte Namensräume, um Bereiche voneinander abzugrenzen (mehr dazu weiter unten). Der zum C++-Standard gehörende Namensraum hat die Bezeichnung `std`. Weil `cout` zu diesem Namensraum gehört, heißt es `std::cout`. Der Name ist eine Abkürzung für *c*haracter *out*put (dt. Zeichenausgabe). Das Objekt ist in `iostream` definiert (siehe Zeile 1). Mit dem Operator << wird der Text »zur Ausgabe geschoben« (zum Begriff Operator siehe unten). Wie Sie später sehen werden, ist diese Ausdrucksweise mehr bildlich als genau, das reicht aber für den Moment. Der auszugebende Text wird in ASCII-Anführungszeichen eingeschlossen. Die im Deutschen gebräuchliche Unterscheidung zwischen Anführungszeichen oben und Anführungszeichen unten gibt es in einem C++-Programm nicht. Am Ende des Textes sehen Sie `\n`. Diese Zeichenkombination wird wie ein einziges Zeichen interpretiert. Es steht für eine neue Zeile (Zeilenumbruch), sodass nachfolgen-

[9] Es gibt auch Verbundanweisungen, doch dazu später.

de Ausgaben in die nächste Zeile geschrieben werden. Zeichen wie dieses oder auch das Tabulatorzeichen sind nicht druckbare Steuerzeichen, trotzdem möchte man sie in einem Programm ausdrücken. Zur Kennzeichnung wird ein Backslash `\` davorgestellt. Das Tabulatorzeichen wird in einem Programm als `\t` geschrieben.

```
5 return 0;
```

`main()` gibt die ganze Zahl 0 zurück. Das Semikolon kennzeichnet auch hier das Ende der Anweisung. 0 steht dafür, dass alles in Ordnung ist. Im Falle eines Fehlers könnte eine andere Zahl zurückgegeben und vom Aufrufer ausgewertet werden. Jede Funktion, die einen Wert zurückgibt, muss eine `return`-Anweisung enthalten. `main()` ist die einzige Ausnahme, das heißt, die `return`-Anweisung darf hier fehlen. In diesem Fall wird 0 zurückgegeben.

```
6 }
```

Hier wird der in Zeile 3 begonnene Block geschlossen: Ende der Funktion.

> Der Begriff *Operator* wird in C++ häufig verwendet. Ein Operator bedeutet, dass etwas getan wird, und zwar mit einem oder mehreren *Operanden*. So bezeichnet in der Addition a+b das Zeichen + den Operator. a und b sind die Operanden. Ein Operator wird durch ein Symbol wie + oder << oder durch einen Namen dargestellt, zum Beispiel `plus(a, b)`. ■

1.6.1 Fehlermeldungen

Nun modifizieren Sie das Programm, indem Sie die ersten beiden Zeilen streichen. Wenn Sie es nun erneut übersetzen, meldet sich der C++-Compiler mit der Fehlermeldung

```
hello.cpp: In Funktion »int main()«:
hello.cpp:2:3: Fehler: »cout« ist kein Element von »std«
   std::cout << "Hello world!\n";
   ^
```

Weil #include <iostream> nun fehlt, kennt der Compiler cout nicht. Die Fehlermeldung ist allerdings irreführend, und daran müssen Sie sich leider gewöhnen. Denn natürlich ist cout Element von std, es wird nur nicht bekannt gemacht. hello.cpp:2:3: besagt, dass der Compiler den Fehler in der Datei *hello.cpp* bei dem dritten Zeichen der Zeile zwei entdeckt hat. Auch das ist oft irreführend, wenn nämlich angenommen wird, dass das auch die Stelle des Fehlers ist. Tatsächlich bedeutet es, dass der Fehler an dieser Stelle *oder davor* liegt. Sie wissen ja, wie Sie diesen Fehler leicht reparieren können. Experimentieren Sie mit weiteren Veränderungen des Programms und studieren Sie die dann entstehenden Fehlermeldungen.

Weitere Optionen des Compilers

Der Compiler bietet die Möglichkeit, Warnungen auszugeben, wenn Anweisungen verwendet werden, die zwar sprachkonform sind, vermutlich aber einen Fehler enthalten. Die Option zur Anzeige der Warnungen ist -Wall. Wie die Option übergeben wird, sehen Sie unten im Kasten. In manchen Fällen bekommen Sie seitenlange Fehlermeldungen, entweder weil es mehrere Fehler gibt oder weil der Compiler nach einem Fehler das restliche Programm nicht mehr versteht. Wenn Sie sich nur auf den ersten angezeigten Fehler konzentrieren, reicht das in aller Regel! Die Fehlerausgabe wird mit -fmax-errors=1 (Clang: -ferror-limit=1) auf diesen Fehler beschränkt.

Tipp: Verwenden Sie die genannten Optionen des Compilers.
Ein Beispiel für Windows und Linux:

```
g++ -Wall -fmax-errors=1 -o prog.exe prog.cpp
```

(Mac mit OS X: -ferror-limit=1 statt -fmax-errors=1) ■

-fmax-errors=1 und -ferror-limit=1 werden in folgenden Kommandos zur Übersetzung nicht mehr erwähnt.

Vereinfachung der Schreibweise

Wenn klar ist, dass der Namespace `std` benutzt wird, wird abgekürzt statt `std::cout` einfach nur `cout` geschrieben, wenn vorher `using namespace std;` angegeben wird, wie Sie im nächsten Programm sehen. In C++-Dateien mit der Endung *.cpp* kann `using namespace std;` in der Regel problemlos verwendet werden. Wenn nur ein Teil des Namespace `std` benutzt wird, genügt es, nur diesen Teil anzugeben, also etwa `using std::cout;`. Die Verwendung von `using` erspart nachfolgende Schreibarbeit.

1.7 Eingaben und Kommentare

Im zweiten Programm lernen Sie die Eingabe von Zahlen, das Durchführen einer Berechnung und den Einsatz von Kommentaren kennen. Wie vorher wird erst das Beispiel gezeigt. Die einzelnen Zeilen werden anschließend erläutert:

Listing 1.2 Eingabe und Kommentare *(beispiele/kap1/summe.cpp)*

```
#include <iostream>
using namespace std;

int main() {
  /* Berechnung einer Summe. Dazu werden zwei ganze
     Zahlen eingelesen, die dann addiert werden.
  */
  int summand1;     // Der erste Summand.
  int summand2;     // Der zweite Summand.
  cout << "Bitte zwei ganze Zahlen eingeben, "
          "getrennt durch Leerzeichen: ";
  cin >> summand1 >> summand2;
  int ergebnis = summand1 + summand2;
  cout << summand1 << " + " << summand2 << " ergibt "
       << ergebnis << '\n';
}
```

Übersetzen Sie die Datei mit `g++ -o summe.exe summe.cpp`. Sie können das Programm durch Eingabe von `summe.exe` ausführen.

> Falls Sie den empfohlenen Compiler installiert und eine Konsole in einem Verzeichnis der heruntergeladenen Dateien geöffnet haben, können Sie einfach *make* eingeben und alle Programme in diesem Verzeichnis werden übersetzt. *make* bewerkstelligt dies mit Hilfe einer Steuerdatei namens *makefile*. Mehr dazu finden Sie in [Br]. ■

5-7 Zwischen den Zeichenkombinationen `/*` und `*/` können Sie einen beschreibenden Text einfügen, Kommentar genannt, der über mehrere Zeilen gehen darf. Solche Kommentare werden vom Präprozessor herausgefiltert, sodass der Compiler sie gar nicht erst zu sehen bekommt.

8-9 Hier werden die Variablen `summand1` und `summand2` *deklariert*. Deklarieren heißt, einen Namen in das Programm einführen, also dem Compiler bekannt machen. Beide Variablen sind vom Typ `int`, repräsentieren also eine ganze Zahl. Auch Deklarationen schließen mit einem Semikolon ab. Ab dieser Stelle ist der Name dem Compiler bekannt. Der mit // eingeleitete Teil danach ist ebenfalls ein Kommentar. Der Unterschied zu dem oben beschriebenen ist, dass er nur bis zum Ende der Zeile reicht.

10-11 Eine einfache Ausgabeanweisung. Lange Zeichenketten können mit Hilfe von Anführungszeichen aufgespalten werden. Die Wirkung ist, als ob der ganze auszugebende Text in einer Zeile stände. Die Aufspaltung ist ein Hilfsmittel zur besseren Lesbarkeit des Programmtextes.

12 Dies ist die Eingabeanweisung. Beachten Sie, dass der Operator jetzt in Richtung der einzulesenden Variablen zeigt (>>)! `cin` (für *character input*) ist das für die Eingabe zuständige Objekt. Wie Sie sehen, kann die Eingabe hintereinander geschaltet werden. Die Zeile ist äquivalent zu den zwei Zeilen

```
cin >> summand1;
cin >> summand2;
```

Bei der Eingabe müssen die Werte durch ein oder mehrere Zwischenraumzeichen (englisch *whitespace*) getrennt sein. Dass kann ein Leerzeichen, ein Tabulatorzeichen oder auch eine neue Zeile sein. Probieren Sie es aus!

13 Hier wird die Variable `ergebnis` angelegt und mit dem Ergebnis der Berechnung *initialisiert*, also mit einem Anfangswert versehen. Siehe dazu die Textbox unten.

14-15 Es können mehrere Objekte nacheinander ausgegeben werden, wie man sieht. Neu ist, dass `\n` in *einzelne* Hochkommas eingeschlossen wird. Der Unterschied: Mit `""` werden Zeichenketten begrenzt, die aus einem oder mehr als einem Zeichen bestehen. `''` begrenzen hingegen nur einzelne Zeichen. Wie oben schon gesagt, wird `\n` als ein einziges (Steuer-)Zeichen interpretiert.

16 Hier wird der in Zeile 3 begonnene Block geschlossen: Ende der Funktion, diesmal ohne `return` (in `main()` darf `return` fehlen).

Wenn ein Objekt mit = schon bei der Anlage einen Wert erhält, spricht man von *Initialisierung*. Existiert das Objekt schon vorher, bewirkt = eine *Zuweisung*.

```
int a = 3;          // Initialisierung mit 3
int b;              // keine Initialisierung: undefinierter Wert
                    // (muss nicht 0 sein!)
b = 7;              // Zuweisung von 7 (b existiert schon vorher)
```

Wenn nun keine Zahlen, sondern zum Beispiel Buchstaben eingegeben werden, verhält sich das Programm nicht korrekt. Wie damit umzugehen ist, erfahren Sie schon im nächsten Kapitel.

1.7.1 Kommentare und Namen

Kommentare als Erläuterungen zu einem ansonsten nur schwer zu verstehenden Programmcode sind besonders sinnvoll.

Namen wie `summand1` usw. sind frei wählbar, sie dürfen aber nur aus kleinen oder großen Buchstaben, Ziffern und dem Unterstrich _ bestehen und sie dürfen keine Leerzeichen enthalten. Namen müssen mit einem (großen oder kleinen) Buchstaben beginnen. Der Unterstrich am Anfang ist auch möglich, wird aber nicht empfohlen, weil manche Systemvariablen mit ihm anfangen. Vermeiden Sie überflüssige Kommentare, etwa

```
a = a + 1;                    // a wird um 1 vergrößert
```

Der Kommentar enthält keine zusätzliche Information und ist daher überflüssig. Wenn Sie Kommentare durch »sprechende« Namen einsparen können, tun Sie es! Beispiel:

```
int i;                        // Verschiebung der Grafik (in Pixeln)
int verschiebung;
```

Der Vorteil der Benennung in der zweiten Zeile im Vergleich zur ersten ist, dass die Bedeutung auch etliche Zeilen weiter im Programm noch klar erkennbar ist, ohne sie durch Zurückblättern des Bildschirms suchen zu müssen, wenn Sie zum Beispiel den Programmtext nach längerer Zeit wieder lesen wollen. Auch anderen, die den Code lesen, helfen gut gewählte Variablennamen, ihn zu verstehen.

1.8 Zahltypen und -bereiche

1.8.1 Ganze Zahlen

Eine Zahl beansprucht Platz im Speicher. Die tatsächlich verwendete Anzahl von Bytes variiert je nach Rechnersystem. Typische Werte sind:

`short` (oder `short int`)	2 Bytes
`int`	4 Bytes
`long` (oder `long int`)	4 oder 8 Bytes
`long long` (oder `long long int`)	mindestens 8 Bytes

`00000000000000000000000000000101` ist zum Beispiel die interne Darstellung der Zahl 5 mit 32 Bits (= 4 Bytes). Ganz rechts sind die Bits mit der geringsten Bedeutung. `101` (binär) entspricht $1 \cdot 2^2 + 0 \cdot 2^1 + 1 \cdot 2^0$, also 5 (dezimal). Ein Bit wird für das Vorzeichen reserviert. Sie können die in Ihrem System verwendete Anzahl von Bytes mit `sizeof` feststellen. Bei wohl den meisten Computern führt die folgende Anweisung zur Ausgabe »4«:

```
cout << sizeof(int) << '\n';
```

Der Zahlenbereich hängt von der Anzahl der Bytes ab. Bei einem `int`-Wert mit 4 Bytes = 32 Bits geht er von -2^{31} bis $2^{31}-1$, das ist der Bereich von −2.147.483.648 bis 2.147.483.647. Es gibt zu jedem der genannten Zahltypen auch eine Variante ohne Vorzeichen, die mit dem Wort `unsigned` gekennzeichnet wird. Der kleinste Wert so einer Zahl ist 0. Jeder andere Wert ist positiv. Es sind genau so viele Zahlen darstellbar. Der Zahlenbereich ist nur in Richtung der positiven Zahlen verschoben. So ist der größtmögliche Wert einer `unsigned int`-Zahl, die 4 Bytes belegt, 4.294.967.295.

size_t – ein besonderer Zahltyp

`size_t` ist ein Typ für nichtnegative (also 0 oder positive) ganze Zahlen wie `unsigned int`. Der Unterschied ist, dass `size_t` groß genug ist, um die Größe des größtmöglichen Objekts des Systems aufzunehmen. Auf 32-Bit-Systemen gibt es oft keinen Unterschied zu `unsigned int`, aber auf 64-Bit-Systemen kann `sizeof(unsigned int)` den Wert 4 ergeben und `sizeof(size_t)` den Wert 8. Deswegen ist es im Allgemeinen besser, `size_t` statt `unsigned int` zu verwenden, wenn es um Größeninformationen oder Adressen im Speicher geht. Generell schadet es nicht, wenn Sie `size_t` immer dann verwenden, wenn es um nichtnegative ganze Zahlen geht. Ein Beispiel:

```
std::size_t anzahl = 0;     // zu std:: siehe unten
```

`size_t` ist im Namespace `std`. Wenn Sie also nicht vorher im Programm `using namespace std;` stehen haben, schreiben Sie `std::size_t`. Genau so, wie Sie `#include <iostream>` in einem Programm mit Ausgaben auf dem Bildschirm schreiben, damit der Compiler `cout` kennt (siehe das erste Programm auf Seite 21), fügen Sie oben im Programm `#include <cstddef>` ein, wenn Sie `std::size_t` bzw. `size_t` verwenden. Es kann sein, dass das Programm auch ohne diese Include-Anweisung compiliert wird. Der Grund ist, dass eine andere Include-Anweisung (etwa die für `<iostream>`) schon für das Einschließen von `<cstddef>` gesorgt hat. Guter Programmierstil ist es jedoch, sich nicht darauf zu verlassen.

Rechnen mit ganzen Zahlen

Für das Rechnen mit ganzen Zahlen gibt es die üblichen Operatoren für die Grundrechenarten, wie etwa + für die Addition. Es gibt aber auch Operatoren, die die Rechenoperation und die Zuweisung in sich vereinen (Kurzformoperatoren). Das folgende Listing zeigt Beispiele:

Listing 1.3 Rechenoperationen für ganze Zahlen

```
int a = 4;
int b = 9;
int c = a + b;      // Addition. c ist 13.
c += 7;             // Kurzform, dasselbe wie c = c + 7;
c = a - b;          // Subtraktion
c -= a;             // Kurzform, dasselbe wie c = c - a;
c = a * 3;          // Multiplikation
c *= 10;            // Kurzform, dasselbe wie c = c * 10;
c = 9 / 5;          // Division. Ergebnis: 1
                    // (ganze Zahl, Rest entfällt!)
c /= 2;             // Kurzform, dasselbe wie c = c / 2;
c = 9 % 5;          // Restbildung (Modulo-Operator). Ergebnis: 4
c %= 2;             // Kurzform, dasselbe wie c = c % 2;
```

Darüber hinaus gibt es noch den Inkrement-Operator ++ und den Dekrement-Operator --. Der Erste erhöht einen Wert um 1, der Zweite erniedrigt einen Wert um 1. Diese Operatoren haben die Eigenschaft, dass sie *vor* oder *nach* einer Variablen stehen können. Dabei ist das Verhalten unterschiedlich, wenn die Variable in derselben Anweisung benutzt wird, wie das Listing zeigt. Für den Dekrement-Operator -- gilt Entsprechendes. Meine Empfehlung: Programmieren Sie selbst ein Beispiel, in dem ++ und -- mal vor und mal nach einer Variablen stehen, mal mit

Benutzung durch Zuweisung an eine andere Variable und mal alleinstehend. Dann werden Sie den Unterschied gut nachvollziehen können. Das nachfolgende Listing zeigt ein paar Beispiele:

Listing 1.4 Inkrementieren (hochzählen) mit ++

```
int a = 10;
int b;
// Vorangestellt: Erst inkrementieren, dann benutzen (zuweisen):
b = ++a;                     // a ist 11, b ist 11.
// Nachgestellt: Erst benutzen, dann inkrementieren:
int c = b++;                 // c ist 11, b ist 12.
c++;          // nur Inkrementierung, keine Benutzung: c ist 12.
++c;          // nur Inkrementierung, keine Benutzung: c ist nun 13.
```

Zahlendarstellung

Ganze Zahlen können auf mehrere Arten dargestellt werden. Die folgende Übersicht hilft, Zahlen in einem Programm richtig zu schreiben.

- Die übliche Darstellung ist die als Dezimalzahl. Eine Dezimalzahl ist entweder 0 oder sie beginnt mit einer der Ziffern im Bereich 1 bis 9. Ein Suffix (l, ll, L, LL) kennzeichnet `long`- oder `long long`-Zahlen, zum Beispiel 2147483647L oder 9223372036854775806LL. Ein mögliches Vorzeichen gehört nicht zu der Zahl, obwohl es in einem Programm oder beim Einlesen mit `cin` berücksichtigt wird.
- Ein Suffix u oder U kennzeichnet `unsigned`-Zahlen, zum Beispiel 1836u. Kombinationen wie in 2036854775806ul sind möglich.
- Wenn eine Zahl mit 0b oder 0B beginnt, wird sie als *Binärzahl* interpretiert, etwa $0b1011 = 1{\cdot}2^3 + 0{\cdot}2^2 + 1{\cdot}2^1 + 1{\cdot}2^0 = 11$ dezimal.
- Wenn eine Zahl mit einer 0 beginnt, wird sie als *Oktalzahl* interpretiert, zum Beispiel $0377 = 3{\cdot}8^2 + 7{\cdot}8^1 + 7{\cdot}8^0 = 255$ dezimal.
- Wenn eine Zahl mit 0x oder 0X beginnt, wird sie als *Hexadezimalzahl* interpretiert, zum Beispiel 0xAFFE (= 45054 dezimal). Um Hexadezimalzahlen darstellen zu können, werden A, B, C, D, E und F als Ziffern hinzugenommen, wobei die Kleinschreibung ebenfalls möglich ist.

- Bei allen Zahlen ist es seit C++14 zur besseren Lesbarkeit erlaubt, zur Gruppierung Hochkommas einzufügen. So kann man 1'000'000 statt 1000000 schreiben oder 0xabc'def statt 0xabcdef. Bei der Auswertung der Zahl durch den Compiler werden die Hochkommas ignoriert.

1.8.2 Kommazahlen

Natürlich gibt es in C++ auch Kommazahlen. Allerdings gilt in einem Programm die anglo-amerikanische Schreibweise! Das heißt, statt des Kommas wird ein *Punkt* geschrieben. Die Zahl 1,23 muss in einem Programm als 1.23 geschrieben werden. Es gibt drei Typen für Kommazahlen: `float`, `double` und `long double`. Der erste benötigt am wenigsten Platz im Speicher, ist aber nicht so genau wie die anderen. Wie oben gezeigt, können Sie den Speicherbedarf in Bytes mit `sizeof` feststellen. Das obige Beispiel zur Summenberechnung wird im Folgenden leicht abgewandelt, damit Kommazahlen berechnet werden können.

Listing 1.5 Kommazahlen *(beispiele/kap1/summedouble.cpp)*

```
#include <iostream>
#include <limits>
using namespace std;

int main() {
  /* Berechnung einer Summe mit Kommazahlen.
     Dazu werden zwei Zahlen eingelesen, die dann addiert werden. */
  double summand1;      // Der erste Summand.
  double summand2;      // Der zweite Summand.
  cout << "Bitte zwei Zahlen eingeben: ";
  cin >> summand1 >> summand2;
  double ergebnis = summand1 + summand2;
  cout << summand1 << " + " << summand2 << " ergibt "
       << ergebnis << '\n';
  cout << "Die Genauigkeit von double beträgt etwa "
       << numeric_limits<double>::digits10
       << " Dezimalstellen\n";
}
```

Mit g++ -Wall -o summedouble.exe summedouble.cpp wird das Programm übersetzt, mit summedouble.exe wird es ausgeführt. Die letzte Anweisung gibt die Genauigkeit von double-Kommazahlen aus. Die Zeile am Anfang der Datei (#include <limits>) ist dazu notwendig. Es gibt verschiedene Schreibweisen für Kommazahlen, gezeigt an Beispielen. Beachten Sie dabei die Suffixe F und L (kann auch f bzw. l sein).

- double-Zahl d1, double-Wert 3.14159265:
  ```
  double d1 = 3.14159265;
  ```
  Kommazahlen ohne Suffix sind double.
  4. ist dasselbe wie 4.0, ein Punkt genügt zur Kennzeichnung als Kommazahl.
- f1 wird mit einem double-Wert initialisiert:
  ```
  float f1 = 3.14159265;
  ```
  Dies führt zu Genauigkeitsverlust, weil f1 (float) weniger Stellen hat als eine double-Zahl.
- Initialisierung mit float-Wert (Suffix f):
  ```
  float f2 = 3.14159f;
  ```
- Größte Genauigkeit (Suffix L):
  ```
  long double d2 = 3.14159265358979323846264338328L;
  ```
- Exponenten-Schreibweise:
  ```
  double d3 = 1.23e-3;
  ```
  eX steht für 10^X. 1.23e-3 bedeutet also $1.23 \cdot 10^{-3} = 0.00123$

Mit Kommazahlen können Sie mit Ausnahme der Restbildung genauso rechnen wie mit ganzen Zahlen.

1.8.3 Bit-Operatoren

C++ bietet die Möglichkeit, einzelne Bits einer Zahl abzufragen oder zu ändern. Dafür gibt es die Bit-Operatoren. So sorgt etwa der &-Operator dafür, dass ein Bit im Ergebnis genau dann gesetzt wird, wenn beide entsprechenden Bits der beiden Operatoren gesetzt sind. Ein Beispiel:

```
00000000000000000000000000000101 &
00000000000000000000000000000110 ergibt
00000000000000000000000000000100
```

Außer dem &-Operator gibt es noch einige andere, wie die Tabelle 1.1 zeigt. Bit-Operatoren werden zum Beispiel benötigt, wenn der Farbwert eines Pixels in seine Komponenten rot, gelb und grün zerlegt werden soll. Für weitere Einzelheiten zu Bit-Operationen verweise ich auf [Br].

Tabelle 1.1 Bit-Operatoren

Operator	Beispiel	Bedeutung
<<	`i << 2`	Linksschieben (Multiplikation mit 2er-Potenzen)
>>	`i >> 1`	Rechtsschieben (Division durch 2er-Potenzen)
&	`i & 7`	bitweises UND
^	`i^7`	bitweises XOR (Exklusives Oder)
|	`i | 7`	bitweises ODER
~	`~i`	bitweise Negation (aus 0 wird 1 und umgekehrt)
<<=	`i <<= 3`	`i = i << 3`
>>=	`i >>= 3`	`i = i >> 3`
&=	`i &= 3`	`i = i & 3`
|=	`i |= 3`	`i = i | 3`

1.8.4 Vorsicht Falle: Umwandlung des Zahltyps

Bitte beachten Sie, dass das Ergebnis der Rechenoperation vom Zahlentyp abhängt:

```
double x = 3 / 4;          // x ist 0.0 (siehe Text)
double y = 3 / 4.;         // y ist 0.75
```

`3/4` ist eine Rechenoperation mit *ganzen* Zahlen. Das Ergebnis ist die ganze Zahl 0. Erst bei der Zuweisung wird die 0 in eine `double`-Zahl umgewandelt. `4.` ist jedoch vom Typ `double` (beachten Sie den Punkt nach der 4!). Um die Rechenoperation ausführen zu können, wird die 3 vom Compiler ebenfalls in eine `double`-Zahl umgewandelt, so dass `3./4.` (dasselbe wie `3.0/4.0`) berechnet wird. Das Ergebnis ist 0.75, also auch vom Typ `double`.

Die Vermischung von `unsigned int` oder `size_t` und `int` kann zu Fehlern führen, weil der Compiler bei der automatischen Typumwandlung einfach nur die Bitmuster übernimmt. So wird -1 typischerweise intern als eine Folge von Einser-Bits repräsentiert. Bei einem Zahltyp ohne Vorzeichen ist das aber gerade die größtmögliche Zahl. Das folgende Programm zeigt den Effekt:

Listing 1.6 Typumwandlung *(beispiele/kap1/typumwandlung.cpp)*

```
#include <cstddef>
#include <iostream>
using std::cout;   // um unten nur cout schreiben zu können
                   // siehe Ende von Abschnitt 1.6
int main() {
  int intZahl = -1;
  cout << "-1 als int-Zahl = " << intZahl << '\n';
  unsigned int uintZahl = -1;               // Typumwandlung!
  cout << "-1 als unsigned int-Zahl = " << uintZahl
       << '\n';
  std::size_t szZahl = -1;                  // Typumwandlung!
  cout << "-1 als size_t-Zahl = " << szZahl << '\n';
}
```

Auf meinem 32-Bit-System gibt das Programm aus:

```
-1 als int-Zahl = -1
-1 als unsigned int-Zahl = 4294967295
-1 als size_t-Zahl = 4294967295
```

Auf meinem anderen, dem 64-Bit-System, gibt das Programm aus:

```
-1 als int-Zahl = -1
-1 als unsigned int-Zahl = 4294967295
-1 als size_t-Zahl = 18446744073709551615
```

> **!** Mischung von `int` und `unsigned int` (oder `size_t`) vermeiden!

Auch wenn die Zahltypen unterschiedlichen Speicherplatz einnehmen, kann die Vermischung problematisch sein. Der Grund: Bei der Typumwandlung werden einfach die überzähligen Bits abgeschnitten. Die folgenden Zahlen zeigen die 8-Byte-`long`-Zahl 4294967364 in binärer Darstellung und die entstehende 4-Byte-`int`-Zahl in binärer Darstellung nach Abschneiden der höchstwertigen 32 Bits:

```
0000000000000000000000000000000100000000000000000000000001000100
                                00000000000000000000000001000100
```

So wird aus der `long`-Zahl 4294967364 die `int`-Zahl 68. Unser Ziel ist natürlich, Programme zu schreiben, die auf 32-Bit-Systemen *und* 64-Bit-Systemen laufen!

Listing 1.7 Auszug aus *beispiele/kap1/typumwandlung2.cpp*

```
long longzahl = 4294967364L;                  // Suffix L für long
int z =  longzahl;
cout << "4294967364L als int: " << z << '\n';             // 68
```

Auf einem 32-Bit-System, auf dem `sizeof(long)` nur 4 (Bytes) ergibt, liefert schon die erste Zeile eine Warnung des Compilers, weil `long` nur 4 Bytes hat und 4294967364 nicht mit 4 Bytes darstellbar ist.

Mischung von Zahltypen verschiedener Bitbreite vermeiden! ■

Das gilt auch für Kommazahlen. So ist zwar 0.5 (= 2^{-1} = 1/2) im Binärsystem, das vom Computer verwendet wird, exakt darstellbar. Für viele andere Zahlen gilt das aber nicht. »Binär exakt darstellbar« bedeutet für eine Nachkommazahl, dass sie als endliche Summe von Zweierpotenz-Brüchen dargestellt werden kann. Ein Beispiel:

$0.8125 = 1 \cdot 1/2 + 1 \cdot 1/2^2 + 0 \cdot 1/2^3 + 1 \cdot 1/2^4$, das heißt
$0.8125 = 1 \cdot 1/2 + 1 \cdot 1/4 + 0 \cdot 1/8 + 1 \cdot 1/16$ oder
$0.8125 = 1 \cdot 0.5 + 1 \cdot 0.25 + 0 \cdot 0.125 + 1 \cdot 0.0625$

Die Nullen und Einsen entsprechen der binären Darstellung im Rechner. Vor den folgenden Subtraktionen wird die `float`-Zahl (Suffix `f`) in eine `double`-Zahl umgewandelt. Die Differenz zweier auf den ersten Anschein gleicher Zahlen ist nicht unbedingt 0, wie die folgenden Zeilen zeigen:

Listing 1.8 Auszug aus *beispiele/kap1/typumwandlung2.cpp*

```
// 0.5 ist binär exakt darstellbar
cout << "0.5f - 0.5 =" << 0.5f - 0.5 << '\n';       // exakt 0
// 10.4 ist binär nicht exakt darstellbar
cout << "10.4f - 10.4 =" << 10.4f - 10.4 << '\n';   // ≠ 0!
```

1.9 Zeichen und Zeichenketten

Oben haben Sie schon das (Steuer-)Zeichen `\n` kennengelernt. Es steht für die Ausgabe einer neuen Zeile. Natürlich können Sie auch alle anderen Zeichen in einem Programm verwenden, wobei sich dieses Buch auf ASCII-Zeichen (andere bekannte Zeichensätze sind ISO-8859-1 und UTF-8) beschränkt. Eine Zeichenkette, auch String genannt, besteht aus einer Folge von Zeichen.

> In einem Programm wird ein einzelnes Zeichen (das also nicht Teil einer Zeichenkette ist) mit einfachen Anführungszeichen eingeschlossen. Eine Zeichenkette hingegen wird in einem Programm mit doppelten Anführungszeichen begrenzt.

Der folgende Programmausschnitt gibt *Hello!A* aus:

```
cout << "Hello!";                    // Zeichenkette
cout << 'A';                         // Zeichen A
```

Die Zeichenkette und das Zeichen stehen fest im Programm, sie heißen *Literale*. Sie werden zur *Compilierzeit* ausgewertet, also während der Compiler den Programmtext analysiert, und direkt in das erzeugte lauffähige Programm eingetragen. Demgegenüber ist die *Laufzeit* die Zeitdauer ab Start des Programms bis zu seinem Ende. Weil fest im Programm stehend, können Literale während der Laufzeit des Programms nicht geändert werden. Das gilt natürlich auch für andere Literale wie etwa direkt in das Programm geschriebene Zahlen. In der Anweisung

```
x = 42 * y;
```

ist die Zahl 42 ein Literal. Eine Änderung der Werte ist dann möglich, wenn sie in Variablen (dt. Veränderliche) gespeichert werden. Für Zeichen (englisch *character*) ist der Datentyp `char`, für Strings (Zeichenketten) ist er `string`.

> Ein Datentyp definiert den Wertebereich und die Operationen, die mit Objekten dieses Datentyps möglich sind. ■

Der Wertebereich von Variablen des Typs `char` sind alle Zeichen, die mit einem Byte darstellbar sind. Die Buchstaben 'A' bis 'Z' sind eine Untermenge davon. Eine der möglichen Operationen ist die Zuweisung mit =, siehe Programm unten. Die Operation + bedeutet beim Datentyp `int` eine Addition, während sie beim Datentyp `string` das Aneinanderhängen zweier Strings meint. Der Datentyp `string` gehört zum Namespace `std` und ist im Header `<string>` definiert. Man schreibt daher `std::string` oder fügt vorher im Programm `using namespace std;` ein. Ein Beispiel für die Angabe des Namenraums beim Datentyp `string`:

Listing 1.9 Zeichen und String *(beispiele/kap1/zeichen.cpp)*

```
#include <iostream>
#include <string>                          // neuer Header

int main() {
  char zeich = 'x';                        // Zeichen zeich mit dem Wert x
  std::string text {"Hello"};              // String text, Wert: Hello
  // Ausgabe, gefolgt von \n für eine neue Zeile
  std::cout << text << "   " << zeich << '\n';     // Hello x
  // e ist das Zeichen Nr. 1 (Zählung ab 0!):
  std::cout << text.at(1) << '\n';
  zeich = 'a';                             // Wert von zeich ändern
  text.at(1) = zeich;                 // Wert von text an der Stelle 1 ändern
  text.at(1) = 'a';                        // hat hier dieselbe Wirkung
  std::cout << text << '\n';               // jetzt Hallo statt Hello
  text = "Guten Morgen!";                  // ganz neuer Inhalt
```

```
    std::cout << text << '\n';     // Guten Morgen
}
```

Übersetzen mit `g++ -Wall -std=c++14 -o zeichen.exe zeichen.cpp`, ausführen mit `zeichen.exe`. Sie sehen, dass `zeich` mit einem Zuweisungszeichen = initialisiert wird, `text` jedoch mit geschweiften Klammern. Tatsächlich gibt es mehrere Möglichkeiten:

Listing 1.10 Möglichkeiten der Initialisierung

```
char zeich = 'x';                  // wie oben
char zeich1 {'x'};
char zeich2('x');
std::string text = "Hello";
std::string text1("Hello");
```

Ob mit `{}` oder = oder `()` initialisiert wird, kann in bestimmten Fällen eine Rolle spielen, hier jedoch nicht. Die Funktion `at(pos)` gibt das Zeichen an der Stelle `pos` einer Zeichenkette zurück, wobei ab 0 gezählt wird. Der Buchstabe `H` des Worts `Hello` oben ist an der Stelle 0. Statt `text.at(pos)` kann `text[pos]` geschrieben werden. Der Unterschied: Wenn `pos >= text.length()` ist, gibt es bei `text.at(pos)` einen Programmabbruch mit Fehlermeldung – sehr hilfreich, um den Fehler des falschen `pos`-Werts zu finden! Bei `text[pos]` ist das Verhalten undefiniert, wenn `pos` nicht im erlaubten Bereich von 0 bis `text.length()-1` liegt. Das fehlerhafte Programm kann »abstürzen« oder weiterlaufen.

Wie viele Zeichen in einer Zeichenkette enthalten sind, gibt die Funktion `length()` zurück. Sie können das Ergebnis in einer Variablen speichern oder, wie hier gezeigt, direkt verwenden.

```
std::cout << "Der String " << text << " ist "
          << text.length() << " Zeichen lang.\n";
```

Strings können aneinandergehängt werden, in ihnen kann man suchen und noch vieles andere mehr:

```
text += ", guten Morgen!";            // Ergebnis: Hallo, guten Morgen!
auto position = text.find("Morgen"); // Position von »Morgen«
```

`auto` bedeutet: Der Compiler ermittelt den Rückgabetyp aus dem Funktionsaufruf.

Der Compiler legt `position` als Kopie des Funktionsergebnisses an. Wenn Sie Operationen mit Strings suchen und beschrieben haben möchten, empfehle ich Ihnen natürlich [Br], aber Sie können auch bei [cppref] nachsehen.

`string` ist eine Klasse der C++-Standardbibliothek. Ein von Anführungszeichen begrenztes Literal wie `"Guten Morgen!"` ist nicht vom Datentyp `string`, sondern vom Typ `const char*` (Zeiger auf konstante Zeichen). Solche Literale werden zur Initialisierung von `string`-Objekten (Strings) benutzt, wie oben zu sehen. Mit den Strings kann dann weiter gearbeitet werden.

Für Strings gibt es viele Operationen, die es für `const char*` nicht gibt. Das Arbeiten mit Strings ist erheblich komfortabler und auch sicherer. Die Beschäftigung mit den genannten Zeigern ist an dieser Stelle nicht notwendig. In Abschnitt 8.1.1 finden Sie mehr dazu.

1.9.1 Eingabe

Zeichen und Zeichenketten (Strings) können wie Zahlen mit `cin` >> usw. eingegeben werden. Wie schon gesagt, überspringt der >>-Operator dabei alle Zwischenraumzeichen (Leer- und Tabulatorzeichen, neue Zeilen). Übersetzung Sie das folgende Programm mit

```
g++ -Wall -o eingabe1.exe eingabe.cpp.
```

Listing 1.11 String-Eingabe mit >> *(beispiele/kap1/stringeingabe.cpp)*

```
#include <iostream>
using namespace std;

int main() {
  string ein;
```

```
   cout << "Bitte Zeichenkette eingeben: ";
   cin >> ein;
   cout << "Es wurde " << ein << " eingegeben!\n";
}
```

Lassen Sie das Program mehrmals laufen und geben Sie dabei das Folgende ein (einschließlich der Leerzeichen), um den Effekt zu sehen (nach jeder Zeile die ↵-Taste betätigen).

Egoshooter

Ego Shooter

Ego Shooter

Die Verwendung von >> führt auf das Problem, dass einzugebende Strings keine Leerzeichen (genauer: Zwischenraumzeichen, also auch Tabulatorzeichen usw.) enthalten dürfen – die werden ja ignoriert. Oft möchte man diese Zeichen jedoch erhalten, wenn etwa Vor- und Nachname mit Leerzeichen abgefragt werden. In solchen Fällen hilft die Funktion `getline(cin, zeile)`, die eine ganze Zeile einschließlich aller Leer- und Tabulatorzeichen liest und in der Variablen `zeile` ablegt. Sie können das einfach ausprobieren, indem Sie die Anweisung `cin >> ein;` im obigen Listing 1.11 durch

```
getline(cin, ein);
```

ersetzen. Bei der Eingabe eines einzelnen Zeichen gilt Entsprechendes:

Listing 1.12 Zeicheneingabe mit >> *(beispiele/kap1/zeicheingabe.cpp)*

```
#include <iostream>
using namespace std;

int main() {
  char ein;
  cout << "Bitte Zeichen eingeben: ";
  cin >> ein;
  cout << "Es wurde " << ein << " eingegeben!\n";
}
```

Wenn Sie mehrere Leerzeichen gefolgt von einem Zeichen eingeben, werden die Leerzeichen übersprungen. Wenn die Zwischenraumzeichen berücksichtigt werden sollen, ersetzen Sie einfach die Anweisung `cin >> c;` durch `cin.get(c);`. Am besten probieren Sie es aus!

1.9.2 Zeichen und Zahlen

Zeichen sind ohne Weiteres in Zahlen umwandelbar. Dies wird einerseits vom Compiler direkt bewerkstelligt, Sie können es aber auch mit dem `static_cast`-Operator (to cast: englisch für umwandeln) selbst tun. Dabei wird der gewünschte Datentyp in den spitzen Klammern übergeben:

Listing 1.13 Typumwandlung mit `static_cast`

```
char zeichen = 'a';
std::cout << zeichen << '\n';           // Ausgabe von 'a'
int asciiposition = zeichen;            // Typumwandlung durch
                                        // den Compiler
std::cout << asciiposition << '\n';                     // 97
std::cout << static_cast<int>(zeichen) << '\n';         // 97
```

Die Typumwandlung bewirkt eine Interpretation des `char`-Werts als `int`-Zahl. Das Bitmuster wird nicht geändert.

> Die mit der Datentypumwandlung ermittelte Zahl gibt die Stelle an, an der das Zeichen in der ASCII-Tabelle gefunden wird. Der Buchstabe 'a' liegt an Position 97, wobei ab 0 gezählt wird. Eine Übersicht finden Sie in den Tabellen ab Seite 376.

Die Großbuchstaben liegen um 32 Positionen versetzt, sodass der Buchstabe 'A' an der Position 65 zu finden ist. Das Leerzeichen ist an der Position 32, die Ziffernzeichen '0' bis '9' belegen die Positionen 48 bis 57 der ASCII-Tabelle.

Das Zeichen an der Stelle 0 der ASCII-Tabelle ist das *Nullbyte*, in einem Programm als `'\0'` geschrieben. Zeichenkettenliterale, also mit doppelten Anführungszeichen begrenzte Zeichenketten in einem Programm, werden im Speicher des Computers stets mit einem Nullbyte abgeschlossen, auch wenn es nicht angezeigt wird. So ist `static_cast<`

`int>("hello"[5])` = 0, weil an der Position 5 das Nullbyte liegt (Zählung wieder ab 0!).

Ein `char`-Zeichen beansprucht genau ein Byte. Es ist systemabhängig, ob `char` vorzeichenbehaftet wie `int` oder `unsigned` ist (wie `unsigned int`). Im ersten Fall entspricht ein Byte einem Zahlenbereich von -128 bis 127, im zweiten Fall von 0 bis 255. Mit der folgenden Abfrage können Sie feststellen, ob `char` auf Ihrem System vorzeichenbehaftet ist (`#include<limits>` nicht vergessen):

```
if(numeric_limits<char>::is_signed) {
...
}
```

Wenn man es nur mit ASCII-Zeichen zu tun hat, spielt es keine Rolle, ob `char` vorzeichenbehaftet ist oder nicht – in anderen Fällen schon, wie etwa beim Betrachten beliebiger Bytes, wie Sie weiter unten sehen werden (siehe Listing 3.3 auf Seite 86).

1.10 C++-Quiz

Anhand der folgenden Fragen können Sie Ihr Verständnis dieses Kapitels prüfen. Am Ende dieses Abschnitts finden Sie die Lösungen.

1. Was ist ein Algorithmus?
   (a) Ein kompliziertes mathematisches Verfahren.
   (b) Eine Abfolge festgelegter Schritte zur Lösung einer Aufgabe.
   (c) Eine Vorstufe des Compilers.
2. Was ist die Aufgabe des Compilers?
   (a) Mit dem Compiler schreiben Sie ein Programm.
   (b) Er führt letztlich das Programm aus.
   (c) Er übersetzt das Quellprogramm in Maschinensprache.
3. Was bedeutet `#include <iostream>`?

(a) Die Datei *iostream* wird an dieser Stelle eingelesen.

(b) Eine mit # beginnende Zeile wird ignoriert.

(c) Der Compiler benötigt dieses Makro, wenn er auf die `cout`-Anweisung trifft.

4. Was unterscheidet `main()` von anderen Funktionen?

   (a) `main()` ist die Funktion, mit der ein C++-Programm beginnt.

   (b) Nichts. Es ist eine normale Funktion, nur der Name ist anders.

   (c) Jede Funktion, die einen `int`-Wert zurückgibt, muss eine `return`-Anweisung enthalten, `main()` aber nicht.

   (d) In `main()` stehen die Ausgabeanweisungen.

5. Wie groß ist ungefähr der Zahlenbereich einer 32-Bit-`int`-Zahl?

   (a) Etwa von -2000 bis +2000.

   (b) Etwa von -2 Millionen bis +2 Millionen.

   (c) Etwa von -2 Milliarden bis +2 Milliarden.

   (d) Von 0 bis etwa 4.000.000.000.

6. Warum sollen `int` und `unsigned int` nicht vermischt werden?

   (a) Es ist grundsätzlich egal, ganze Zahl ist ganze Zahl.

   (b) Es ist egal, weil beide Typen dieselbe Bitbreite haben.

   (c) Weil der Compiler vor einem Vergleich oder anderen Operationen eine Typumwandlung vornimmt, damit an der Operation nur gleiche Typen beteiligt sind.

   (d) Es ist egal, wenn keine negativen Zahlen im Spiel sind.

7. Welche Zeilen sind korrekt?

   (a) `static_cast<int>('0') == 0`

   (b) `static_cast<int>('0') == 48`

   (c) `static_cast<int>('\0') == 48`

   (d) `static_cast<int>('\0') == 0`

   (e) `static_cast<int>('A') == 97`

   (f) `static_cast<int>('A') == 65`

8. Die Variable `k` habe den Wert 8. `i` und `j` seien wie folgt definiert:

   ```
   int i = k++;
   int j = ++k;
   ```

   Welchen Wert haben `i`, `j` und `k` danach?

   (a) 9 10 10, (b) 8 10 10, (c) 8 9 10, (d) 8 9 9

Lösungen

1. Die richtige Antwort ist (b). Das war einfach!
2. Die richtige Antwort ist (c). (a) ist falsch, denn das Programm schreiben Sie mit dem Editor. (b) ist falsch, weil die Ausführung des Programms vom Betriebssystem nach Eingabe des Befehls gestartet wird.
3. Die Antwort (b) ist falsch. (c) ist richtig. Bei Fehlen dieser Zeile würde der Compiler bei `cout` feststellen, dass er `cout` nicht kennt. Antwort (a) ist typischerweise richtig. Der C++-Standard schreibt nicht vor, dass damit eine *Datei* eingelesen wird, es wird aber in der Regel so gemacht.
4. Die Antwort (b) ist falsch, die Antworten (a) und (c) sind richtig. (d) ist im Allgemeinen falsch, auch wenn es im Einzelfall so sein kann.
5. Die Antwort (d) gilt für eine `unsigned int`-Zahl. (c) ist richtig.
6. Nur Antwort (c) ist richtig. Antwort (d) ist falsch, weil eine `unsigned int`-Zahl größer sein kann als das Maximum einer `int`-Zahl. Die automatische Typumwandlung würde dann zu einem Fehler führen.
7. Jede zweite Zeile ist richtig. Mit einem eigenen Programm nachprüfen!
8. (b) ist richtig.

2 Zahlen raten – Kontrollstrukturen anwenden

Fragen, die dieses Kapitel beantwortet:

- Wie kontrolliere ich den Programmfluss?
- Wie werden Fehler bei der Eingabe erkannt?
- Wie veranlasse ich die Wiederholung von Anweisungen?
- Für manche Spiele braucht man Zufallszahlen. Wie werden diese erzeugt?

Im Folgenden geht es um ein sehr einfaches Spiel, das Raten einer Zahl. Nach und nach werden dazu Mechanismen zur Kontrolle des Programmablaufs und zur Fehlerbehandlung vorgestellt. Mit Kontrolle des Programmablaufs ist gemeint, dass sich ein Programm abhängig von verschiedenen Bedingungen verhalten kann.

2.1 Fallunterscheidung mit if

Das Beispielprogramm wird nach und nach erweitert, erkennbar auch an den fortlaufenden Nummern im Dateinamen. Hier ist es:

Listing 2.1 Eine Zahl raten *(beispiele/kap2/zahlenraten1.cpp)*

```
#include <iostream>
using std::cin;
using std::cout;

int main() {
  int zuRatendeZahl = 7;
  int geraten;
  cout << "Bitte eine Zahl von 1-10 eingeben: ";
  cin >> geraten;
  if(geraten == zuRatendeZahl) {
    cout << "Richtig geraten!\n";
  }
  else {
    cout << "Leider falsch!\n";
  }
}
```

Übersetzen mit `g++ -Wall -o zahlenraten1.exe zahlenraten1.cpp`, ausführen mit `zahlenraten1.exe`. Wie zu sehen, ist nur die Zahl 7 richtig. Wer den Programmtext nicht kennt, weiß das nicht, findet es aber sicher durch mehrmaliges Starten des Programms heraus. Eine Zufallszahl wäre besser, aber eins nach dem anderen: Hier geht es um die `if`-Anweisung. In den runden Klammern steht eine *Bedingung*, die wahr (C++: `true`) oder falsch (C++: `false`) sein kann. Das doppelte Gleichheitszeichen == ist ein *Vergleich*, der wahr oder falsch sein kann. `(geraten == zuRatendeZahl)` vergleicht also die eingegebene (geratene) Zahl mit der zu ratenden Zahl. Ist das Ergebnis `true`, wird alles ausgeführt, was zwischen den nachfolgenden geschweiften Klammern steht.

> Ein Paar geschweifter Klammern `{ }` mitsamt dem eingeschlossenen Programmcode heißt *Block* oder *Verbundanweisung*. ■

Hier ist es nur die Ausgabe »Richtig geraten!«. Falls die eingegebene Zahl *nicht* 7 ist, wird der Teil nach dem Schlüsselwort `else` ausgeführt (Ausgabe von »Leider falsch!«). In Abhängigkeit von der eingegebenen Zahl wird der eine oder der andere Zweig der `if`-Anweisung ausgeführt, der Programmablauf also kontrolliert gesteuert. Die `if`-Anweisung ist daher eine sogenannte Kontrollstruktur. Wenn im Fehlerfall nichts ausgegeben werden soll, kann der `else`-Zweig entfallen.

Wenn im Block nach `if(...)` nur eine einzige Anweisung steht, können die geschweiften Klammern entfallen. Es wird jedoch empfohlen, sie stets hinzuschreiben, weil die Anweisung dann leicht um weitere Anweisungen ergänzt werden kann, ohne dass die Gefahr besteht, die dann noch einzufügenden geschweiften Klammern zu vergessen. ■

2.1.1 Vergleichsoperatoren

Wahrheitswerte können in Variablen des Typs `bool`[1] gespeichert werden. Im Programm oben kann man auch schreiben:

```
bool sindZahlenGleich = (geraten == zuRatendeZahl);
if(sindZahlenGleich) {
   // ... weiter wie oben
```

Dabei ist `sindZahlenGleich` die boolesche Variable, die mit dem Ergebnis des Vergleichs `(geraten == zuRatendeZahl)` initialisiert wird.

Mit = wird etwas zugewiesen oder initialisiert, mit == wird auf Gleichheit geprüft. ■

Außer == zur Feststellung, ob zwei Zahlen (oder andere Dinge) gleich sind, gibt es weitere Operatoren zum Vergleich. Sie werden auch relationale Operatoren genannt. Das Ergebnis kann `true` oder `false` sein (siehe Tabelle 2.1).

[1] Benannt nach dem englischen Mathematiker George Boole.

Tabelle 2.1 Vergleichsoperatoren

Operator	Bedeutung
==	gleich
!=	ungleich
<	kleiner
<=	kleiner oder gleich
>	größer
>=	größer oder gleich

Wenn etwa geprüft werden soll, ob die Variable `wert` größer oder gleich 100 ist, schreibt man

```
if(wert >= 100) {
   // Anweisungen hier weggelassen
}
```

Kommazahlen sollen nicht mit == oder `!=` verglichen werden, wenn sie nicht auf exakt dieselbe Art zustandekommen. Der Grund: Es genügt, wenn sich nur das niedrigstwertige Bit, also die letzte Stelle, bei einer Rechenoperation ändert – schon ist die Zahl nicht mehr gleich. So ergibt die Bedingung `(0.4*0.4 == 0.16)` den Wert `false`, obwohl das Ergebnis aus rein mathematischer Sicht `true` sein müsste. Der Grund liegt darin, dass 0.4 binär nicht exakt darstellbar ist (siehe die Erläuterungen dazu auf Seite 37).

In einer Anweisung `if(X)...` muss `X` nicht zwingend ein Wahrheitswert sein, wenn `X` etwas ist, das zu 0 ausgewertet werden kann – etwa eine einfache ganze Zahl. Dann gilt: `if(X)` ist dasselbe wie `if(X != 0)`. Die empfehlenswerte zweite Schreibweise verdeutlicht, dass das Ergebnis des Vergleichs ein Wahrheitswert ist. Die erste Schreibweise ist ein Relikt der C-Programmierung und wird noch oft verwendet.

2.1.2 Logische Verknüpfungen

Es können mehrere Abfragen mit den Operatoren && (logisches UND) und || (logisches ODER) verknüpft werden. Diese Operatoren sind nicht zu verwechseln mit den Bit-Operatoren `&` und `|` des Abschnitts 1.8.3! Wenn eine Zahl zwischen 0 und 100 liegen soll, zum Beispiel eine Prozentzahl des Typs `int`, kann man schreiben:

Listing 2.2 if-Anweisung mit logischen Operatoren

```
if(prozentzahl >= 0 && prozentzahl <= 100) {
  // ... alles richtig
}
else {
  cout << prozentzahl
       << " liegt nicht zwischen 0 und 100\n";
}
```

Das ist nur eine Möglichkeit. Andere sind:

```
if(prozentzahl > -1 && prozentzahl < 101) {
  // ... alles richtig
}
...
```

sowie

```
if(prozentzahl < 0 || prozentzahl > 100) {
  cout << prozentzahl
       << " liegt nicht zwischen 0 und 100\n";
}
else ...
```

Es können beliebig viele logische Ausdrücke auf diese Art kombiniert werden. `&&` bindet stärker als `||`. Gegebenenfalls muss mit Klammern strukturiert werden, zum Beispiel `(a && (b || c))` (`a`, `b` und `c` seien logische Ausdrücke, etwa Vergleiche wie oben). *Ohne* die inneren Klammern wäre die Bedeutung `((a && b) || c)`.

Ein Hinweis: Die Variable `prozentzahl` könnte von einem `unsigned`-Datentyp sein, weil die Werte nicht negativ sind. Dann aber wären die obigen Abfragen nicht sinnvoll. Es muss dann heißen:

```
if(prozentzahl <= 100) {      // falls prozentzahl unsigned ist
   // ... alles richtig
}...
```

Eine unsigned-Zahl kann nicht kleiner als Null sein, eine Abfrage wie oben (prozentzahl < 0 ..) würde stets false ergeben und wäre damit überflüssig.

Negation

Der Negationsoperator ! wandelt einen Wahrheitswert in sein Gegenteil um: Aus true wird false und umgekehrt. So sind die beiden folgenden if-Anweisungen äquivalent:

```
if(prozentzahl <= 100) {
   // ... alles richtig
}
```

```
if(!(prozentzahl > 100)) {      // jetzt mit Negation
   // ... alles richtig
}
```

Natürlich muss der Vergleichsoperator <= durch > ersetzt werden, um die Bedeutung der Anweisung zu erhalten. »Kleiner oder gleich 100« ist dasselbe wie »nicht größer als 100«.

2.1.3 Bedingungsoperator

Dieser Operator dient als Abkürzung einer if-Anweisung. Er benötigt eine Bedingung und zwei andere Ausdrücke, die durch ? und : getrennt werden:

```
Bedingung ? Ausdruck1 : Ausdruck2
```

Falls die Bedingung zutrifft, ist der Wert des gesamten Ausdrucks der Wert von Ausdruck1, ansonsten der von Ausdruck2. Ein Beispiel: Die kurze Anweisung

```
max = a > b ? a : b;
```

hat dieselbe Bedeutung wie die Anweisung

```
if(a > b) {
  max = a;
}
else {
  max = b;
}
```

Hinweis zu den Begriffen Ausdruck und Anweisung: Ein Ausdruck, der mit einem Semikolon abgeschlossen wird, ist eine Anweisung. Das heißt, dass auch z.B. `max = b` ein Ausdruck ist, der einen Wert hat, in diesem Fall der Wert von `max` nach der Zuweisung. Dieser Wert könnte weiterverarbeitet werden (etwa `int x = (max = b);`), was hier nicht geschieht.

2.1.4 if und Fehler bei der Eingabe

Das nächste Programm zeigt, wie `if` dazu verwendet werden kann, Fehler bei der Eingabe zu erkennen. Es könnte ja sein, dass keine Zahl, sondern ein Buchstabe eingegeben wird.

Listing 2.3 Fehler erkennen *(beispiele/kap2/zahlenraten2.cpp)*

```
#include <iostream>
using std::cin;
using std::cout;

int main() {
  int zuRatendeZahl = 7;
  int geraten;
  cout << "Bitte eine Zahl von 1-10 eingeben: ";
  cin >> geraten;
  if(cin.good()) {
```

```
    if(geraten == zuRatendeZahl) {
      cout << "Richtig geraten!\n";
    }
    else {
      cout << "Leider falsch!\n";
    }
  }
  else {
    cout << "Eingabefehler!\n";
  }
}
```

Das Beispiel zeigt außerdem, dass sich in einem Zweig der `if`-Anweisung eine andere `if`-Anweisung befinden kann. Man sagt, die Anweisungen sind *verschachtelt.*

Wie arbeitet das Programm? Nach der Eingabe wird geprüft, »ob es dem Eingabeobjekt `cin` gut geht«. Das wird mit der Abfrage `cin.good()` erreicht. Nur wenn das Ergebnis `true` ist, wird überhaupt der Vergleich der Zahlen durchgeführt. Ist es `false`, gibt es gleich die Meldung »Eingabefehler!«.

Bitte beachen Sie, dass die Programmzeilen auf verschiedene Art eingerückt sind, entsprechend der Struktur der Anweisungen. Die innere `if`-Anweisung ist gegenüber der äußeren eingerückt. Die schließenden geschweiften Klammern stehen genau unter dem ersten Zeichen derjenigen Zeile, die die zugehörige öffnende Klammer enthält.

> **!** Nur entsprechend eingerückter Programmtext ist gut lesbar! ■

Dem Compiler sind die Einrückungen egal, sie tragen aber erheblich zur Lesbarkeit eines Programms bei und gelten deswegen als guter Programmierstil.

2.1.5 Fehler in Verbindung mit if

Ein häufiger Fehler ist die versehentlich falsche Schreibweise des Gleichheitsoperators, sodass sich unfreiwillig der Zuweisungsoperator ergibt. `a` und `b` seien `int`-Zahlen.

```
if(a = b)  {                 // Vermutlich anders gemeint!
   cout << "a ist gleich b";
}
```

bewirkt, dass *a ist gleich b* immer dann ausgegeben wird, wenn b ungleich 0 ist. Richtig wäre == statt =. Die Verwendung von = statt == hat die Wirkung einer *Zuweisung*. Zunächst erhält `a` den Wert von `b`. Das *Ergebnis* dieses Ausdrucks, nämlich `a`, wird dann als logische Bedingung interpretiert. 0 gilt als `false`, ein anderer Wert als `true`.

Eine weitere Gefahr sind Mehrdeutigkeiten durch falschen Schreibstil, das heißt falsche, wenn auch richtig gemeinte Einrückungen. Ohne Klammerung gehört ein `else` immer zum letzten `if`, dem kein `else` zugeordnet ist:

```
if(x == 1)
   if(y == 1)
      cout << "x == y == 1 !";
else
   cout << "x != 1";                     // falsch
```

Trotz der augenfälligen Übereinstimmung des Zeilenanfangs der untersten Zeile mit dem Zeilenanfang von `if(x == 1)` gehört das `else` syntaktisch zur `if(y == 1)`-Zeile! Richtig ist:

```
if(x == 1) {
   if(y == 1) {
      cout << "x == 1 und y == 1 !";
   }
}
else {
   cout << "x != 1";                     // nun korrekt
}
```

Auch einzelne Anweisungen nach `if` bzw. `else` sollen daher immer geklammert werden. Ein weiterer gelegentlicher Fehler aus der Praxis ist ein überflüssiges Semikolon (also eine Leeranweisung) nach der Bedingung, das beim Lesen leicht übersehen wird.

```
if(a == b);                                    // Fehler!
   cout << "a ist gleich b";
```

Auf diese Art wird die `if`-Abfrage zwar durchgeführt, aber ohne Folgen, da sie bereits beim ersten Semikolon endet. Die anschließende Ausgabe wird also in jedem Fall durchgeführt, da die Ausgabe nun eine eigenständige Anweisung ist und somit nicht mehr zur `if`-Anweisung gehört. Solche Fälle akzeptiert der Compiler widerspruchslos!

2.1.6 C++-Quiz

Anhand der folgenden Fragen können Sie Ihr Verständnis des Abschnitts 2.1 prüfen.

1. Was kann `X` in einer `if(X)`-Abfrage sein?
   (a) Eine ganze Zahl.
   (b) Eine Verknüpfung logischer Ausdrücke.
   (c) Ein Block mit geschweiften Klammern.
   (d) Eine Ausgabeanweisung.
   (e) Etwas, das die Werte `true` oder `false` annimmt.

2. Welchen Wert hat `x` am Ende des folgenden Programmteils?

```
int x = 0;
if(x < 0)
   ++x;
   ++x;
```

   (a) 0, (b) 1, (c) 2

3. Was sind die Ergebnisse der Ausdrücke `(a == 0 && a != 0)` und `(a == 0 || a != 0)`?

(a) `true true`

(b) `true false`

(c) `false true`

(d) `false false`

(e) Ergebnis ist nicht berechenbar, weil a nicht gleichzeitig 0 und nicht 0 sein kann.

Lösungen

1. (a), (b) und (e) sind richtig.
2. Die zweite Inkrementierung wird in jedem Fall ausgeführt. Die erste nicht, weil das Ergebnis des Vergleichs `false` ist. Also ist (b) richtig. Die Einrückung ist irreführend. Siehe auch den Hinweis auf Seite 49.
3. (c) ist richtig.

2.2 Wiederholungen

Außer der `while`-Schleife gibt es noch zwei andere Arten: die `do-while`- und die `for`-Schleife. Die `while`-Schleife ist die einfachste.

2.2.1 while-Schleife

Die `while`-Schleife prüft schon vor Betreten des Blocks, ob die Bedingung gilt:

```
while(Bedingung) {
  Anweisungen                // kann auch nur eine Anweisung sein.
}
```

Die Bedeutung: Die Bedingung wird geprüft. Ist sie wahr, werden die Anweisungen ausgeführt. Anschließend wird das Ganze wiederholt. Falls nur eine Anweisung im Block steht, können die geschweiften Klammern entfallen (wie bei `if` nicht empfohlen). Es ergibt sich:

- Die Anweisungen werden nicht ausgeführt, wenn die Bedingung `false` ist.
- Falls die Bedingung `true` ist, muss sie durch die Anweisungen irgendwann so geändert werden, dass sie den Wert `false` bekommt. Wenn nicht, würde die Schleife unendlich lange laufen (wenn sie nicht auf andere Art abgebrochen wird, siehe Abschnitt 2.2.4).

Die `while`-Schleife ist also dann besonders geeignet, wenn der Block möglicherweise nicht ausgeführt werden soll. Wenn zum Beispiel alle Zeilen einer Textdatei gelesen und ausgegeben werden sollen, könnte die Bedingung lauten »solange die Datei noch Zeilen enthält«. Falls die Datei leer wäre, würde der Fehler, eine nicht vorhandene Zeile zu lesen, gar nicht erst versucht werden. Im Folgenden einfachen Beispiel wird die Summe der Zahlen 1 ... N berechnet[2]:

Listing 2.4 `while`-Schleife *(beispiele/kap2/while.cpp)*

```
#include <cstddef>
#include <iostream>

int main() {
  std::size_t summe = 0;
  std::size_t N;
  std::cout << "nicht-negative Zahl eingeben:";
  std::cin >> N;
  while(N > 0) {
    summe += N;
    --N;
  }
  std::cout << "Summe = "  << summe << '\n';;
}
```

Der Datentyp ist `size_t` statt `int`, weil die Werte bei der gegebenen Aufgabenstellung nicht negativ sein können. `int` wäre auch möglich, nur würde der negative Bereich nicht genutzt. Die Summation wird ausge-

[2] Dies ist nicht die effizienteste Methode (Stichwort Gaußsche Summenformel).

führt, wenn (und solange) `N > 0` ist. Beide Zeilen des Blocks können zu der einen Zeile

```
summe +=  N--;          // auch möglich, aber weniger verständlich
```

zusammengefasst werden. Der nachgestellte Dekrement-Operator `--` wirkt sich erst nach der Addition von `N` aus. Lesbarer ist das allerdings nicht. Empfehlung: Die Änderung der Bedingung, hier `--N;`, stets am Ende des Blocks aufführen. Damit ist sie auch bei größeren Blöcken leicht zu finden.

2.2.2 do-while-Schleife

Als Nächstes soll die ratende Person bei einer fehlerhaften Eingabe ihr Glück noch einmal versuchen. Die Aufforderung zur Eingabe und die Eingabe selbst müssen also wiederholt werden, bis die Eingabe eine gültige Zahl ist. Im Unterschied zu der `while`-Schleife wird die Bedingung erst am *Ende* der Schleife geprüft.

Auf einen Fehler angemessen zu reagieren (hier: die Abfrage zu wiederholen), nennt man *Fehlerbehandlung*. Die dazu passende Anweisung ist die `do-while`-Schleife, ausgeschrieben

```
do {
  Anweisungen                  // kann auch nur eine Anweisung sein.
} while(Bedingung);
```

Die Bedeutung: Der Block mit den Anweisungen, auch Schleifenkörper genannt, wird ausgeführt. Anschließend wird die Bedingung geprüft. Ist sie wahr, wird das Ganze wiederholt. Daraus ergibt sich:

- Die Anweisungen werden mindestens einmal ausgeführt. Im Beispiel wird die zu ratende Zahl also mindestens einmal abgefragt.
- Die Bedingung wird durch die Anweisungen irgendwann so geändert, dass sie den Wert `false` erhält. Wenn nicht, würde die Schleife unendlich lange laufen (Ausnahme siehe Abschnitt 2.2.4). Im Beispiel muss also irgendwann eine gültige Zahl eingetippt werden, damit sich das Programm ordnungsgemäß beendet.

Listing 2.5 Fehlerbehandlung *(beispiele/kap2/zahlenraten3.cpp)*

```
 1 #include <iostream>
 2 using namespace std;
 3
 4 int main() {
 5   bool istEingabeOk;
 6   do {
 7     int zuRatendeZahl = 7;
 8     int geraten;
 9     cout << "Bitte eine Zahl von 1-10 eingeben: ";
10     cin >> geraten;
11     istEingabeOk = cin.good();
12     if(istEingabeOk) {
13       if(geraten == zuRatendeZahl) {
14         cout << "Richtig geraten!\n";
15       }
16       else {
17         cout << "Leider falsch!\n";
18       }
19     }
20     else {
21       cout << "Eingabefehler! Nochmal versuchen!\n";
22       cin.clear();                  // Status zurücksetzen
23       cin.ignore(1000, '\n');       // Rest der Zeile ignorieren
24     }
25   } while(!istEingabeOk);         // Semikolon nicht vergessen!
26 }
```

Die Schleifenanweisung beginnt in Zeile 8 und endet mit der Zeile 25. Ob die Eingabe geglückt ist, wird in Zeile 11 festgestellt. Die Abfrage soll aber nur dann wiederholt werden, wenn die Eingabe *nicht* fehlerhaft ist. Deswegen wird der Wert in Zeile 25 mit dem Negationsoperator `!` negiert. Negieren meint: Aus `true` wird `false` und umgekehrt. Wenn `istEingabeOk` wahr (`true`) ist, muss nichts wiederholt werden. `!istEingabeOk` hat dann den Wert `false` und die Schleife ist beendet. Vielleicht ist Ihnen aufgefallen, dass die Variable `istEingabeOk` in Zeile 5, also *außerhalb* des `do-while`-Blocks deklariert wird. Der Grund ist, dass sie auch außerhalb des Blocks verwendet wird (Zeile 25).

> Innerhalb eines Blocks deklarierte Variablen sind außerhalb desselben Blocks nicht gültig!

Eine Variable ist nur von der Deklaration an bis zum Ende des umschließenden Blocks gültig. Der Vorteil: Variablen in verschiedenen Blöcken kommen sich nicht in die Quere, auch nicht bei Namensgleichheit.

Fehlerbehandlung

Wenn bei der Eingabe in Zeile 10 eine Folge von Zeichen eingegeben wird, geschieht Folgendes: Weil eine `int`-Zahl erwartet wird, werden alle Zeichen am Anfang der Folge, die dazu passen, eingelesen. Die anderen Zeichen, sofern es noch welche gibt, verbleiben in der Eingabe. Sie könnten auf andere Art verarbeitet werden, was in diesem Programm nicht getan wird. Wenn also 78xyz eingegeben wird, wird nur 78 eingelesen. Der Status `cin.good()` ergibt `true`. Wenn aber zum Beispiel AB123nn eingegeben wird, sind die Zeichen AB nicht als `int`-Zahl interpretierbar. Der Status `cin.good()` ergibt `false` und alle Zeichen verbleiben in der Eingabe.

In Kenntnis dieses Mechanismus gestaltet sich die Fehlerbehandlung einfach. Die Anweisung `cin.clear()` setzt den gespeicherten Status zurück. Mit der Anweisung `cin.ignore(1000, '\n');` wird der Rest der Zeile verworfen. Genau genommen bedeutet es, dass alles bis zum Zeilenende (`'\n'`) verworfen wird, aber höchstens 1000 Zeichen. Wenn die Möglichkeit bestehen sollte, dass jemand mehr als 1000 ungültige Zeichen eingibt, muss dieser Wert erhöht werden.

2.2.3 for-Schleife

Die letzte Art von Schleifen ist die `for`-Schleife. Sie wird häufig eingesetzt, wenn die Anzahl der Wiederholungen vorher feststeht, aber das muss durchaus nicht so sein. Anstelle einer Bedingung gibt es drei Elemente, getrennt durch ein Semikolon:

```
for(Initialisierung; Bedingung; Veränderung) {
  Anweisungen              // kann auch nur eine Anweisung sein.
}
```

Als konkretes Beispiel wird die obige `while`-Schleife durch die folgende `for`-Schleife ersetzt:

```
for(std::size_t i = 1; i <= N ; ++i) {
  summe += i;
}
```

Wie oben ist der Datentyp `size_t`, `int` wäre auch möglich. Bei der Abarbeitung werden die folgenden Schritte durchlaufen:

1. Initialisierung: Hier wird mit `std::size_t i = 1` der Startwert für die sogenannte Laufvariable `i` festgelegt. Eine Laufvariable wird in der Schleife als Zähler benutzt.

2. Prüfen der Bedingung, hier `i <= N`.

3. Falls die Bedingung wahr ist, zuerst die Anweisung (`summe += i;`) und dann erst (!) die Veränderung (`++i`) ausführen.

Beachten Sie, dass der Startwert in diesem Beispiel 1 ist. Wenn `N` gleich 0 ist, wird der Block nicht ausgeführt. Schleifen können natürlich auch rückwärts laufen:

```
for(std::size_t i = N; i > 0 ; --i) {
  summe += i;
}
```

Die Laufvariable `i` kann auch außerhalb der runden Klammern deklariert werden, dies gilt aber als schlechter Stil. Der Unterschied besteht darin, dass außerhalb der Klammern deklarierte Laufvariablen noch über die Schleife hinaus gültig sind.

2.2.4 Abbruch mit break

Alle Arten von Schleifen können mit `break` abgebrochen werden. Das kann dann sinnvoll sein, wenn eine Schleife bei Erreichen einer bestimmten Bedingung beendet und der Rest des Schleifenkörpers übersprungen werden soll. So kann die obige `while`-Schleife durch die folgende Konstruktion ersetzt werden:

Listing 2.6 Abbruch mit `break`

```
while(true) {            // unendliche Schleife?
  summe += N;            // N sei unsigned
  if(N <= 1) {
    break;               // nicht unendlich! Abbruch.
  }
  --N;       // Voraussetzung, dass das Abbruchkriterium erreicht wird.
}
```

2.2.5 Abbruch mit boolescher Variable

Eine Alternative ist, eine boolesche Variable anzulegen, diese dann zu ändern und damit den Inhalt der `while`-Bedingung zu ändern:

Listing 2.7 Abbruch mit boolescher Variable

```
bool nichtFertig = true;
while(nichtFertig) {
  summe += N;            // N sei unsigned
  if(N <= 1) {
    nichtFertig = false;
  }
  --N;       // Voraussetzung, dass das Abbruchkriterium erreicht wird.
}
```

2.2.6 continue – zurück an den Anfang

Manchmal ist es gewünscht, die Schleife nicht zu verlassen, sondern den Rest des Schleifenkörpers zu überspringen, wie etwa bei diesem Menü-Programm. Es dient zur Auswahl verschiedener Spiele, die der Einfachheit halber hier mit einer schlichten Ausgabe simuliert werden.

Listing 2.8 Menü-Programm *(beispiele/kap2/menu.cpp)*

```
#include <iostream>
using namespace std;

int main() {
  bool abfragen = true;
  while (abfragen) {
    char c;
    cout << "Wählen Sie: a (TicTacToe), "
            "b (Vier gewinnt), "
            "x = Ende : ";
    cin >> c;
    if (c == 'a') {
      cout << "TicTacToe\n";
      continue;                // zurück zur Auswahl
    }
    if (c == 'b') {
      cout << "Vier gewinnt\n";
      continue;                // zurück zur Auswahl
    }
    if (c == 'x') {
      abfragen = false;        // Laufbedingung ändern
      continue;                // zurück zur Auswahl
    }
    cout << "Falsche Eingabe! Bitte wiederholen!\n";
  }
  cout << "\n Programmende\n";
}
```

Mit `continue` wird an den Anfang der `while`-Schleife gesprungen und die Bedingung wird erneut geprüft.

2.2.7 C++-Quiz

Anhand der folgenden Fragen können Sie Ihr Verständnis des Abschnitts 2.2 prüfen.

1. Wie muss die Bedingung am Ende des Programms auf Seite 60 lauten, damit die Abfrage so lange wiederholt wird, bis eine 0 eingegeben wird (um das Programm zu beenden)?

   (a) `while(!istEingabeOk && geraten != 0);`

   (b) `while(!istEingabeOk || geraten != 0);`

   (c) `while(!(istEingabeOk && geraten == 0));`

   (d) `while(!istEingabeOk || geraten == 0);`

   (e) `while(istEingabeOk || geraten >= 0);`

2. Im Programmbeispiel mit `break` oben steht die Abbruchbedingung `(N <= 1)`. Könnte es nicht ebensogut
   (a) `(N == 0)` oder
   (b) `(N == 1)` heißen?

3. Welchen Wert hat `summe` am Ende des folgenden Programmabschnitts?

```
int summe = 1;
int n = 0;
while(n < 010) {
  summe += n;
  ++n;
}
```

   (a) 55, (b) 45, (c) 56, (d) 29, (e) 46, (f) 28

4. Was bewirkt der folgende Programmcode?

```
for(char c = '0'; c <= '9'; ++c) {
  std::cout << c << ' ' << static_cast<int>(c) << '\n';
}
```

   (a) Ausgabe der Ziffern als Zeichen sowie ihre Positionen in der ASCII-Tabelle.

   (b) Ausgabe der Ziffern mal als Zeichen, mal als Zahl, also 0 0, 1 1, 2 2 usw.

   (c) Eine Fehlermeldung, weil man `char` nicht hochzählen darf.

Lösungen

1. Die Bedingung muss entsprechend (b) oder (c) abgeändert werden. Aber das reicht nicht. Siehe das hier nicht abgedruckte Programm *beispiele/kap2/zahlenraten4.cpp* sowie den Hinweis auf Seite 61.
2. (a) ist richtig, aber es wird dann noch eine Addition von 0 ausgeführt. Bei (b) überlegen Sie sich, was passiert, wenn für N 0 eingegeben wird. Falls Sie zu keinem Ergebnis kommen: Ausprobieren! Wenn `N == 0` ist und dekrementiert wird, müsste sich bei einer ganzen Zahl -1 ergeben. Bei einer `unsigned`-Zahl, wie `N` eine ist, entspricht das der maximal möglichen Zahl dieses Typs (Stichworte: Überlauf, Unterlauf).
3. Es handelt sich um die Summierung einer Folge von Zahlen. Aber: Die Summe beginnt mit 1 statt 0 und die Zahl in der Bedingung ist wegen der führenden 0 eine Oktalzahl. (d) ist richtig.
4. Zu (c): Weil `char` und `int` ineinander umwandelbar sind, ist das Hochzählen erlaubt. Nur darf natürlich der für ein Byte gültige Wertebereich nicht überschritten werden. Die Antwort (a) ist richtig.

2.3 Der Zufall kommt ins Spiel

Die obigen verschiedenen Varianten des Programms zum Zahlenraten haben die Schwäche, dass stets 7 die richtige Zahl ist. Es ist spannender, wenn sich das Programm selbst eine Zufallszahl »ausdenkt«, die zu raten ist. C++ stellt dazu verschiedene Möglichkeiten zur Verfügung. Zufallszahlen werden in vielen Computerspielen benötigt, so auch in einigen dieses Buchs. Ein Objekt, das Zufallszahlen erzeugt (generiert), wird (Zufallszahlen-)Generator genannt. In diesem Buch wird der Zufallszahlengenerator `mt19937` verwendet. Es gibt auch andere, die zum Teil mit etwas weniger Rechenzeit und Speicher auskommen, aber nicht ganz so hohen Ansprüchen an die Zufälligkeit genügen. Auch sie wären für die Zwecke dieses Buchs geeignet. Im Folgenden lernen Sie den angesprochenen Generator kennen und benutzen. Zum Einstieg dient das folgende kleine Programm, das anschließend im Einzelnen erklärt wird.

Listing 2.9 (Pseudo-)Zufallszahlen *(beispiele/kap2/zufall1.cpp)*

```
1 #include <iostream>
2 #include <random>
3 using namespace std;
4
5 int main() {
6   mt19937 generator;
7   cout << "kleinster Wert = " << mt19937::min()
8        << " größter Wert = " << mt19937::max() << '\n';
9   for(unsigned int i = 0; i < 10; ++i) {
10     cout <<  generator() << '\n';
11   }
12 }
```

Das Programm kann mit der Anweisung

```
g++ -Wall -std=c++14 -o zufall1.exe zufall1.cpp
```

übersetzt werden. Die Option `-std=c++14` besagt, dass der Compiler den C++-Standard von 2014 berücksichtigen soll. Weil `mt19937` schon mit dem C++-Standard von 2011 eingeführt wurde, würde `-std=c++11` genügen. Der Einfachheit halber wird in diesem Buch ggf. nur `-std=c++14` verwendet.

Der Zufallszahlengenerator wird in Zeile 6 angelegt. Der Name ist beliebig, hier wird `generator` gewählt. Die Header-Datei `<random>` muss eingebunden werden (Zeile 2). Die Zeilen 7 und 8 geben den kleinstmöglichen und den größtmöglichen Zufallswert dieses Generators aus. Bislang trennt der doppelte Doppelpunkt `::` (englisch *scope operator*) den Namen eines Namespace, meistens `std`, von einem anderen Namen. Hier ist es anders: `mt19937` ist eine Klasse (siehe Kapitel 6), zu der die Funktion `min()` gehört. Ohne `using namespace std;` in Zeile 3 lautet der Aufruf sogar `std::mt19937::min()`.

Mit dem Aufruf `generator()` wird in der nachfolgenden Schleife eine Folge von zehn Zufallszahlen erzeugt.

Wenn Sie das entstandene Programm `zufall1.exe`. mehrmals hintereinander ausführen, werden Sie feststellen, dass die angezeigte Folge immer dieselbe ist! Was hat das mit Zufall zu tun?

Nichts! Von Algorithmen erzeugte Zahlen können nicht echt zufällig sein. Ein Algorithmus ist eine eindeutige, nachvollziehbare Vorschrift zur Berechnung eines Ergebnisses. Die erzeugten Zahlen heißen deshalb *Pseudo*-Zufallszahlen. Das ist vernünftig, denn nur wenn reproduzierbare Daten erzeugt werden, kann ein Programm sinnvoll getestet werden. Es gibt jedoch Möglichkeiten, andere Zahlen(folgen) zu erzeugen. Eine Möglichkeit ist, den Generator mit einem Startwert (engl. *seed* genannt) für seinen Algorithmus zu versorgen. Probieren Sie zum Beispiel, die Zeile 6 wie folgt abzuändern:

```
std::mt19937 generator(19);      // seed 19
```

Es wird nun eine andere Folge von Pseudo-Zufallszahlen erzeugt. Wenn Sie die 19 durch eine weitere, andere Zahl ersetzen, ändert sich wiederum die Folge. Alle diese Folgen sind reproduzierbar. Wenn Sie möchten, dass die Folge bei jedem Programmstart eine andere ist, müssen Sie den Startwert von Bedingungen außerhalb des Programms abhängig machen. Das geschieht am einfachsten über `random_device`. Was sich genau dahinter verbirgt, ist systemabhängig und vom C++-Standard nicht vorgeschrieben. Es könnte zum Beispiel die Systemzeit zum Zeitpunkt des Aufrufs `rd()` unten als Basis für eine Startwertberechnung zugrunde gelegt werden, um wechselnde Werte zu erhalten. Schreiben Sie einfach

```
std::random_device rd;
std::mt19937 generator(rd());
```

Die von `rd()` zurückgegebene Zahl ist bei jedem Aufruf des Programms eine andere. So erhalten Sie bei jedem Start neue Folgen (siehe auch *beispiele/kap2/zufall2.cpp*).

> **!** Man könnte auch nur mit `random_device` Zufallszahlen erzeugen. Allerdings hätte man dann jedes Mal eine andere Zufallsfolge, was das Testen eines Programms sehr erschwert. Auch trifft der Standard keine Aussage über die Qualität der erzeugten Folge im Vergleich zu anderen Generatoren. Besser ist es, einen Generator

wie mt19937 zu verwenden und erst, nachdem das Programm zufriedenstellend läuft und getestet wurde, den Startwert variabel zu machen. ■

2.3.1 Bereich für Zufallszahlen definieren

Dass die größtmögliche Zufallszahl gleich mt19937::max() sein kann (auf meinem System 4294967295), wird oft nicht erwünscht sein. Zufallszahlen erzeugen ist eine Sache, die Verteilung der Zahlen eine andere. Meistens ist eine Gleichverteilung in einem festgelegten Bereich erwünscht. Dabei hilft uniform_int_distribution (dt. gleichmäßige int-Verteilung). Das folgende Beispiel zeigt die Erzeugung von Zufallszahlen mit einem Mindestwert 0 und einem Maximalwert 1000. Es werden 100000 Zahlen erzeugt und deren Mittelwert gebildet, um zu prüfen, ob die Verteilung gleichmäßig ist. Bei der Deklaration wird der gewünschte Datentyp der Zufallszahl in spitzen Klammern angegeben, etwa <std::size_t>. Weil 1000 eine recht kleine Zahl ist, könnte in den spitzen Klammern int stehen. Die spitzen Klammern können auch nichts enthalten, dann wird int angenommen (siehe Zeile 10 unten).

Listing 2.10 Mittelwert von Zufallszahlen *(beispiele/kap2/zufall3.cpp)*

```
1 #include <cstddef>
2 #include <iostream>
3 #include <random>
4
5 int main() {
6   double summe = 0.0;
7   std::size_t anzahl = 100000;
8   std::mt19937 generator;
9   int maxZufallszahl = 1000;
10  std::uniform_int_distribution<> verteilung(0,
11                                      maxZufallszahl);
12  for(std::size_t i=0; i < anzahl; ++i) {
13    auto zahl = verteilung(generator);
14    summe += zahl;
15  }
```

```
16   std::cout << "tatsächlicher Mittelwert = "
17             << summe/anzahl
18             << "\ntheoretischer Mittelwert = "
19             << maxZufallszahl/2.0 << '\n';
20 }
```

Um zu berechnen, wie der theoretische Mittelwert zustande kommt, wird angenommen, dass jede Zahl gleich oft vorkommt. Zur Vereinfachung nehmen wir an, dass es nur ein Mal sei. Dann würden die 1001 Zahlen 0, 1, 2, 3, ... 1000 erzeugt. Die Summe wäre $S = 0 + 1 + 2 + 3 + \ldots + 1000$. Das ist nach der Gaußschen Summenformel $S = n(n+1)/2$ und der Mittelwert ist $S/(n+1) = n/2$, d.h. 500 bei $n = 1000$. Der tatsächliche Mittelwert weicht davon umso mehr ab, je kleiner `anzahl` ist.

Zeile 13 zeigt, wie der Generator der Verteilung übergeben wird, um die Zufallszahl zu erzeugen. Was noch in dieser Zeile auffällt. ist das Schlüsselwort `auto`. Es bedeutet, dass der Compiler den Typ der Zahl, die von der Generatorfunktion zurückgegeben werden soll, selbst ermittelt.

Auf die beschriebene Art können (nahezu) beliebige ganzzahlige Bereiche für die Erzeugung von Zufallszahlen definiert werden. Wenn zum Beispiel der Bereich 1 bis 49 gewünscht ist, werden einfach diese Grenzen bei der Verteilung eingetragen. Die letzte Variante des Programms zum Zahlenraten definiert den Zahlenbereich flexibel und erzeugt bei jedem Aufruf eine andere zu erratende Zahl, wie der folgende Auszug zeigt:

Listing 2.11 Letzte Variante des Programms zum Zahlenraten

```
// Auszug aus beispiele/kap2/zahlenraten5.cpp
int main() {
  random_device rd;
  mt19937 generator(rd());
  bool istEingabeOk;
  int minZahl = 1;
  int maxZahl = 10;
  std::uniform_int_distribution<> verteilung(minZahl,
                                             maxZahl);
  int geraten;
  do {
    int zuRatendeZahl = verteilung(generator);
```

```
    // Rest wie bei beispiele/kap2/zahlenraten4.cpp
}
```

Das Programm wird mit der folgenden Anweisung übersetzt:

```
g++ -Wall -std=c++14 -o zahlenraten5.exe zahlenraten5.cpp
```

2.4 Konstante

In einem Programm gibt es Größen, die nicht veränderbar sein sollen. So eine Veränderung kann auch versehentlich geschehen:

```
double pi = 3.14159265358979;        // Kreiszahl π
// ... ein paar Seiten Programmtext weggelassen
pi = 6.28;                           // ups! Darf nicht verändert werden!
```

C++ bietet die Möglichkeit, solche versehentlichen Änderungen mit dem Schlüsselwort `const` zu verhindern. In dem obigen Programm würde das so aussehen (Auszug):

```
const int minZahl = 1;                 // const Untergrenze
const int maxZahl = 10;                // const Obergrenze
// ... usw.
```

Die Variable `geraten` wird eingelesen, sie ist und bleibt veränderlich. Die anderen, mit `const` gekennzeichneten Größen, sind konstant, können also nicht geändert werden. Wenn es nun weiter unten eine versehentliche Änderung gäbe, etwa

```
minZahl = 0;             // Fehlermeldung des Compilers, weil const!
```

würde der Compiler eine entsprechende Fehlermeldung ausgeben. Damit trägt `const` zur Programmsicherheit bei. Bei den mit `const` gekennzeichneten Größen, Konstanten genannt, gibt es Unterschiede:

- Die Konstanten `minZahl` und `maxZahl` sind schon zur Compilierzeit bekannt.

- `zuRatendeZahl` hingegen ist zur Compilierzeit nicht bekannt. Diese Konstante wird bei jedem Betreten des Blocks (also während der Ausführung des Programms) initialisiert und ändert ihren Wert bis zum Blockende nicht mehr.

Um den Compiler zu unterstützen, können Konstanten, die schon zur Compilierzeit bekannt sind, mit dem Schlüsselwort `constexpr` statt `const` markiert werden.

Listing 2.12 `constexpr`-Beispiel

```
// Auszug aus beispiele/kap2/zahlenraten6.cpp
constexpr int minZahl = 1;      // zur Compilierzeit bekannt
constexpr int maxZahl = 10;     // zur Compilierzeit bekannt
std::uniform_int_distribution<> verteilung(minZahl,
                                           maxZahl);
int geraten;
do {
  // constexpr ist hier nicht möglich:
  const int zuRatendeZahl = verteilung(generator);
  // ... usw. (Rest weggelassen)
```

`zuRatendeZahl` kann `const` sein, weil der Wert nach der Initialisierung nicht mehr geändert wird. `constexpr` ist nicht möglich, weil der Wert zur Compilationszeit noch nicht bekannt ist. Der Compiler kann auch Berechnungen durchführen, wenn er die beteiligten Werte kennt. Der Vorteil ist, dass diese Berechnungen zur Laufzeit nicht mehr durchgeführt werden – das spart CPU-Zeit.

> **!** Verwenden Sie `const` immer dann, wenn eine Größe sich nicht mehr ändern soll. Verwenden Sie `constexpr` statt `const`, wenn die Größe schon zur Compilierzeit bekannt ist oder aus Literalen berechnet werden kann. ■

Bei manchen Datentypen gibt es Einschränkungen, etwa bei Strings. Zwar sind die zugrunde liegenden Zeichenketten Literale, nicht aber die String-Objekte selbst, weil sie interne Verwaltungsdaten im Speicher ablegen. Das kann nur geschehen, wenn das Programm läuft, nicht zur Zeit der Compilation.

```
const string x = "Hi!";        // ok: const string mit Literal Hi!
constexpr string y = "Hi!";    // Fehler
```

2.5 Auswahl mit switch

Die `if`-Anweisung lässt eine ja/nein-Entscheidung zu. Oft geht es aber um die Auswahl aus mehreren Möglichkeiten. Die Auswahlanweisung mit `switch` und `case` leistet dieses. Mit dem Zufallsgenerator oben könnten Sie schon die Ziehung der Lottozahlen simulieren. Weil es hier nur um die Darstellung der Auswahlanweisung geht, zeigt das folgende Beispiel nur die Ermittlung des Gewinns. Der Einfachheit halber sind die Gewinnquoten fest einprogrammiert. In der Praxis werden sie aus der Summe der eingezahlten Gelder und der Anzahl der richtigen Tipps ermittelt.

Listing 2.13 Auswahlanweisung *(beispiele/kap2/lottoquote1.cpp)*

```
#include <iostream>

int main() {            // erste Version
  std::cout << "Anzahl der richtig getippten Zahlen: ";
  unsigned int anzahl;
  std::cin >> anzahl;
  unsigned int gewinn = 0;
  switch(anzahl) {
     case 6: gewinn = 623671; break;
     case 5: gewinn =   7785; break;
     case 4: gewinn =     74; break;
     case 3: gewinn =     15; break;
     default : ;                        // alle anderen Fälle
  }
  if(gewinn > 0) {
```

```
    std::cout << gewinn << " Euro gewonnen!\n";
  }
  else {
    std::cout << "Leider nichts gewonnen.\n";
  }
}
```

Die `switch`-Anweisung arbeitet wie folgt: In den runden Klammern wird eine Variable übergeben, die auf ganze Zahlen abbildbar sein muss, also zum Beispiel `int`, `unsigned int` oder `char`. Eine `double`-Zahl ist nicht erlaubt. Dann wird genau der `case`-Teil angesprungen, der zu dem Wert dieser Variablen passt. Alles bis zum nächsten `break` wird ausgeführt. Wenn die Variable einen Wert hat, der zu keinem `case`-Teil passt, wird die Anweisung nach `default:` ausgeführt. Im obigen Beispiel ist das nur eine Leeranweisung (Semikolon `;`), weil `gewinn` oben schon mit 0 initialisiert wird.

Der `default`-Zweig darf fehlen; das ist jedoch nicht empfehlenswert. Zum Beispiel könnte es im obigen Programm noch `case`-Teile für 0, 1 und 2 geben. Im `default`-Zweig könnte dann eine Fehlermeldung auf einen ungültigen Wert hinweisen. Wenn, wie üblich und sinnvoll, `default` am Ende steht, kann `break` fehlen, weil die `switch`-Anweisung ohnehin beendet ist (siehe unten).

> **!** Schreiben Sie stets auch den `default`-Zweig hin, auch wenn er zunächst nur eine Leeranweisung enthält! ■

`break` darf meistens (!) nicht fehlen, weil alles bis dahin ausgeführt wird. Anders gesagt: Wenn oben im Programm die `break`-Anweisung im `case 4:`-Zweig fehlt, wird auch die nächste Zeile (3 Richtige) ausgeführt. Probieren Sie es aus!

Den Effekt kann man sich natürlich zunutze machen, siehe die Fälle 2, 1 und 0 im Programm unten. Außerdem wird der `default`-Zweig genau dann angesprungen, wenn die eingegebene Anzahl fehlerhaft ist.

Listing 2.14 `switch` mit Fehlerprüfung *(beispiele/kap2/lottoquote2.cpp)*

```
#include <iostream>

int main() {    // zweite Version
  std::cout << "Anzahl der richtig getippten Zahlen: ";
  unsigned int anzahl;
  std::cin >> anzahl;
  unsigned int gewinn = 0;   // Initialisierung kann hier entfallen
  bool fehler = false;                // Auswertung siehe unten
  switch(anzahl) {
     case 6: gewinn = 623671; break;
     case 5: gewinn =   7785; break;
     case 4: gewinn =     74; break;
     case 3: gewinn =     15; break;
     case 2:
     case 1:
     case 0: gewinn = 0; break;   // Ausführung bei 0, 1 und 2
     default : std::cout << "Eingabefehler! anzahl = "
                         << anzahl << '\n';
               fehler = true;
  }
  if(!fehler) {                         // Auswertung (! ist Negation)
    if(gewinn > 0) {
      std::cout << gewinn << " Euro gewonnen!\n";
    }
    else {
      std::cout << "Leider nichts gewonnen.\n";
    }
  }
}
```

Die Reihenfolge der mit `break` beendeten `case`-Zeilen ist beliebig. Wenn etwa die Zeile (`case 4:` ... usw.) mit der Zeile (`case 6:` ... usw.) vertauscht wird, ändert sich das Verhalten des Programms nicht.

Wenn in einer `case`-Anweisung neue Variablen deklariert werden, muss es einen umschließenden Block mit geschweiften Klammern geben:

```
case 42: int x = 7; cout << x; break;                // falsch!
```

```
case 42:                                      // richtig:
  {
    int x = 7; cout << x;
  }
  break;
```

2.6 Aufzählungstyp

Aufzählungen sind selbst geschriebene Datentypen. Sie heißen `enum` und werden intern auf ganze Zahlen abgebildet. Das Beispiel gibt einen `enum`-Wert als ganze Zahl aus und zeigt, wie ein Aufzählungstyp in einer `switch`-Anweisung verwendet werden kann. Der Aufzählungstyp heißt hier `Raumschiff`, einer der Werte heißt `yacht` (siehe Programm). Weil eine Zuweisung etwa der Art `int x = Raumschiff::yacht;` nicht möglich ist, trägt ein Aufzählungstyp nicht nur zur Lesbarkeit, sondern auch zur Typsicherheit des Programms bei. Die Zeile 6 bestimmt, welche Mindestbesatzung ausgegeben wird. Probieren Sie es mit anderen Werten aus, zum Beispiel mit `Raumschiff::sternjaeger`.

Listing 2.15 Aufzählung *(beispiele/kap2/enumclass.cpp)*

```
1  #include <iostream>
2
3  int main() {
4    enum class Raumschiff { sternjaeger, transportschiff,
5                            grosskampfschiff, yacht};
6    Raumschiff meinraumschifftyp = Raumschiff::yacht;
7    std::cout << "int-Wert von meinraumschifftyp: "
8              << static_cast<int>(meinraumschifftyp)
9              << '\n';
10   unsigned int mindestbesatzung = 0;
11   switch(meinraumschifftyp) {
12      case Raumschiff::sternjaeger:
13        mindestbesatzung = 1;
14        break;
```

```
      case Raumschiff::transportschiff:
        mindestbesatzung = 50;
        break;
      case Raumschiff::grosskampfschiff:
        mindestbesatzung = 800;
        break;
      case Raumschiff::yacht:
        mindestbesatzung = 10;
        break;
      default: std::cerr << "Fehler!\n"; // siehe Text
   }
   std::cout << mindestbesatzung
             << " = aktuelle Mindestbesatzung\n";
}
```

Die `default`-Anweisung kann nie erreicht werden, weil davor alle Fälle erfasst werden. Sie ist dann sinnvoll, wenn spätere Erweiterungen möglich sind. Dann könnte die Enumeration um einen weiteren Schiffstyp erweitert, aber der zugehörige `case`-Teil versehentlich vergessen werden. So ein Fehler würde dank des `default`-Zweigs erkannt.

Das Schlüsselwort `class` in der Deklaration kann weggelassen werden und damit auch jedes Vorkommen von `Raumschiff::` im obigen Programm. Allerdings ist dann die Typsicherheit vermindert. Eine Anweisung wie `int x = yacht;` ist dann trotz der verschiedenen Typen möglich. Und wenn es einen weiteren Aufzählungstyp gäbe, der auch `yacht` enthielte, gäbe es einen Namenskonflikt. Daher die Empfehlung: `class` trotz des Mehraufwands beim Schreiben beibehalten.

2.7 C++-Quiz

Anhand der folgenden Fragen können Sie Ihr Verständnis der letzten Abschnitte prüfen.

1. Welche Bedeutung hat der Startwert (seed) für den Zufallszahlengenerator?
   (a) Für denselben Startwert wird stets dieselbe Folge erzeugt.
   (b) Wenn der Startwert 0 ist, ist die Folge nicht mehr zufällig.
   (c) Keine. Durch den internen Algorithmus wird stets eine Folge von Zufallszahlen erzeugt, unabhängig vom Startwert.

2. Wozu gibt es das Schlüsselwort `const`?
   (a) Wenn sich ein Wert ohnehin nicht ändert, kann man `const` auch weglassen.
   (b) Wenn eine mit `const` gekennzeichnete Größe im Programm geändert wird, gibt es eine Fehlermeldung des Compilers.
   (c) Das Schlüsselwort ist überflüssig, weil es seit C++11 durch `constexpr` ersetzt wurde.

3. Kann man eine `switch`-Anweisung durch eine oder mehrere `if`-Anweisungen ersetzen?
   (a) ja, (b) nein, (c) weiß nicht.

Lösungen

1. (a) ist richtig. (b) Die Folge ist *pseudo*-zufällig, ganz unabhängig vom Startwert. (c) ist falsch.
2. (a) ist Nonsens. (b) ist richtig. (c) falsch. Unterschied nachlesen!
3. (a) ist richtig. (c) mag je nach Leser im Einzelfall richtig sein ...

3 Ein- und Ausgabe

Fragen, die dieses Kapitel beantwortet:

- Wie leite ich Ein- und Ausgaben eines Programms um?
- Wie werden Fehler bei der Eingabe erkannt?
- Wie schreibe und lese ich Dateien per Programm?
- Was sind Binärdateien?

Die Eingabe von der Tastatur und die Ausgabe auf der Konsole wird als Strom von Bytes betrachtet, wie auf Seite 22 beschrieben. Dies gilt auch für einzulesende oder auszugebende Dateien. Ein- und Ausgabe werden im Allgemeinen *gepuffert*. Damit ist zum Beispiel beim Schreiben gemeint, dass die Zeichen zunächst in einen besonderen Speicherbereich, Puffer genannt, transferiert werden. Der Grund ist, dass das Schreiben in den Puffer (Halbleiterspeicher!) um Größenordnungen schneller ist als das Schreiben auf eine Festplatte. Der Controller der Festplatte holt sich direkt die Daten aus dem Puffer und schreibt sie auf die Festplatte, ohne dass die CPU beteiligt wird – ein sehr schnelles Verfahren. Bei der Eingabe wird die eingetippte Zeile (= die im Puffer gespeicherten Zeichen) erst beim Drücken der ↵-Taste dem Programm übergeben. Bei der Ausgabe läuft es ähnlich: Ist der Puffer gefüllt oder wird das Programm beendet, werden alle noch im Puffer verbliebenen Zeichen ausgegeben. Eine *ungepufferte* Ausgabe bedeutet somit, dass sie *sofort* ausgeführt wird.

3.1 Standardein- und -ausgabe

In C++ sind einige Ein- und Ausgabekanäle vordefiniert. Hier sind die wichtigsten:

`cin`	Standardeingabe (Tastatur, gepuffert)
`cout`	Standardausgabe (Bildschirm, gepuffert)
`cerr`	Standardfehlerausgabe (Bildschirm, nicht gepuffert)

Die ersten beiden sind schon bekannt. Normalerweise reicht bei `cout` `'\n'` zur Ausgabe einer neuen Zeile. Wenn aber anschließend eine lange Berechnung folgt, kann es sein, dass die Ausgabe erst danach erfolgt (weil `cout` gepuffert ist). Es kann der Eindruck erweckt werden, das Programm habe sich »aufgehängt«, das heißt, es reagiert nicht mehr. Wenn dieser Effekt vermieden werden soll, schreibt man `endl` statt `'\n'`. So erzwingt man die sofortige Ausgabe. `endl` schreibt `\n` in den Pufferspeicher und gibt dann seinen Inhalt sofort aus. Ein Beispiel:

```
std::cout << "Bitte Berechnung abwarten ..." << std::endl;
```

`cerr` ist ein Kanal speziell für Fehlermeldungen. Damit kann erreicht werden, dass die normale Ausgabe mit `cout` nicht mit Fehlermeldungen vermischt wird, ohne diese jedoch zu unterdrücken. Den Fehlerkanal sprechen Sie genau wie `cout` an, also etwa

```
if(fehlergefunden) {
  std::cerr << "hoffentlich informative Fehlermeldung!\n"
}
```

Im nächsten Abschnitt sehen Sie, wie man beide Kanäle trennt.

3.1.1 Umleitung auf Betriebssystemebene

In diesem Abschnitt geht es um die Umleitung von Ein- und Ausgaben, wenn ein Programm in der Konsole (Terminal) gestartet wird.

Eingabe

Nehmen wir an, es gäbe ein Programm *prog.exe*, das mit `cin` Eingaben von der Tastatur erwartet. Gerade zum Testen ist ein wiederholtes Eintippen mühselig. Man kann aber die benötigten Daten in eine Datei schreiben und spart sich die mehrmalige Tipperei, indem die Eingabe auf Betriebssystemebene umgeleitet wird. Das hat nichts mit C++ zu tun, sondern ist eine Eigenschaft der gängigen Betriebssysteme. Die Umleitung geschieht mit dem < Zeichen. Ein Beispiel: *prog.exe < eingabedaten.txt*

Ausgabe

Der Ausgabe mit `cout` ist die Kanalnummer 1 zugeordnet, `cerr` Kanalnummer 2. Die Ausgabe wird mit > umgeleitet:

- Umleitung von `cout`. Etwaige Fehlermeldungen erscheinen weiter auf der Konsole: *prog.exe 1> ausgaben_von_cout.txt*

  Natürlich müssen Sie darauf gefasst sein, dass der Bildschirm dunkel bleibt, wenn Sie die Ausgabe umleiten! Schließlich landet alles in einer Datei – die Sie danach aber in Ruhe mit einem Editor ansehen können.
- Statt 1> kann abkürzend > geschrieben werden:
  prog.exe > ausgaben_von_cout.txt
- Umleitung von `cerr`. Die normale Ausgabe erscheint weiter auf der Konsole: *prog.exe 2> fehlermeldungen.txt*
- Wenn die normale Ausgabe *und* die Fehlermeldungen in einer einzigen Datei gesammelt werden sollen, leitet man nach der Ausgabeumleitung zusätzlich den Kanal 2 auf den ersten um. Das geht so:
  prog.exe > alles.txt 2>&1

3.2 Ein- und Ausgabe mit Dateien

In diesem Abschnitt geht es darum, direkt vom Programm Dateien auszulesen bzw. Dateien zu schreiben. Dazu muss der Header `<fstream>` eingebunden werden. Ein Dateiobjekt zum Einlesen einer Datei ist vom Typ `ifstream`, zum Schreiben in eine Datei vom Typ `ofstream` (Abkürzungen für input file stream beziehungsweise output file stream). Das Betriebssystem hat direkten Zugriff auf die Dateien und verwaltet sie. Ein Dateiobjekt stellt die Verbindung zum Betriebssystem her, um darüber den Zugriff auf die Festplatte oder die SSD (solid state disk[1]) zu ermöglichen.

3.2.1 Schreiben einer Textdatei (Spielerdatenbank)

Zum Schreiben steht der von `cout` bekannte Operator << zur Verfügung. Ein einzelnes Byte kann alternativ mit `put(char)` geschrieben werden. Für die Ausgabe wird ein Dateiobjekt des Typs `ofstream` benötigt. Das folgende Programm fragt die Namen der Spieler und ihren Punktestand ab und speichert diese Informationen in der Datei *spieler.txt*. Wenn eine Leerzeile eingegeben wird, beendet sich das Programm. Der Einfachheit halber wird der Punktestand ebenfalls als String gespeichert. Das Zeichen # wird in die Datei geschrieben, um das Ende der Daten anzuzeigen. Auf die Fehlerbehandlung eines falsch eingegebenen Punktestands wird verzichtet.

Listing 3.1 Schreiben einer Datei *(beispiele/kap3/spielerschreiben.cpp)*

```
#include <fstream>
#include <iostream>
#include <string>
using namespace std;

int main() {
```

[1] Tatsächlich basiert dieser Speichertyp auf Halbleiterbausteinen. Es dreht sich nichts. Der Name disk (oder drive) existiert nur aus historischen Gründen.

```
7     ofstream ausgabe("spieler.txt");
8     if(!ausgabe.good()) {
9       cerr << "Dateifehler! Schreibschutz?\n";
10      return 1;                           // != 0 : Fehler
11    }
12    string name;
13    do {
14      cout << "Name des Spielers: ";
15      getline(cin, name);             // Leerzeichen sind erlaubt!
16      if(name.length() > 0) {
17        string punktzahl;
18        cout << "Punktestand: ";
19        getline(cin, punktzahl);
20        ausgabe << name << '\n' << punktzahl << '\n';
21      }
22    } while(name.length() > 0);
23    ausgabe << "#\n";
24    return 0;
25  }
```

Der Aufruf der Funktion `good()`, bisher nur von der Eingabe mit `cin` bekannt, ist auch für Ausgaben möglich. Der Aufruf gibt zurück, ob mit dem Dateiobjekt `ausgabe` alles »gut« ist, das heißt, dass es keinen Fehler beim Schreiben gegeben hat.

Diese Datei könnte beim nächsten Mal eingelesen werden, um für ein neues Spiel den alten Stand zu rekonstruieren. Die letzte Anweisung kann alternativ durch die Zeilen

```
ausgabe.put('#');
ausgabe.put('\n');
```

ersetzt werden. `put()` schreibt nur ein einzelnes Zeichen. Übersetzen Sie alle Programme dieses Abschnitts mit

```
g++ -Wall -std=c++14 -o X.exe X.cpp
```

wobei Sie für `X` bitte den entsprechenden Namensteil der Datei einsetzen (oder verwenden Sie *make*, siehe Textbox auf Seite 27). Im Wesentlichen braucht es die folgenden Schritte zum Schreiben einer Datei, gekennzeichnet mit der Zeilennummer des obigen Programms:

7 Anlegen eines `ofstream`-Objekts, dem der Dateiname übergeben wird. Dabei wird schon die Verbindung zum Betriebssystem hergestellt, das wiederum nach der genannten Datei sucht; ein Vorgang, der »öffnen« genannt wird und auch getrennt vom Anlegen des Objekts mit einer Funktion `open()` bewerkstelligt werden könnte. Der Dateiname ist hier fest einprogrammiert. Man kann ihn alternativ abfragen:

```
string dateiname;
cout << "Dateiname ohne Leerzeichen eingeben: ";
cin >> dateiname;
ofstream ausgabe(dateiname);
```

8 Fehlerabfrage und entsprechende Reaktion. In eine schreibgeschützte Datei kann nicht geschrieben werden. Ein anderer möglicher Fehler wäre, dass der Datenträger voll ist.

20,23 Der eigentliche Schreibvorgang.

23 Nach dieser Zeile wird die Datei nicht mehr benötigt und die Verbindung zum Betriebssystem kann getrennt werden. Dieser Vorgang wird »schließen« genannt und könnte hier mit der Anweisung `ausgabe.close()` erledigt werden. Am Ende des Blocks, in dem das Dateiobjekt angelegt wird, sorgt C++ aber automatisch für das Schließen der Datei. Deshalb kann die `close()`-Anweisung entfallen.

25 Blockende. Automatisches Schließen der Datei.

3.2.2 Einlesen der Spielerdatenbank

Grundsätzlich können Textdateien mit dem >>-Operator eingelesen werden. Im Allgemeinen sollen aber Leerzeichen berücksichtigt werden, sodass ich mich hier auf die schon von Seite 42 bekannten Funktionen `get()` und `getline()` beschränke. Auch führt die Vermischung von >> und diesen Funktionen leicht zu Fehlern, wenn man nicht genau aufpasst. Das folgende Programm zeigt, wie die mit dem obigen Programm geschriebene Spielerdatenbank zeilenweise eingelesen und auf der Konsole ausgegeben wird.

Listing 3.2 Zeilen einer Datei lesen *(beispiele/kap3/spielerlesen.cpp)*

```
#include <fstream>
#include <iostream>
#include <string>
using namespace std;

int main() {
  const string dateiname {"spieler.txt"};
  ifstream quelle(dateiname);     // Objekt für Eingabestrom
  if (!quelle.good()) {           // Fehlerabfrage
    cerr << dateiname
         << " kann nicht geöffnet werden!\n";
    return 1;                     // ungleich 0 bedeutet Fehler
  }
  unsigned int punktsumme = 0;
  while (quelle.good()) {
    string zeile;
    getline(quelle, zeile);
    if(zeile.at(0) == '#' || !quelle.good()) {
      break;            // nichts mehr zu lesen: Abbruch der Schleife
    }
    cout << "Spieler " << zeile << " registriert. ";
    getline(quelle, zeile);
    // Es folgt die Umwandlung des Strings in eine Zahl:
    auto punktzahl = stoul(zeile);
    cout << "Punktzahl " << punktzahl << '\n';
    punktsumme += punktzahl;
  }
  cout << "Summe aller Punkte = " << punktsumme << '\n';
  return 0;
}
```

Vielleicht wundern Sie sich, dass der Zustand der Datei so oft mit `good()` überprüft wird. Der Grund ist, dass er sich bei jedem Lesezugriff ändern kann – auf jeden Fall, wenn das Ende der Datei erreicht ist. Die Punktzahl eines jeden Spielers wird als String eingelesen. Um sie weiter zu verwenden, soll sie als `unsigned`-Zahl vorliegen. Die Funktion `stoul()` leistet genau dies. Der Name bedeutet *string to unsigned long*. Sie hat auch Verwandte: `stoi(str)` wandelt einen String `str` in eine `int`-Zahl um, `stol()` in eine `long`-Zahl und `stod(str)` erzeugt eine `double`-Zahl.

3.2.3 Binärdatei

Die Funktion `get()` liest jeweils das nächste Zeichen. Das wird im Folgenden genutzt, um eine Binärdatei zu lesen und ihren Inhalt in Hexadezimalform auszugeben. Binärdateien sind nicht gut mit einem Texteditor lesbar und auch nicht druckbar. Typische Binärdateien sind ausführbare Dateien mit der Endung *exe*, Bild- oder Audiodateien. Das folgende Programm zeigt, wie Sie binäre Dateien lesen und auswerten können. Im Folgenden werden der Einfachheit halber keine Bild- oder Audiodaten analysiert, sondern es werden nur die Bytes der Datei in der Hexadezimaldarstellung ausgegeben.

Listing 3.3 Lesen einer Binärdatei *(beispiele/kap3/binaer.cpp)*

```
#include <fstream>
#include <iostream>
#include <string>
using namespace std;

int main() {
  string dateiname;
  cout << "Datei? ";
  cin >> dateiname;
  ifstream datei(dateiname, ios::binary);  // siehe Text
  if (!datei.good()) {                     // Fehlerabfrage
    cerr << dateiname
         << " kann nicht geöffnet werden!\n";
  }
  else {
    cout << hex;           // Hexadezimaldarstellung einschalten
    constexpr unsigned int zeichenProZeile = 20;
    unsigned int zeichenzahl = 0;
    while (datei.good()) {
      char byte;
      datei.get(byte);
```

```
22          // Typumwandlungen, um negative Werte bei signed char
23          // zu vermeiden:
24          const unsigned char c =
25                        static_cast<unsigned char>(byte);
26          // Typumwandlung in eine Zahl:
27          auto zahl = static_cast<unsigned int>(c);
28          if(zahl <= 0x0f) {       // Falls die Zahl einstellig wird.
29            cout << 0;    // Sonst würde nur 1 Zeichen ausgegeben.
30          }
31          cout << zahl << ' ';
32          ++zeichenzahl;
33          if (zeichenzahl == zeichenProZeile) {
34            zeichenzahl = 0;       // zurücksetzen
35            cout << '\n';          // neue Zeile zur Formatierung
36          }
37        }
38        cout << '\n';
39      }
40    }
```

Anmerkungen zu einigen Zeilen des Programms:

10 `ios::binary` beim Anlegen des Dateiobjekts nicht vergessen! Es verhindert, dass die Umwandlung der Zeilenendekennung `\n` in `CR/LF` (= 0x0d 0x0a) automatisch erfolgt, wie es bei Textdateien gemacht wird (nur bei Windows von Bedeutung).

16 Wenn das vordefinierte Objekt `hex` ausgegeben wird, werden alle Zahlen in Hexadezimaldarstellung ausgegeben, allerdings ohne führendes `0x`. `cout << dec;` schaltet wieder zur Dezimaldarstellung um (hier nicht erforderlich).

17 Festlegung des Ausgabeformats

22-27 Bei vielen Systemen ist `char` vorzeichenbehaftet, umfasst also einen Bereich von umgerechnet -128 bis +127. Im ASCII sind nur die ersten 128 Zeichen (einschließlich des Nullbytes) von den 256 möglichen definiert. Andere Zeichen liegen im negativen Bereich. Bei der Ausgabe sind aber die Zahlen 0 bis 255 gefragt. Durch die Typumwandlung liegen die vormals negativen Werte im Bereich von umgerechnet 128 bis 255. Die Typumwandlung von `char` nach `unsigned int` macht dann keine Probleme mehr.

28 Wenn die ermittelte Zahl zwischen 0 und 15 (=0xF bzw. 0xf) liegt, wird sie einstellig ausgegeben, während alle anderen Zahlen zweistellig sind. Um das zu korrigieren, wird eine führende 0 ausgegeben.

33-36 Wenn die vorgegebene Anzahl der Zeichen pro Zeile erreicht ist, wird zur Formatierung eine neue Zeile angefangen.

3.3 Formatierung der Ausgabe

Manchmal möchte man die Ausgabe ansprechender gestalten, etwa als Tabelle. Dazu helfen verschiedene Formatanweisungen, von denen eine kleine Auswahl hier gezeigt wird. Zum Beispiel wird mit `width(5)` eingestellt, dass die nächste Ausgabe 5 Zeichen umfassen soll. Mit `precision()` wird die Anzahl der darzustellenden Ziffern bei einer Kommazahl festgelegt. Ein Beispiel:

Listing 3.4 Formatierte Ausgabe *(beispiele/kap3/formate.cpp)*

```
#include <iostream>
using namespace std;

int main() {
  double dzahl = 1.234567890123456;
  for(unsigned int i = 0; i < 3; ++i) {
    cout.width(12);
    cout.precision(4+i);
    cout << dzahl << '\n';
  }
}
```

Das Programm gibt die Zahl drei Mal aus, wobei die Breite gleich bleibt, aber sich die Anzahl der ausgegebenen Stellen erhöht:

```
       1.235
      1.2346
     1.23457
```

`cout.width(12)` gilt nur für die jeweils nächste Ausgabe und wird danach zurückgesetzt. Das ist der Grund, warum die Einstellung der Breite nicht vor die `for`-Schleife gezogen werden kann. Die Anweisung `cout.precision(stellenzahl)` hingegen gilt für alle nachfolgenden Ausgaben. Wenn die Zahl der Stellen vor dem Komma die mit `precision()` eingestellte Breite überschreitet, wird auf die sogenannte wissenschaftliche Schreibweise umgeschaltet (z.B. 7.8901e+04).

Im Programm des vorherigen Abschnitts haben Sie gesehen, wie die Hexadezimaldarstellung mit `cout << hex;` eingestellt wird. Die Rückkehr zur dezimalen Ausgabe geschieht mit `cout << dec;`.

3.4 C++-Quiz

Und schon wieder ein paar Quizfragen!

1. Sie wollen eine Datei mit Ihrem Programm *schreiben*. Welche Fehler können (unter anderen) dabei auftreten?
   (a) Es gibt keinen Platz mehr auf der Festplatte.
   (b) Die Datei gibt es schon.
   (c) Die Datei gibt es schon und ist dazu noch schreibgeschützt.
   (d) Die Datei gibt es noch gar nicht.
2. Sie wollen eine Datei mit Ihrem Programm *lesen*. Welche Fehler können (unter anderem) dabei auftreten?
   (a) Es gibt keinen Platz mehr auf der Festplatte.
   (b) Die Datei gibt es schon.
   (c) Die Datei gibt es, aber sie ist schreibgeschützt.
   (d) Die Datei gibt es, aber sie ist gegen Lesen geschützt.
   (e) Die Datei gibt es nicht.

3. Ein `ifstream`- oder `ofstream`-Objekt `X` stellt die Verbindung zum Betriebssystem her. Wann oder wie wird die Verbindung im Programm wieder getrennt?
   (a) Durch Aufruf der Funktion `X.close()`.
   (b) Durch Beenden des Programms.
   (c) Vom C++-System, wenn der Programmfluss den Block verlässt, in dem `X` angelegt wird.

4. In welchen Fällen ist eine ungepufferte Ausgabe sinnvoll?
   (a) Immer, weil der direkte Weg schneller ist als der über einen Pufferspeicher.
   (b) Nie, weil der Weg über einen Pufferspeicher schneller ist als der direkte Weg. Man denke nur daran, dass eine Festplatte erst mal an die richtige Stelle rotieren muss.
   (c) Bei der Fehlerausgabe auf der Konsole, damit sie sofort erfolgt.
   (d) Bei der Ausgabe in eine Datei, wenn das Programm kurz danach abstürzt.

Lösungen

1. (a) ist richtig. (b) Das ist kein Problem, weil sie einfach überschrieben wird. (c) richtig. (d) Macht nichts, sie wird neu angelegt.

2. Nur (d) und (e) sind richtig. Der Fall (d) tritt auf, wenn Sie ohne Administratorrechte eine geschützte Datei lesen wollen, etwa eine Systemdatei oder die eines anderen Users.

3. (a) ist richtig, aber unnötig, weil C++ das automatisch erledigt (siehe (c)). (b) ist richtig, weil es (c) beinhaltet. (c) ist richtig. Also: alles richtig.

4. (a) ist falsch, weil es CPU-Zeit kostet, den Puffer zu leeren. (b) ist falsch, siehe (c) und (d). (c) ist richtig. Aus diesem Grund ist `cerr` nicht gepuffert. (d) ist richtig, weil die zuletzt auf die Festplatte geschriebenen Daten möglicherweise einen Rückschluss auf die Absturzursache zulassen. Andernfalls gäbe es vielleicht noch Daten im Puffer, die nach dem Absturz verloren sind.

4 Aufgaben strukturieren

Fragen, die dieses Kapitel beantwortet:

- Wie zerlegt man eine Aufgabe in Teilaufgaben zur einfacheren Bearbeitung?
- Was wird als Schnittstelle einer Funktion bezeichnet?
- Warum werden die Schnittstelle einer Funktion und ihre Anweisungen in verschiedenen Dateien abgelegt?
- Wozu ist der Präprozessor gut?
- Was unterscheidet die Übergabe von Argumenten an die Funktion per Referenz von der Übergabe per Wert?

Eine Funktion erledigt eine abgeschlossene Teilaufgabe. Die Teilaufgabe kann einfach, aber auch sehr komplex sein. Die notwendigen Daten werden der Funktion mitgegeben und sie gibt das Ergebnis der erledigten Aufgabe an den Aufrufer (Auftraggeber) zurück. Eine einfache mathematische Funktion ist zum Beispiel $y = sin(x)$, wobei x der Funktion als notwendiger Wert übergeben und y das Ergebnis zugewiesen wird. In C++ können auch nichtmathematische Funktionen programmiert oder benutzt werden.

Eine Funktion muss nur einmal definiert werden. Anschließend kann sie beliebig oft nur durch Nennung ihres Namens aufgerufen werden, um die ihr zugewiesene Teilaufgabe abzuarbeiten. Wie in einer großen Firma die Aufgaben nur durch Arbeitsteilung, Delegation und eine sich daraus ergebende hierarchische Struktur zu bewältigen sind, wird die Komplexität einer Aufgabe durch Zerlegung in Teilaufgaben reduziert. Funktionen sind ein Mittel dazu. Bereits vorhandene Standardlösungen können aus Funktionsbibliotheken abgerufen werden – wie es in diesem Buch mit der Nutzung der C++-Standardbibliothek geschieht.

4.1 Deklaration und Definition

Sehen Sie sich das folgende kleine Programm an. Übersetzen Sie es mit `g++ -Wall -o quadrat.exe quadrat.cpp` und lassen es laufen.

Listing 4.1 Einfache Funktion *(beispiele/kap4/quadrat1.cpp)*

```
#include <iostream>

// Rückgabetyp Name(Parameterliste)
double quadrat(double d) {                    // Funktionsdefinition
  return d*d;
}

int main() {
  double wert = 2.5;
  double quad = quadrat(wert);               // Aufruf der Funktion
  std::cout << "Das Quadrat von " << wert          // 2.5
            << " ist " << quad << ".\n";           // 6.25
}
```

Der Compiler liest zuerst die Funktionsdefinition. Wenn er anschließend den Aufruf analysiert, weiß er aus der Definition, dass die Funktion mit dem Namen `quadrat` 1. existiert, 2. einen `double`-Wert als Parameter braucht und 3. einen `double`-Wert zurückgibt. Alles passt! Bei fehlender Funktionsdefinition oder bei einem falschen Namen, etwa `Quadrat` statt `quadrat`, gäbe es eine Fehlermeldung des Compilers.

Funktionen und Operatoren, wie sie im Kasten auf Seite 24 definiert werden, haben viel gemeinsam. Tatsächlich werden in C++ viele Operatoren als Funktionen realisiert.

4.1.1 Übergabe per Wert

An der Ausgabe nach Aufruf der Funktion ist zu sehen, dass die Funktion den Wert der Variablen `wert` nicht ändert. Der Grund: Beim Aufruf der Funktion wird `wert` in die funktionslokale Variable `d` kopiert und mit dieser Kopie wird gerechnet. Wenn in der Funktion noch die (fehlerhafte) Anweisung `d = 1000.0;` stände, wäre zwar das Ergebnis falsch, aber `wert` bliebe unverändert. Anders gesagt: Wenn Sie nur die Kopie eines Geldscheins anzünden, bleibt das Original erhalten!

Diese Art der Parameterübergabe heißt *Übergabe per Wert*. Die Gültigkeit von `d` bleibt auf die Parameterliste und den anschließenden Block, auch Funktionskörper genannt, beschränkt. Der große Vorteil: In einer Funktion können beliebige Namen verwendet werden, auch wenn dieselben Namen schon woanders vorkommen – sie stören sich gegenseitig nicht. Es gibt auch die Möglichkeit, in einer Funktion das Original statt einer Kopie zu bearbeiten, aber dazu später, um nicht vom Thema der Überschrift abzuweichen.

Der Funktionskörper, der zwischen den geschweiften Klammern der Funktion liegende Bereich, ist für die Analyse des Aufrufs im `main`-Programm nicht wichtig, erst für die tatsächliche Ausführung. Es genügt daher, dem Compiler für die Analyse nur den sogenannten Prototyp oder die Funktions*deklaration* mitzuteilen. Die Funktionsdeklaration heißt auch *Schnittstelle*, weil sie die Informationen enthält, die zur Benutzung benötigt werden. Die eigentliche Funktions*definition*, auch Implementation der Funktion genannt, kann danach folgen (siehe Listing). In ihr steckt die Information, *wie* innerhalb der Funktion die Aufgabe gelöst wird. Diese Information ist zur Benutzung nicht notwendig.

Listing 4.2 Funktionsprototyp *(beispiele/kap4/quadrat2.cpp)*

```
#include <iostream>
```

```
double quadrat(double d);                      // Funktionsdeklaration

int main() {
  double wert = 2.5;
  double quad = quadrat(wert);                 // Aufruf der Funktion
  std::cout << "Das Quadrat von " << wert            // 2.5
            << " ist " << quad << ".\n";             // 6.25
}

double quadrat(double d) {                     // Funktionsdefinition
  return d*d;
}
```

Wie Sie sehen, erhält man eine reine Deklaration (die nicht auch eine Definition ist), wenn der Funktionskörper durch ein Semikolon ersetzt wird. Wenn die Zeile mit der Funktionsdeklaration gestrichen würde, gäbe es eine Fehlermeldung des Compilers. Die Begriffe Deklaration und Definition sind in C++ so wichtig, dass sie hier genauer aufgeschrieben werden:

Eine *Deklaration* führt einen Namen in ein Programm ein und gibt dem Namen eine Bedeutung. Der Compiler ist damit in der Lage zu prüfen, ob zum Beispiel ein Funktionsaufruf korrekt gemäß den Regeln der Sprache formuliert ist.

Eine Deklaration ist auch eine *Definition*, wenn *mehr als nur der Name eingeführt wird*, zum Beispiel wenn Speicherplatz für Daten oder Code angelegt oder die innere Struktur eines Datentyps beschrieben wird, aus der sich der benötigte Speicherplatz ergibt.

In C++ gilt die *one definition rule*. Sie besagt, dass es in einem Programm nur *eine* Definition zu einem Namen geben darf. Reine Deklarationen eines Namens, also nicht Definitionen, können mehrfach vorkommen, wenn sie vollständig gleich lauten. ■

Die Konsequenz ist, dass die Definition der Funktion `quadrat()` in eine eigene Datei verlagert werden kann, die dann getrennt übersetzt wird. Was ist der Sinn dieses Vorgehens? Stellen Sie sich ein großes C++-

Programm mit 100 Funktionen vor, die in einem `main`-Programm aufgerufen werden. Diese Funktionen seien in eigene Dateien ausgelagert und getrennt übersetzt worden. Wenn dann im `main`-Programm eine Änderung notwendig wird, ist es nur noch notwendig, das `main`-Programm erneut zu übersetzen, nicht aber die ausgelagerten Funktionen – ein Geschwindigkeits- und Speicherplatzgewinn! Die vorübersetzten Funktionen werden einfach vom Compiler (genauer: vom Linker, der vom Compiler aufgerufen wird) dazugebunden. Das ist der Grund, warum wir z.B. `cout` fertig benutzen können, ohne den dazugehörigen Programmcode übersetzen zu müssen. Er muss nicht einmal mehr vorliegen, nur das Übersetzungsergebnis. Der Linker findet es in der dem Compiler beiliegenden Standardbibliothek.

4.1.2 Überladen einer Funktion

Eine Funktion kann *überladen* werden. Damit ist gemeint, dass es eine weitere Funktion geben kann, die *denselben* Namen, aber einen anderen Parametertyp oder eine andere Anzahl von Parametern hat. So kann das Beispiel oben um eine Funktion ergänzt werden, die einen `int`- statt eines `double`-Parameters verlangt.

Listing 4.3 Überladene Funktion

```
int quadrat(int i) {          // quadrat(double) überladen
  return i*i;
}
```

Der Compiler ermittelt anhand des Datentyps des Arguments, welche der Funktionen aufgerufen wird:

```
int ergebnis1 = quadrat(2);        // Aufruf von quadrat(int)
double ergebnis2 = quadrat(2.5); // Aufruf von quadrat(double)
```

Das wird leicht nachgewiesen, indem zu Demonstrationszwecken eine entsprechende Ausgabeanweisung in den Funktionskörper geschrieben wird (siehe *beispiele/kap4/ueberladen.cpp*).

4.2 Trennung von Schnittstelle und Implementation

Bei der professionellen Programmentwicklung mit C++ wird wie folgt vorgegangen: Schnittstelle und Implementation werden getrennt, finden sich also in verschiedenen Dateien. Das wird im Folgenden mit nur einer Funktion gezeigt, um das Beispiel möglichst einfach zu halten.

> Die *Schnittstelle* besteht aus den Deklarationen, also dem Inhalt der Header-Datei. Wenn dort zum Beispiel eine Funktion `f()` deklariert ist, wird die entsprechende Header-Datei von allen Programmen, die `f()` benutzen, per `#include` eingelesen. Die Deklaration genügt dem Compiler zur Überprüfung, ob die Funktion richtig benutzt wird.
>
> Der eigentliche Programmcode von `f()`, also alle zugehörigen Anweisungen, heißt *Implementation* und findet sich typischerweise in einer Datei mit der Endung *.cpp*. Er muss nicht für jedes Programm neu übersetzt werden, sondern nur einmal. Der Linker bindet dann diesen übersetzten Code mit den Programmen, die ihn brauchen, zusammen.

Statt der sehr einfachen Funktion von oben wird jetzt eine etwas aufwendigere genommen: Die Funktion `bewertungstext()` nimmt die Punktzahl eines Spielers (Zahl vom Typ `int`) als Parameter und gibt einen bewertenden Text zurück. Der Rückgabetyp ist `string`. Die Schritte[1] zur Trennung von Schnittstelle und Implementation sind:

1. Ein Programm, das wie beschrieben in mehrere Dateien aufgeteilt wird, heißt *Projekt*. Zu einem Projekt gehört ein Verzeichnis (und ggf. Unterverzeichnisse). Legen Sie daher zuerst ein Verzeichnis nur für dieses Projekt an, zum Beispiel *proj1*.

---

[1] Diese Schritte werden von einer IDE (Entwicklungsumgebung) unterstützt. Da das Arbeiten mit einer IDE den Umfang dieses Buchs überschreitet, gehe ich »zu Fuß« vor. Ein Vorteil: Sie lernen die Schritte kennen, die in der IDE verborgen ablaufen.

2. Legen Sie eine Datei *bewertungstext.h* im Verzeichnis an. Die Endung *h* steht für Header. Der Inhalt der Datei ist die Schnittstelle:

Listing 4.4 Header-Datei *(beispiele/kap4/proj1/bewertungstext.h)*

```
#ifndef BEWERTUNGSTEXT_H
#define BEWERTUNGSTEXT_H
#include <string>     // weil string verwendet wird
std::string bewertungstext(int punktzahl);
#endif
```

Die mit # beginnenden Zeilen sind Anweisungen an den im Kapitel 1 erwähnten Präprozessor, die weiter unten erläutert werden.

3. Die Implementierung, also der Programmcode zur Funktion, kommt in die *cpp*-Datei *bewertungstext.cpp*:

Listing 4.5 Funktionscode *(beispiele/kap4/proj1/bewertungstext.cpp)*

```
#include "bewertungstext.h"

std::string bewertungstext(int punktzahl) {
  std::string bewertung;
  if(punktzahl < 0) {
    bewertung = "Fehleingabe!";
  }
  else if(punktzahl < 100) {
    bewertung = "Das war leider gar nichts!";
  }
  else if(punktzahl < 1000) {
    bewertung = "Mittlere Leistung. Mehr üben!";
  }
  else if(punktzahl < 2000) {
    bewertung = "Prima gespielt! Weiter so!";
  }
  else {
    bewertung = "Top! Absolute Spitzenleistung!";
  }
  return bewertung;
}
```

Die Präprozessor-Anweisung `#include "bewertungstext.h"` bewirkt, dass dort die Datei *bewertungstext.h* eingelesen wird.

4. Die eigentliche Anwendung, die den Aufruf der Funktion enthält, ist in einer anderen *cpp*-Datei angesiedelt, hier *main.cpp*:

Listing 4.6 Anwendung *(beispiele/kap4/proj1/main.cpp)*

```
#include <iostream>
#include "bewertungstext.h" // enthält Funktionsdeklaration

int main() {
  int punkte;
  std::cout << "Punkte: ";
  std::cin >> punkte;
  std::cout << bewertungstext(punkte) << '\n';
}
```

Es gibt damit *zwei* zu übersetzende *cpp*-Dateien, von denen jede die Header-Datei mit dem Funktionsprototypen einliest. Die Gesamtheit der von dem Compiler (einschließlich Präprozessor) in einem Durchgang verarbeiteten Informationen heißt *Übersetzungseinheit*.

Die Funktion `bewertungstext()` ist *global* sichtbar. Das heißt, in einem Programm, das aus vielen *cpp*-Dateien besteht, kann sie in jeder Datei benutzt werden. Voraussetzung ist nur, dass die in der Header-Datei festgelegte Schnittstelle bekannt ist. ■

Jede Datei wird für sich übersetzt (die ersten beiden Befehle). Dabei entstehen die vorübersetzten Dateien *bewertungstext.o* und *main.o*, wie Sie leicht mit `dir` feststellen können.

```
g++ -Wall -c bewertungstext.cpp
g++ -Wall -c main.cpp
```

`-c` weist den Compiler an, nur zu übersetzen und nicht den Linker aufzurufen. Im dritten und letzten Schritt werden diese Dateien vom Linker (der vom Compiler aufgerufen wird) zu der ausführbaren Datei *projekt.exe* zusammengebunden:

```
g++ -Wall -o projekt.exe bewertungstext.o main.o
```

Das war's! Abbildung 4.1 zeigt die Abhängigkeiten und den Ablauf.

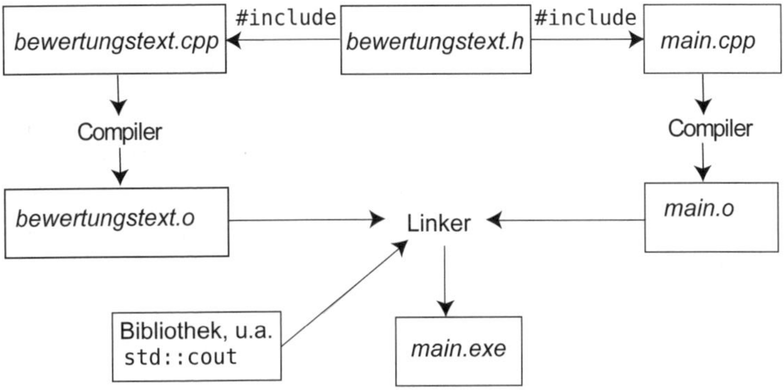

Bild 4.1 Compilations- und Link-Ablauf

Eine der Kurzformen `g++ *cpp` oder `g++ -o projekt.exe *cpp` tut es auch, aber dann werden die einzelnen Schritte nicht deutlich. Wenn jetzt in nur einer der *cpp*-Dateien eine Änderung vorgenommen wird, muss auch nur diese Datei neu übersetzt werden. Das Linken zum Schluss kommt natürlich noch dazu. Die IDE oder das schon erwähnte Programm *make* (siehe Fußnote 1.7 auf Seite 27) sorgt automatisch dafür, dass vor dem Linken nur die veränderten Übersetzungseinheiten neu übersetzt werden. Rufen Sie einfach mal *make* probehalber zwei Mal hintereinander im Verzeichnis *beispiele/kap4/proj1* auf.

> Die Trennung von Schnittstelle und Definition (auch Implementierung genannt) ist Standard in der professionellen Softwareentwicklung mit C++. Wer die Programmierung mit C++ nicht ausschließlich als Hobby betreibt, sollte es ebenso machen. ■

Sie sehen die Aufteilung unter anderem an den Bibliotheken, deren Include-Dateien stets getrennt von den Libraries (engl. für Bibliotheken), dem eigentlichen (vorübersetzten) Programmcode, geliefert werden.

4.2.1 Namensräume

Innerhalb eines Blocks deklarierte Variablen sind außerhalb dieses Blocks nicht sichtbar. Eine weitere Möglichkeit zur Schaffung von Sichtbarkeitsbereichen sind *Namensräume* (englisch *namespaces*). Bisher wurde der zur C++-Standardbibliothek gehörende Namensraum `std` benutzt, wie Sie an den Zeilen `using namespace std;` in den Beispielen gesehen haben. Wenn `using namespace std;` nicht benutzt wird, sind Objekte mit dem Präfix `std::` anzusprechen, zum Beispiel `std::cout`. Namespaces sind bei großen Projekten zur Strukturierung üblich. Auch sind Bibliotheken oft in einem eigenen Namespace, wie die in diesem Buch verwendete Grafikbibliothek SFML. Beispiel:

```
namespace GUI {
  // hier steht alles, was zur GUI gehört
  //(GUI = grafical user interface, dt. grafische Benutzungsoberfläche)
  void drucken();
}
namespace KI {
  // hier steht alles, was zur KI gehört (KI = Künstliche Intelligenz)
  void drucken();              // andere Funktion drucken()
}
```

Die beiden Funktionen `drucken()` werden mit `GUI::drucken()` beziehungsweise mit `KI::drucken()` zur eindeutigen Unterscheidung angesprochen. Mit `using namespace GUI;` würde `drucken()` genügen. Um die Freiheit eines Entwicklers, eigene Namen zu vergeben, nicht einzuschränken, sollten Sie mit `using namespace...` vorsichtig umgehen. Wenn ein Entwickler ein Programm entwickelt und dazu Ihre Header-Datei inkludieren muss, gibt es ein Problem, wenn in der Datei `using namespace GUI;` steht. Er könnte dann nicht einfach eine weitere Funktion `drucken()` schreiben und verwenden, weil der Compiler nicht weiß, welche Funktion `drucken()` gemeint ist.

> **!** Verwenden Sie `using namespace XYZ;` nur in *cpp*-Dateien, nie in Header-Dateien! XYZ steht für beliebige Namen, auch für `std`. Der Grund: Eine Header-Datei wird möglicherweise (so wie die

System-Header-Dateien) von vielen anderen Dateien inkludiert. Diese Dateien verwenden vielleicht eigene Namen, die es auch im Namespace XYZ gibt. Die Folge der »Zwangsbeglückung« mit `using namespace XYZ;` können Namenskonflikte sein. ■

cpp-Dateien hingegen werden nicht inkludiert, so dass dieses Problem dort nicht existiert oder aber leicht ohne Auswirkung auf andere Dateien lösbar ist.

4.2.2 Präprozessoranweisungen

Eine mit # beginnende Zeile ist eine Anweisung an den Präprozessor, der implizit vom Compiler aufgerufen wird. Sie wird *Makro* genannt. Der eigentliche Compiler bekommt nur das Ergebnis zu sehen. Die Anweisung `#include` ist ja schon bekannt. An diese Stelle tritt die inkludierte Datei. Ein Dateiname in spitzen Klammern wie in `#include <string>` bedeutet, dass es sich um eine Datei handelt, deren Verzeichnis dem Compiler als Verzeichnis für Include-Dateien bekannt ist, etwa Systemdateien. Ein Dateiname in Anführungszeichen steht im aktuellen Verzeichnis, zum Beispiel `#include "bewertungstext.h"`. Verzeichnisnamen können angegeben werden, etwa `#include "include/datei.h"`.

Nun kann es sein, dass in einem größeren Programm eine Datei inkludiert wird, die wiederum eine andere inkludiert, usw. Dabei kann es vorkommen, dass Dateien mehrfach inkludiert werden. Zum Beispiel könnte die Datei *bewertungstext.cpp* `#include <string>` enthalten, obwohl diese Anweisung schon in *bewertungstext.h* vorkommt.

Um Fehler durch Doppelungen oder gar Zyklen zu vermeiden, wird das Einlesen durch Makros abgesichert. Man kann mit `#define` Größen definieren, die ab diesem Zeitpunkt bekannt sind. Typischerweise orientiert man sich in Header-Dateien am Dateinamen, um Eindeutigkeit zu gewährleisten. Es ist Konvention, diese Namen zur besseren Sichtbarkeit in Großbuchstaben zu schreiben. Deswegen steht in der Datei *bewertungstext.h* das Makro `#define BEWERTUNGSTEXT_H`. Ob eine Größe bekannt ist, wird mit `#ifdef` (= if defined) oder der Negation `#ifndef` (= if not defined) abgefragt. Eine `#if`-Abfrage muss mit `#endif` beendet werden.

Der Ablauf ist wie folgt: Beim ersten Einlesen der Header-Datei wird mit `#ifndef BEWERTUNGSTEXT_H` gefragt, ob `BEWERTUNGSTEXT_H` definiert ist. Falls nicht, wird alles bis zum `#endif` eingelesen. Wenn nun aus irgendwelchen Gründen diese Header-Datei in derselben Übersetzungseinheit ein *zweites* Mal inkludiert wird, stellt der Präprozessor bei der Abfrage `#ifndef BEWERTUNGSTEXT_H` fest, dass `BEWERTUNGSTEXT_H` schon bekannt ist. In diesem Fall wird alles bis zum `#endif` ignoriert und eine doppelte Deklaration findet nicht statt. Auch werden weitere, zwischen `#ifndef` und `#endif` stehende `#include`-Anweisungen nicht ein weiteres Mal gelesen.

4.3 Übergabe per Referenz

Die bisher verwendeten Funktionen haben einen Parameter, der bei der Übergabe in die Funktion hineinkopiert wird (sogenannte Übergabe per Wert), und geben ein Ergebnis zurück. Eine andere Möglichkeit ist, einen Parameter *direkt*, also ohne Kopie, zu verwenden. Dazu wird eine *Referenz* übergeben, gekennzeichnet durch das &-Zeichen. Eine Referenz ist nichts anderes als ein anderer Name (Alias). Die obige Funktion kann entsprechend umformuliert werden:

Listing 4.7 Argument `bewertung` wird per Referenz übergeben

```
void bewertungstext(int punktzahl,
                    std::string& bewertung) {
  if(punktzahl < 0) {
    bewertung = "Fehleingabe!";
  }
  // ... usw. rest wie oben, aber ohne return
}
```

Die Funktion tut etwas, ohne einen Wert zurückzugeben. Der Rückgabetyp muss dennoch angegeben werden; er heißt `void`. Das &-Zeichen bei dem Parameter `bewertung` sagt dem Compiler, dass er mit dem Original arbeiten soll. Intern wird dabei nur die Speicheradresse übergeben, sodass das Objekt nicht kopiert wird. Die Funktion kann auf der Ebene des Aufrufers (z.B. `main()`) so angewendet werden:

```
int punkte;
std::cout << "Punkte: ";
std::cin >> punkte;
std::string ergebnis;
bewertungstext(punkte, ergebnis);      // Aufruf
std::cout << ergebnis << '\n';
```

Der Compiler prüft, ob die Schnittstelle passt. D.h., es muss auch die Header-Datei angepasst werden. Er weiß dann, dass `bewertung` (in der Funktion) nur ein anderer Name, also tatsächlich dasselbe ist wie die Variable `ergebnis` beim Aufrufer der Funktion. Eine Kopie findet nicht statt. Der Name der Funktion `bewertungstext()` drückt aus, dass an die Stelle des Aufrufs ein Text tritt. Bei Übergabe des Strings per Referenz stimmt das nicht mehr. Deswegen sollte der Name entsprechend geändert werden, etwa `bewertungstextAktualisieren()`. Dem Compiler ist das egal, aber es verbessert die Verständlichkeit des Programmtextes.

Vermeiden Sie die Übergabe von nichtkonstanten Referenzparametern. Dem Funktionsaufruf sieht man es nicht an, dass der Parameter geändert wird. Die Rückgabe eines Funktionsergebnisses mit `return` ist daher im Allgemeinen vorzuziehen. Falls es doch notwendig erscheint, um auf die Kopie eines zu verändernden Objekts zu verzichten, soll aus dem Funktionsnamen klar hervorgehen, dass der Parameter geändert wird. ■

Referenz auf const

Referenz heißt ja, dass keine Kopie stattfindet. Eine Kopie von großen Objekten kostet natürlich CPU-Zeit. Wenn man in einer Funktion große Objekte benötigt, sie dort aber nicht verändern will, besteht die Möglichkeit, sie per Referenz zu übergeben, um den Kopiervorgang einzusparen, und mit `const` vor Änderungen zu schützen. Die folgende Funktion setzt einen Namen aus dem Vor- und dem Nachnamen zusammen, ohne die Parameter zu kopieren.

```
// zu empfehlen
std::string vollerName2(const std::string& vorname,
                        const std::string& nachname) {
   return vorname + ' ' + nachname;        // Originale
}
```

> Übergeben Sie Objekte, die nicht verändert werden sollen und die nicht vom Grunddatentyp sind, per Referenz auf `const`. ■

4.4 Dateiübergreifende Sichtbarkeit

Die dateiübergreifende Sichtbarkeit von Funktionen wird durch die zugehörige Header-Datei gewährleistet. Die Funktionsdefinition steht in einer *cpp*-Datei, gemäß der *one definition rule.* Bei Variablen und Konstanten sieht es etwas anders aus, wie nachfolgend beschrieben.

Globale Variablen

Normalerweise braucht man keine globalen Variablen, also Variablen, auf die an jeder Stelle im Programm zugegriffen werden kann. Wenn ein Fehler mithilfe so einer Variablen zustande kommt, kann seine Lokalisierung bei einem großen Programm, das aus vielen Dateien besteht, schwierig sein. Wenn Sie doch einmal eine globale Variable benötigen sollten, garantieren die folgenden Richtlinien, die als Beispiel eine `double`-Variable annehmen, die *one definition rule.*

- Die *Definition* steht zusammen mit der Initialisierung in genau *einer cpp*-Datei, aber ohne das Schlüsselwort `extern`:

```
double globalevariable = 17;        // Definition
```

- Alle anderen *cpp*-Dateien, die die globale Variable *verwenden*, enthalten eine Deklaration. Beachten Sie das Schlüsselwort `extern`. Es besagt, dass die Definition in einer anderen Datei zu finden ist.

```
extern double globalevariable;      // reine Deklaration
```

Globale Konstanten

Globale Konstanten werden gelegentlich benötigt. Dafür gilt diese Empfehlung: Prüfen Sie, ob alle Konstanten zur Compilationszeit berechnet werden können. Wenn ja, bringen Sie sie einfach in einer Header-Datei unter, die überall inkludiert werden kann. Ein Beispiel:

Listing 4.8 Inhalt von *globalekonstanten.h*

```
#ifndef GLOBALEKONSTANTEN_H
#define GLOBALEKONSTANTEN_H

constexpr const double globalekonstante = 17;

#endif
```

Wenn das *nicht* geht, etwa bei String-Konstanten, die wegen der internen Speicheroperationen erst zur Laufzeit gebildet werden können, gilt:

- Die *Definition* steht zusammen mit der Initialisierung in genau *einer* *cpp*-Datei, aber *mit* dem Schlüsselwort `extern`:

```
// Definition und Initialisierung
extern const std::string globalerString = "global!";
```

- In allen anderen *cpp*-Dateien, die diese Konstante *verwenden*, steht:

```
// ohne Initialisierung
extern const std::string globalerString;
```

4.5 Rekursion

Rekursion ist eine Problemlösungsmethode, die die Lösung eines Problems auf ein genauso strukturiertes, aber einfacheres Problem zurückführt. Programmtechnisch bedeutet Rekursion, dass eine Funktion sich selbst aufruft, sei es direkt oder indirekt über eine andere Funktion. Rekursion ist in vielen Programmiersprachen möglich. Sie wird in verschiedenen Bereichen eingesetzt: Künstliche Intelligenz, Mathematik, Grafik, Analyse von Sprache. Rekursion ist immer auf eine Iteration, also eine Schleife, zurückführbar und umgekehrt. Sie erlaubt es aber in manchen Fällen, eine Problemlösung viel leichter zu formulieren, als es mit einer Schleife möglich wäre. Ein Beispiel dafür ist die Lösung des bekannten Spiels »Türme von Hanoi« [Br]. Ein anderes Beispiel ist die Erzeugung von Grafiken mit ähnlichen Strukturen (Abschnitt 7.6). In C++ wird Rekursion bei der sogenannten Template-Meta-Programmierung eingesetzt (Abschnitt 15.1) und auch im Sortieralgorithmus der C++-Standardbibliothek des g++-Compilers.

Manche wenden ein, dass Rekursion ineffizient sei, also mehr Speicher und/oder mehr CPU-Zeit als eine iterative Lösung brauchte. Das ist ein Vorurteil, weil es auf den Einzelfall ankommt. Manche Rekursionen können von einem optimierenden Compiler so umgeformt werden, dass sich kein Unterschied ergibt. Auch spielt ein Nachteil in dieser Hinsicht dann keine Rolle, wenn die für die Rekursion verbrauchte Rechenzeit ohnehin nur einen Bruchteil der gesamten Rechenzeit eines Programms ausmacht. Und der Vorteil einer leichter zu formulierenden und deswegen auch verständlicheren Lösung ist auch nicht zu unterschätzen.

Im Folgenden wird die Rekursion an einem einfachen Problem gezeigt, dessen Lösung sehr gut auch als Schleife formuliert werden kann – wie zuerst gezeigt.

Iterative Lösung

Es geht um die Bestimmung der Anzahl der Stellen einer natürlichen Zahl. Eine Zahl < 10 einschließlich der Null hat genau eine Stelle. Um die endgültige Anzahl festzustellen, wird gezählt, wie oft bei Zahlen, die

10 oder größer sind, eine Stelle entfernt werden kann (indem ganzzahlig durch 10 geteilt wird).

Listing 4.9 Iterative Lösung

```
// Auszug aus beispiele/kap4/stellenzahl.cpp
std::size_t stellenIterativ(std::size_t zahl) {
  std::size_t anzahl = 1;
  while(zahl > 9) {
    ++anzahl;
    zahl /= 10;
  }
  return anzahl;
}
```

Rekursive Lösung

Eine rekursive Lösung besteht immer aus zwei Teilen: einer Abbruchbedingung und einem Aufruf der Funktion für ein einfacheres Problem, falls die Abbruchbedingung noch nicht erreicht wurde. Bezogen auf das beschriebene Problem:

I. Die Anzahl der Stellen einer Zahl `zahl` < 10 ist 1.

II. Die Anzahl der Stellen einer größeren Zahl ist 1 plus die Anzahl der Stellen der um eine Stelle gekürzten Zahl.

Die um eine Stelle gekürzte Zahl ist das »vereinfachte« Problem mit derselben Struktur. Schritt II heißt also, dasselbe Verfahren auf die um eine Stelle verminderte Zahl anzuwenden, d.h. Aufruf derselben Funktion. Falls Sie keine Erfahrung mit Rekursion haben, gehen Sie bitte die folgenden Schritte sorgfältig durch – Sie werden dann sehen, dass die Umsetzung in C++ recht einfach ist. Nehmen wir an, die Zahl sei 123 und die Funktion heiße `stellenzahl()`. Dann ergibt sich der folgende Ablauf:

1. Anzahl = `stellenzahl(123)`. 123 ist nicht kleiner als 10, deswegen ist das Ergebnis 1 + `stellenzahl(12)` entsprechend Regel II oben.

2. `stellenzahl(12)` wird berechnet. Ergebnis: 1 + `stellenzahl(1)` entsprechend Regel II oben.

3. `stellenzahl(1)` wird berechnet. Ergebnis: 1 entsprechend Regel I oben (Abbruch der Rekursion).

4. Das Ergebnis aus 3. wird in 2. eingesetzt, sodass das Ergebnis von 2. zwei ist.

5. Abschließend wird das Ergebnis aus 2. in 1. eingesetzt, sodass das Ergebnis von 1. drei ist.

In der folgenden Funktion finden Sie den Ablauf wieder. Dabei berücksichtigen Sie, dass die Addition am Ende erst dann ausgeführt wird, wenn der nachfolgende Funktionsaufruf abgearbeitet ist. C++ speichert die Zwischenergebnisse auf dem Laufzeitstack.

Listing 4.10 Rekursive Lösung

```
// Auszug aus beispiele/kap4/stellenzahl.cpp
std::size_t stellenRekursiv(std::size_t zahl) {
  std::size_t anzahl = 1;
  if(zahl < 10) {                // Abbruchbedingung
    return anzahl;
  }
  else {
    return 1 + stellenRekursiv(zahl/10);
  }
}
```

Die Funktion enthält zwei `return`-Anweisungen. Man kann die Funktion kürzer schreiben, wenn überhaupt nur dann etwas getan wird, wenn die Abbruchbedingung nicht erreicht wird. Damit erhält man nur eine `return`-Anweisung am Ende:

Listing 4.11 Verkürzte rekursive Lösung

```
// Auszug aus beispiele/kap4/stellenzahl.cpp
std::size_t stellenRekursiv(std::size_t zahl) {
  std::size_t anzahl = 1;
  if(zahl > 9) {       // d.h. Abbruchbedingung (zahl <= 9)
    anzahl = 1 + stellenRekursiv(zahl/10);
  }
```

```
    return anzahl;
}
```

Man erkennt gut, dass die Abbruchbedingung irgendwann erreicht werden muss (wichtig!), weil das Argument der Funktion wegen der Division durch 10 immer kleiner wird.

Dieses Beispiel lässt sich iterativ verständlicher und leichter schreiben als rekursiv, es hat aber den Vorteil, dass ein unmittelbarer Vergleich möglich ist. Das Beispiel zur Grafikerzeugung von Abschnitt 7.6 hingegen lässt sich iterativ nur sehr viel schwieriger formulieren.

> **!** Achten Sie bei der Programmierung darauf, dass die Abbruchbedingung abgefragt wird und dass sie wirklich erreicht wird! Dies zu vergessen, ist ein häufiger Fehler, der zum Überlauf des Laufzeitstacks und damit zum Programmabsturz führt (»unendliche« Rekursion). ■

> **!** Rekursion ist in denjenigen Fällen angebracht, in denen die Lösung eines Problems auf ein genauso strukturiertes, aber einfacheres Problem zurückgeführt werden kann *und* eine Formulierung als Schleife deutlich schwieriger ist. ■

4.6 Einschränkung der Sichtbarkeit

Manchmal möchte man die Sichtbarkeit von Funktionen einschränken, weil sie nur als Hilfsfunktionen von anderen Funktionen aufgerufen werden. Es gibt einen einfachen Weg, die Sichtbarkeit auf die aktuelle Übersetzungseinheit zu beschränken: ein anonymer Namensraum (oder Namespace). Im Gegensatz zu den Namespaces von Seite 100 hat ein anonymer Namespace keinen Namen.

Um das zu zeigen, nehme ich das bekannteste Beispiel zur Rekursion, nämlich die Berechnung des Produkts $f_n = n(n-1)(n-2)...3\cdot2\cdot1$, Fakultät genannt und abgekürzt als $n!$ geschrieben. Dabei ist n eine natürliche Zahl. Es gilt die Festlegung $0! = 1$. Die rekursive Definition ist

$$f_0 = 1$$
$$f_n = n \cdot f_{n-1} \text{ für alle } n > 0$$

Die Rekursionstiefe, kurz Level genannt, soll angezeigt werden. Die mit zwei Argumenten versehene Funktion `fakultaet(level, n)` berechnet die Fakultät und dokumentiert Level und Zwischenergebnis. Der Aufrufer der Funktion (das `main`-Programm) soll aber mit der Rekursionstiefe nichts zu tun haben, das heißt, er ruft eine überladene Funktion ohne diesen Parameter auf:

Listing 4.12 Fakultätsberechnung - main *(beispiele/kap4/fak/main.cpp)*

```
#include <iostream>
#include "fakultaet.h"

int main() {
  std::size_t zahl = 4;
  std::cout << "Die Fakultät von " << zahl << " ist "
            << fakultaet(zahl) << '\n';
}
```

Die Header-Datei dazu ist:

Listing 4.13 Header-Datei *(beispiele/kap4/fak/fakultaet.h)*

```
#ifndef FAKULTAET_H
#define FAKULTAET_H
#include <cstddef>

unsigned long long fakultaet(std::size_t n);
#endif
```

In der Implementierungsdatei *fakultaet.cpp* ist jedoch nicht nur diese Funktion enthalten, sondern auch `fakultaet(level, n)`. Letztere wird von der Ersteren einfach nur mit dem Level 0 aufgerufen. Die Funktion `fakultaet(level, n)` ist von einer Namespace-Deklaration ohne Namensangabe eingeschlossen – eben dem anonymen Namespace:

Listing 4.14 Anonymer Namespace *(beispiele/kap4/fak/fakultaet.cpp)*

```
#include <iostream>
#include "fakultaet.h"

namespace {                          // anonym!
unsigned long long fakultaet(std::size_t level,
                             std::size_t n) {
  unsigned long long ergebnis = 1;
  std::cout << "n=" << n
            << ". Erreichter Level=" << level << '\n';
  if(n > 1) {
    ergebnis = n * fakultaet(level+1, n-1);
    std::cout << "Zwischenergebnis=" << ergebnis
              << ". Zurück auf Level " << level << '\n';
  }
  return ergebnis;
}
} // Ende des anonymen Namespace

unsigned long long fakultaet(std::size_t n) { // global
  return  fakultaet(0, n);     // Start mit level 0
}
```

Der anonyme Namespace bewirkt, dass die eingeschlossene Funktion und gegebenenfalls auch Variablen *nur in dieser Übersetzungseinheit* sichtbar sind. Die Ausgabe des Programms ist

n=4. Erreichter Level=0
n=3. Erreichter Level=1
n=2. Erreichter Level=2
n=1. Erreichter Level=3
Zwischenergebnis=2. Zurück auf Level 2
Zwischenergebnis=6. Zurück auf Level 1
Zwischenergebnis=24. Zurück auf Level 0
Die Fakultät von 4 ist 24

4.7 C++-Quiz

Anhand der folgenden Fragen können Sie Ihr Verständnis dieses Kapitels prüfen.

1. Deklaration und Definition. Welche der Aussagen sind richtig?
   (a) Eine Deklaration ist immer auch eine Definition.
   (b) Eine Definition ist immer auch eine Deklaration.
   (c) Es kann viele Deklarationen eines Namens geben, aber nur eine Definition dazu.
   (d) Deklarationen gehören in eine Header-Datei (Endung h).
   (e) Definitionen gehören in eine cpp-Datei.

2. Übergabe per Wert. Was ist falsch, was richtig?
   (a) Die Funktion arbeitet mit dem Original, das sich beim Aufrufer der Funktion ändern kann.
   (b) Die Funktion arbeitet mit einer Kopie. Änderungen der übergebenen Größe wirken sich beim Aufrufer nicht aus.
   (c) Die Übergabe per Wert erfordert `const` und &.
   (d) Die Übergabe mit `const&` entspricht der Übergabe per Wert, weil der übergebene Parameter wegen `const` nicht geändert werden kann.

Lösungen

1. (a) ist falsch. Alles andere ist richtig. (c) ist die one definition rule.
2. (a) und (c) sind falsch. (b) ist richtig. (d) Ist richtig bezüglich der Semantik (Bedeutung). Damit ist gemeint, dass sich das Programm genau wie bei der Übergabe per Wert verhält. (d) ist jedoch falsch bezüglich des internen Mechanismus, weil das Original benutzt wird anstelle einer Kopie. Bei großen Objekten ergibt sich dadurch ein Laufzeitvorteil.

5 Das Spielfeld

Fragen, die dieses Kapitel beantwortet:

- Wie konstruiere ich ein Spielfeld?
- Was ist TicTacToe für ein Spiel und wie geht es mit C++?

Viele Spiele setzen ein Spielfeld voraus. Ein Programm, mit dem zum Beispiel TicTacToe oder Vier-gewinnt gespielt wird, verwaltet das Spielfeld und stellt es auf dem Bildschirm dar. Für diesen Zweck braucht man eine passende Datenstruktur.

5.1 Eine Zeile

Ein Spielfeld besteht aus Zeilen und Spalten. Eine Zeile besteht aus einer Anzahl Elemente desselben Datentyps. So eine Struktur wird oft Array genannt. C++ stellt für Zeilen die Klassen[1] `array` und `vector` zur Verfü-

1 Nicht zu verwechseln mit »rohen« C-Arrays, die ohne Klasse benutzt werden (dazu später). Eine Klasse ist eine Datenstruktur, mit der verschiedene Operationen möglich sind. Mehr dazu im nächsten Kapitel.

gung. Der Datentyp der Elemente wird in spitzen Klammern angegeben, also etwa vector<int> bei ganzen Zahlen.

5.1.1 Zeilen mit array

Zunächst mal sehen wir uns die Klasse array der C++-Standardbibliothek an, mit der eine Zeile dargestellt werden kann. Um die Klasse zu verwenden, muss der Header <array> eingebunden werden. Ein array-Objekt repräsentiert eine Zeile mit einer bestimmten Anzahl von Einträgen (d.h. Spalten). Ein Beispiel:

```
array<int, 3> zeile;
```

legt ein Objekt zeile mit drei Einträgen (Spalten) an. Die Einträge sind hier vom Typ int und noch undefinierten Inhalts. Abbildung 5.1 zeigt das Array, wobei allerdings schon die drei Zahlen 100, 200 und 300 eingetragen worden sind.

zeile	100	200	300
Index	0	1	2

Bild 5.1 Speicherbereich eines Arrays

Einem array-Objekt können von vornherein Anfangswerte in doppelten geschweiften Klammern[2] zugewiesen werden, wie unten zu sehen:

Listing 5.1 Zeile mit array *(beispiele/kap5/zeileArray.cpp)*

```
#include <array>
#include <cstddef>
#include <iostream>
using namespace std;
int main() {
```

---

2 array ist ein sogenanntes Aggregat (siehe Glossar) und verwendet die dafür erforderliche Initialisierungsform. Die doppelten Klammern kommen daher, dass intern ein C-Array initialisiert werden muss. C-Arrays werden später in Abschnitt 8.2 behandelt.

```
  array<int, 3> zeile {{ 100, 200, 300 }};  // Initialisierung
  for(size_t i = 0; i < zeile.size(); ++i) {
    cout << zeile.at(i) << ' ';               // 100, 200, 300
  }
  cout << '\n';
  // Modifikation von Elementen:
  zeile.at(0) = 199;                          // mit at()
  zeile[1]    = 299;                          // mit []
  // Kurzform der Schleife
  for (auto wert : zeile) {
    cout << wert << ' ';                      // 199, 299, 300
  }
  cout << '\n';
}
```

Auf den Inhalt kann wie bei Strings mit der Funktion `at()` oder dem Indexoperator `[]` zugegriffen werden, wobei nur `at(index)` wie üblich prüft, ob `index` im erlaubten Bereich liegt. Der Zugriff mit `[]` ist ungeprüft, das heißt, bei einem zu großen oder zu kleinem Wert zwischen den Klammern kann das Programm abstürzen.

Die Funktion `size()` gibt die Anzahl der Elemente zurück, die schon zur Compilierzeit festgelegt wird (hier : 3). In der ersten Schleife wird `size()` abgefragt, um die Anzahl der Elemente festzustellen. Die zweite Schleife ist eine einfachere Kurzform, mit der man sich die Zählung sparen kann.

> Wenn Sie bei Schleifen auf jedes Element einer Datenstruktur, die gleichartige Elemente speichert, zugreifen, verwenden Sie die Kurzform der Schleife. Vorteile: Sie müssen sich über die Anzahl keine Gedanken machen und der Datentyp wird automatisch vom Compiler ermittelt. ■

Die Anweisung `for(auto wert : zeile) {...}` bedeutet: Führe den Schleifenkörper `{...}` für alle Objekte aus, die in `zeile` enthalten sind, und benutze dabei für das jeweilige Objekt den Namen `wert`. Das Schlüsselwort `auto` sorgt wie bekannt dafür, dass der Compiler den Typ selbst ermittelt. Sonst müssten wir hier `int` angeben. Statt `int` können Sie beliebige andere Objekte desselben Typs abspeichern, zum Beispiel mehrere Strings:

```
array<string, 4> namen
                 {{ "Donald", "Tick", "Trick", "Track" }};
```

Der Zugriff auf die einzelnen Elemente geht wie oben beschrieben:

```
for(auto name : namen) {
   cout << "Name = " << name << '\n';
}
```

`name` ist eine Kopie des jeweiligen Werts. Mit `const auto&` kann die Kopie vermieden werden, wie weiter unten noch erläutert wird.

5.1.2 Zeilen mit vector

Um die Klasse `vector` zu verwenden, muss der Header `<vector>` eingebunden werden. Ein `vector`-Objekt unterscheidet sich von einem `array`-Objekt hauptsächlich dadurch, dass seine Größe, also die Anzahl der enthaltenene Elemente, während der Programmlaufzeit geändert werden kann. Bei einem `array` muss die Anzahl zur Compilationszeit feststehen. Auch die Initialisierung ist ein wenig anders, weil nur *ein* Paar geschweifter Klammern benötigt wird. Der Zugriff auf die einzelnen Elemente erfolgt wie beim Array. Um `vector` statt `array` im obigen Programm (Listing 5.1) zu nutzen, bedarf es nur zweier Änderungen:

1. Ersetzen der Zeile `#include <array>` durch `#include <vector>`
2. Ersetzen der Deklaration der Variablen `zeile` durch

   ```
   vector<int> zeile { 100, 200, 300 };  // Initialisierung
   ```

Alles andere kann bleiben, wie die Datei *beispiele/kap5/zeileVector.cpp* der downloadbaren Beispiele zeigt. Wie sich die Größe eines Vektors dynamisch anpassen lässt, sehen Sie in Abschnitt 6.7.1.

5.2 Das Spielfeld – viele Zeilen

Im vorherigen Abschnitt sind die Elemente der Zeile vom Typ int. Nun stellen Sie sich einfach vor, dass jedes Element selbst eine ganze Zeile statt nur einer Zahl darstellt. Dann haben Sie eine zweidimensionale Tabelle, also ein Spielfeld! Statt int ist dann zum Beispiel array<int, 3> einzutragen[3]. Damit ergibt sich für ein Feld mit zwei Zeilen, die aus jeweils drei Spalten bestehen, die Deklaration

```
array< array<int, 3>, 2> feld;
```

Die Deklaration kann so gelesen werden: feld ist ein array von arrays, die jeweils drei int-Werte enthalten (siehe Abbildung 5.2).

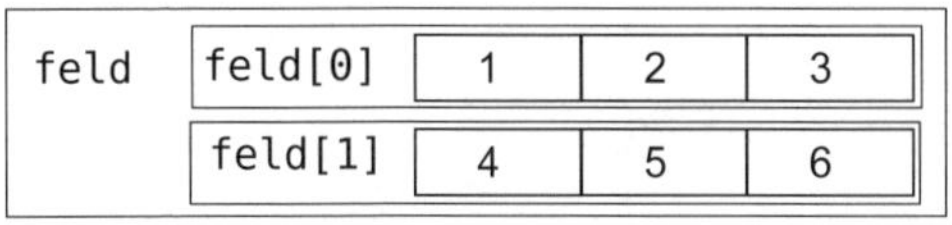

Bild 5.2 Speicherbereich eines zweidimensionalen Arrays

Die einzelnen Zeilen können wie oben initialisiert werden. Wegen der Unterstruktur (feld besteht aus zwei Zeilen) sind ein paar weitere Klammern[4] für das Ganze notwendig:

Listing 5.2 Initialisierung eines zweidimensionalen Arrays

```
array<array<int, 3>, 2> feld {{
                                {{1, 2, 3}},    // feld[0]
                                {{4, 5, 6}}     // feld[1]
                             }};
```

Beim Arbeiten damit müssen Sie sich nur vorstellen, dass zum Beispiel das Element feld[i] nun die i-te Zeile von feld ist. Wenn Sie das j-te

[3] Wie ein vector eingesetzt wird, erfahren Sie in Abschnitt 5.2.1.

[4] Die äußeren Klammern sind für das Aggregat feld, die inneren für die Initialisierung der Teilaggregate.

Element dieser Zeile ansprechen wollen, schreiben Sie `feld[i][j]` oder `feld.at(i).at(j)`. Dabei beginnt die Zählung wie üblich bei 0. Es gilt also z.B. `feld[0]` = `{{1, 2, 3}}` und `feld[1][2]` = 6.

Das folgende Beispiel zeigt die verschiedenen Möglichkeiten des Zugriffs. Im Programm bedeutet `feld.size()` die Anzahl der Elemente dieses Feldes, in diesem Fall 2 (die Anzahl der Zeilen). Entsprechend ist `feld[0].size()` die Anzahl der Elemente von `feld[0]`, welches wiederum ein `array`-Objekt mit drei Elementen ist. `feld[0].size()` ist hier also 3 (die Anzahl der Spalten).

Listing 5.3 2x3-Feld *(beispiele/kap5/spielfeldArray.cpp)*

```
#include <array>
#include <cstddef>
#include <iostream>
using namespace std;

int main() {
  array<array<int, 3>, 2> feld {{ {{1, 2, 3}},
                                  {{4, 5, 6}} }};
  // alle Elemente ausgeben
  for (size_t i = 0; i < feld.size(); ++i) {       // Zeilen
    for (size_t j = 0; j < feld[0].size(); ++j) {// Spalten
      cout << feld[i][j] << ' ';
    }
    cout << '\n';
  }
  // alternativ mit at()
  for (size_t i = 0; i < feld.size(); ++i) {
    for (size_t j = 0; j < feld[0].size(); ++j) {
      cout << feld.at(i).at(j) << ' ';
    }
    cout << '\n';
  }
  // alternativ: Kurzform
  for (const auto& zeile : feld) {       // const &siehe Text
    for (auto wert : zeile) {            // Kopie: siehe Text
      cout << wert << ' ';
    }
```

```
        cout << '\n';
    }
}
```

Die Kurzform ist so zu lesen:

> Für jede Zeile des Feldes mache Folgendes:
>
> für jeden Wert der Zeile mache Folgendes:
>
> Gib den Wert aus.

`const auto&` erspart im Vergleich zu einem bloßen `auto` die Kopie einer ganzen Zeile, wie aus Abschnitt 4.3 bekannt. Generell ist es bei solcherart verschachtelten Schleifen sinnvoll, bei den äußeren Schleifen `const auto&` zu verwenden. Das `auto` in der inneren Schleife durch `const auto &` zu ersetzen, ist bei großen Objekten sinnvoll, hier hingegen nicht, weil nur ein `int`-Wert kopiert wird. Bei Kopien von Grunddatentypen wie `int`, `char`, `bool` und `float` oder `double` bringt `const auto&` keinen Vorteil.

5.2.1 Spielfeld mit vector

Im zweidimensionalen Fall sind die Elemente des Vektors keine `int`-Zahlen, sondern Zeilen, wobei eine Zeile ein `vector<int>` ist. Ein Spielfeld kann als Vektor von Zeilen dargestellt werden, die jeweils `int`-werte enthalten. Das Spielfeld wird damit also als `vector< vector<int>>` formuliert. Im Gegensatz zum `array` wird die Größe nicht bei dem Datentyp angegeben. Sie ergibt sich aus der Initialisierung und kann, wieder anders als beim `array`, auch noch nachträglich geändert werden. Um `vector` statt `array` im obigen Programm (Listing 5.3) zu nutzen, bedarf es nur zweier Änderungen:

1. Ersetzen der Zeile `#include <array>` durch `#include <vector>`
2. Ersetzen der Deklaration der Variablen `feld` für das zweidimensionale Feld durch

```
vector<vector<int>> feld { {1, 2, 3},
                           {4, 5, 6} };
```

Wie zu sehen, werden im Vergleich zum `array` sowohl die inneren wie auch die äußeren doppelten geschweiften Klammern durch einfache geschweifte Klammern ersetzt. Alles andere kann bleiben, wie die Datei *beispiele/kap5/spielfeldVector.cpp* der downloadbaren Beispiele zeigt.

5.2.2 Feld vorbesetzen

Oben haben Sie gesehen, wie ein Feld schon beim Anlegen mit Zahlen vorbesetzt wird. Nun kann es sein, dass Sie die Werte nicht fest einprogrammieren, sondern berechnen und dann erst zuweisen wollen. Das geht am besten über eine Schleife. Im folgenden Beispiel wird der Wert 42 an allen Stellen des Feldes eingetragen:

Listing 5.4 Feld vorbesetzen, mit Index-Operator `[][]`

```
for (size_t i = 0; i < feld.size(); ++i) {
  for (size_t j = 0; j < feld[0].size(); ++j) {
    feld[i][j] = 42; }
}
```

Statt `feld[i][j] = 42;` ist ebenso gut `feld.at(i).at(j) = 42;` möglich. Dann wird bei jedem Zugriff geprüft, ob `i` und `j` im erlaubten Bereich liegen.

Alternativ kann die bekannte Kurzform gewählt werden, *aber:* Das Feld wird geändert, deswegen muss in der äußeren Schleife der Kurzform `const` gestrichen werden. Und in der inneren Schleife muss `auto` durch `auto&` ersetzt werden. Andernfalls würde einer *Kopie* eines Elements der Wert 42 zugewiesen werden und nicht dem Element selbst. Das & (Referenz) bedeutet, wie Sie aus Abschnitt 4.3 wissen, dass mit dem Original gearbeitet wird. `wert` ist dann nur ein anderer Name für das aktuell ausgewählte Feld-Element.

Listing 5.5 Feld vorbesetzen mit Kurzform-Schleife und `auto&`

```
for (auto& zeile : feld) {          // kein const
  for (auto& wert : zeile) {        // Referenz auto&
    wert = 42;
```

```
    }
}
```

5.3 Die Anwendung – TicTacToe

TicTacToe ist ein Spiel, bei dem zwei Spieler abwechselnd Markierungen auf ein 3x3-Feld setzen. Die Markierung des ersten Spielers sei »x«, die des zweiten Spielers »o«. Wer es als Erster schafft, eine der Zeilen, Spalten oder Diagonalen mit drei seiner Markierungen zu füllen, hat gewonnen. In der folgenden Anwendung wird nicht nur das Spielfeld aus dem vorherigen Abschnitt genutzt, sondern Sie lernen auch eine Reihe nützlicher C++-Elemente und Vorgehensweisen kennen. Der Ablauf des Spiels ist wie folgt:

1. Das Spielfeld wird angelegt. Es wird mit Leerzeichen vorbesetzt.

2. Spieler 1 sei zuerst aktiv, d.h. an der Reihe.

3. Der aktive Spieler wird vom Programm aufgefordert, die gewünschte Position für die Markierung anzugeben. Im Programm wird dazu die Eingabe einer zweistelligen Zahl verlangt. Die erste Ziffer gibt die Zeile, die zweite die Spalte des Spielfelds an, wobei die Zählung für die Spieler mit 1 beginnt. 13 bedeutet also: Zeile 1, Spalte 3. Die gewünschte Position wird entsprechend markiert.

4. Das Feld wird auf der Konsole ausgegeben, sodass beide Spieler das Feld sehen können, etwa so:

   ```
   1 |x|x| |
   2 | |o| |
   3 | | |o|
   ```

5. Es wird geprüft, ob der aktive Spieler gewonnen hat. Wenn ja, ist das Spiel beendet.

6. Falls noch keiner gewonnen hat, aber alle Positionen des Felds belegt sind, wird das Spiel mit »unentschieden« beendet.

7. Jetzt ist der andere Spieler aktiv. Es geht weiter bei 3.

Das folgende Programm bildet den beschriebenen Ablauf ab. Es ist ein Lösungsvorschlag, nicht zwingend die einzige Lösungsmöglichkeit. Einiges ist neu! Deswegen folgen anschließend Erläuterungen zu einzelnen Zeilen.

Listing 5.6 TicTacToe - Hauptprogramm *(beispiele/kap5/ttt/main.cpp)*

```
#include <iostream>
#include "tictactoe.h"

int main() {
  Spielfeldtyp feld;                // siehe Text
  for (auto& zeile : feld) {        // mit Leerzeichen vorbesetzen
    zeile.fill(leerzeichen);
  }
  std::size_t aktiverSpieler = 1;
  std::size_t besetzteFelder = 0;
  while (true) {                    // Abbruch mit break
    markierungSetzen(aktiverSpieler, feld);
    ++besetzteFelder;
    ausgabe(feld);
    if (gewonnen(feld)) {
      std::cout << "Spieler " << aktiverSpieler
                << " gewinnt!\n";
      break;
    }
    if(besetzteFelder == 9) {
      std::cout << "Unentschieden!\n";
      break;
    }
    aktiverSpieler = (aktiverSpieler % 2) + 1;
            // aus 1 wird 2 bzw. umgekehrt
  }
}
```

Hinweis zu Zeile 24: % ist die Modulo- oder Restbildung, siehe Seite 31. Das Programm benutzt die Funktionen `markierungSetzen()` (Zeile 12), `ausgabe()` (Zeile 14) und `gewonnen()` (Zeile 15). Diese Funktionen sind in der Datei *tictactoe.h* deklariert, die in Zeile 1 inkludiert wird. Der Programmcode zu diesen Funktionen ist in der noch zu besprechenden Datei *tictactoe.cpp.*

> Lagern Sie den Programmcode für Teilaufgaben aus, indem Sie sie als Funktionen formulieren. Damit wird das Hauptprogramm erheblich übersichtlicher. Jede Funktion soll nur eine Aufgabe erledigen. Funktionen können selbst wieder Funktionen aufrufen. ■

Neu ist der Typ `Spielfeldtyp`. Dieser Name liest sich erheblich einfacher und er ist auch einfacher zu schreiben als die bisher bekannte Array-Deklaration. Das ist mit einer *Alias-Deklaration* möglich. Eine Alias-Deklaration führt einfach nur einen anderen Namen ein, und zwar mithilfe des Schlüsselworts `using`. Es wurde bisher nur benutzt, um den Namespace `std` einzubinden (`using namespace std;`). In unserem konkreten Fall lautet die Alias-Deklaration

```
using Spielfeldtyp = std::array<std::array<char, 3>, 3>;
```

Damit wird der Typ für ein 3x3-Spielfeld deklariert, dessen Elemente vom Typ `char` sind. Weil der neue Name überall im Programm zum Tragen kommt, wird er in *tictactoe.h* deklariert. Der Typ der Elemente ist `char`, weil das Feld die Markierungen »x« und »o« aufnehmen soll, und natürlich das Leerzeichen für die noch freien Positionen. Ein weiterer Vorteil des neuen Namens ist, dass die Wahrscheinlichkeit für Tippfehler kleiner ist, als wenn stets `std::array<std::array<char, 3>, 3>` stattdessen geschrieben werden müsste. Eine Alias-Deklaration kann man auch mit `typedef` formulieren. Die Syntax ist etwas anders.

```
typedef std::array<std::array<char, 3>, 3> Spielfeldtyp;
```

`typedef` wird noch häufig verwendet. `using` ist jedoch besser lesbar und flexibler (ohne hier auf Einzelheiten einzugehen).

Nun noch die Anmerkungen zu den weiteren Zeilen des Listings 5.6:

7 `array` bietet eine Funktion `fill()`, um alle Elemente auf einmal mit einem bestimmten Wert zu versehen. `leerzeichen` ist eine `char`-Konstante für das Leerzeichen. Sie ist in *tictactoe.h* deklariert (siehe unten). Der Vorteil eines eigenen Namens für das Leerzeichen ist die leichte Änderbarkeit, wenn irgendwann einmal ein anderes Zeichen genommen werden soll, zum Beispiel der Unterstrich _. Eine Änderung müsste dann nur an *einer* Stelle vorgenommen werden. Jedes Vorkommen von `' '` in einem Programm zu ändern, ist mühevoll und fehleranfällig.

> Es ist guter Programmierstil, eine mehr als einmal benötigte Konstante an *einer* Stelle zu definieren und dann nur noch ihren Namen zu verwenden. ■

9 Der aktive Spieler erhält anfangs die Nummer 1. Nachdem er seine Markierung gesetzt hat, kommt der Spieler 2 dran. Die Variable `aktiverSpieler` wird in den Zeilen 24 und 25 neu gesetzt. Die 2 in der Modulo-Berechnung gibt die Gesamtzahl der Spieler an. Im Falle von zwei Spielern wie hier könnten die Zeilen durch eine `if`- oder eine Bedingungsanweisung ersetzt werden, zum Beispiel `aktiverSpieler = (aktiverSpieler == 1)? 2 : 1;`

11 Die Anzahl der besetzten Positionen wird in Zeile 13 hochgezählt. Sie wird in der Auswertung benötigt (Zeile 20).

12 Die Funktion `markierungSetzen()` fordert den aktiven Spieler auf, seine Koordinatenwünsche einzugeben. Das Spielfeld wird an der gewünschten Stelle markiert.

14 Das Spielbrett wird auf der Konsole angezeigt.

15 Die Funktion `gewonnen()` überprüft, ob drei gleiche Markierungen in einer Zeile, Spalte oder Diagonale vorkommen. Wenn ja, kann dies nur durch den aktiven Spieler geschehen sein, der dann gewonnen hat.

18,22 Der Abbruch der Schleife mit `break` kann alternativ durch Setzen einer booleschen Variablen und deren Abfrage in der `while`-

Bedingung geschehen. Auf Seite 63 ist ein Beispiel, das `continue` verwendet.

20 Siehe Kommentar zu Zeile 11.

24 Siehe Kommentar zu Zeile 9.

Damit ist das prinzipielle Wirken des Programms klar. Es fehlen noch die Details. Zunächst sei die Header-Datei vorgestellt, auf deren Inhalt oben schon eingegangen wurde.

Listing 5.7 Header-Datei *(beispiele/kap5/ttt/tictactoe.h)*

```
#ifndef TICTACTOE_H
#define TICTACTOE_H
#include <array>
#include <cstddef>

constexpr char leerzeichen = ' ';
using Spielfeldtyp = std::array<std::array<char, 3>, 3>;

void ausgabe(const Spielfeldtyp& feld);

void markierungSetzen(std::size_t aktiv,
                      Spielfeldtyp& feld);

bool gewonnen(const Spielfeldtyp& feld);
#endif
```

Anschließend werden die in `main()` aufgerufenen Funktionen vorgestellt. Sie sind alle in der Datei *beispiele/kap5/ttt/tictactoe.cpp* enthalten.

Listing 5.8 Funktion `markierungSetzen()`

```
void markierungSetzen(size_t aktiv,
                      Spielfeldtyp& feld) {
  bool fehlerhafteEingabe = true;
  cout << "Koordinateneingabe. "
          "Format z.B. 12 = Zeile 1, Spalte 2\n";
  char zeichenFuerSpieler = (aktiv == 1) ? 'x' : 'o';
  do {
    cout << "Spieler " << aktiv << " ("
```

```
 9            << zeichenFuerSpieler << ") : ";
10      string eingabe;
11      getline(cin, eingabe);
12      if (eingabe.length() >= 2) {
13        // -'0' : Umrechnung von ASCII-Ziffer nach int
14        // -1, weil die Zählung im Array ab 0 beginnt
15        size_t z = eingabe.at(0) - '0' - 1;          // Zeile
16        size_t s = eingabe.at(1) - '0' - 1;          // Spalte
17        if (z < feld.size() && s < feld.size()) {
18          if (feld[z][s] != leerzeichen) {
19            cout << "Position ist schon belegt! ";
20          } else {                                    // eintragen
21            feld[z][s] = zeichenFuerSpieler;
22            fehlerhafteEingabe = false;
23          }
24        }
25      }
26      if (fehlerhafteEingabe) {
27        cout << "Fehlerhafte Eingabe!\n";
28      }
29    } while (fehlerhafteEingabe);
30 }
```

6 In dieser Zeile wird das Zeichen für den aktiven Spieler festgelegt, der Kürze halber mit dem Bedingungsoperator.

7-29 Die do-Schleife erfragt die gewünschten Koordinaten mindestens einmal und so lange, wie die Eingabe fehlerhaft ist.

12 Die nachfolgende Auswertung setzt voraus, dass mindestens zwei Zeichen vorhanden sind.

15-16 Das Zeichen im String `eingabe` ist vom Typ `char`. Das Zeichen direkt als Zahl interpretiert, liefert die Position des Zeichens in der ASCII-Tabelle. Das Zeichen `'0'` liegt auf Position 48. Um dem Zeichen `'0'` die 0 zuzuordnen, muss also 48 (d.h. der `int`-Wert von `'0'`) abgezogen werden. Das Zeichen `'1'` liegt auf Position 49. Abziehen von `'0'` (d.h. 48) ergibt dann die gewünschte 1 usw. Im Spiel sind die Zahlen 1, 2 und 3 für die Angabe der Zeilen und Spalten möglich. Die Zählung im Array beginnt jedoch bei 0, sodass für die Position im Array nur die Werte 0, 1 und 2 erlaubt sind. Deshalb muss jeweils 1 abgezogen werden.

17-18 Prüfung, ob `z` und `s` im erlaubten Bereich liegen. Eine Prüfung auf `(z < 0)` oder `(s < 0)` ist nicht sinnvoll, weil beide vom Typ `size_t` sind. `size_t` ist `unsigned` und daher immer ≥ 0.

21 Wenn das Programm hier angekommen ist, kann das Zeichen für den Spieler eingetragen werden. Zeile 22 bewirkt, dass die Schleife in Zeile 29 abbricht.

Diese Funktion ist die längste. Sie erledigt eigentlich zwei Aufgaben, nämlich den Eingabedialog und das Setzen der Markierung. Weil Letzteres nur eine einzige Anweisung ist, wurde auf die Aufspaltung in zwei Funktionen verzichtet. Die Funktion zur Ausgabe des Felds auf der Konsole ist vergleichsweise kurz:

Listing 5.9 Funktion `ausgabe()`

```
void ausgabe(const Spielfeldtyp& feld) {
  size_t nr = 1;
  for (const auto& zeile : feld) {
    cout << nr++ << " |";
    for (auto wert : zeile) {
      cout << wert << '|';
    }
    cout << '\n';
  }
}
```

Sie könnte noch kürzer sein, wäre da nicht die Ausgabe der Zeilennummer zur besseren Lesbarkeit auf dem Bildschirm. Die nächste Funktion stellt fest, ob ein Spieler gewonnen hat, wobei alle Zeilen, Spalten und Diagonalen untersucht werden. Dennoch ist die Funktion nicht lang, weil diese Prüfungen wieder an andere Funktionen delegiert werden:

Listing 5.10 Funktion `gewonnen()`

```
bool gewonnen(const Spielfeldtyp& m) {
  for (size_t z = 0; z < m.size(); ++z) { // alle Zeilen
    if (zeileMitGleichenWerten(z, m)) {   // gefunden
```

```
      return true;    // weitere Tests unnötig
    }
  }
  for (size_t s = 0; s < m.size(); ++s) { // alle Spalten
    if (spalteMitGleichenWerten(s, m)) {  // gefunden
      return true;    // weitere Tests unnötig
    }
  }
  return diagonaleMitGleichenWerten(m);
}
```

Es besteht kein Grund, die Schnittstellen der aufgerufenen Funktionen in *tictactoe.h* zu veröffentlichen. Der Grund ist, dass diese Funktionen nur intern von der Funktion `gewonnen()` benutzt werden, nicht aber von `main()`. Deswegen wird die Sichtbarkeit mit dem aus Abschnitt 4.6 bekannten anonymen Namespace auf die aktuelle Übersetzungseinheit eingeschränkt.

Listing 5.11 Zeile auf Gewinn prüfen

```
namespace {                             // anonymer Namespace
bool zeileMitGleichenWerten(size_t z,
                            const Spielfeldtyp& m) {
  assert(m.size() == 3);   // ggf. Funktion anpassen!
  return m[z][0] != leerzeichen
      && m[z][0] == m[z][1]
      && m[z][1] == m[z][2];
}          // Ende der Funktion
}          // Ende des anonymen Namespace
```

Die Funktion muss in der Datei vor ihrem Aufruf stehen. In ihr gibt es etwas Neues: `assert`. Das englische Verb »to assert« bedeutet »zusichern«. Eine »assertion« ist demnach eine Zusicherung. In diesem Programm geht es um ein 3x3-Spielfeld. Vielleicht ist Ihnen aufgefallen, dass die Zahl 3 außer in der Deklaration des Spielfelds nicht im Programm vorkommt. Stattdessen wird `feld.size()` verwendet. Damit wäre es leicht, das Spiel zum Beispiel auf ein 4x4-Spielfeld zu erweitern. Um zu prüfen, ob eine beliebig lange Zeile überall dieselben Werte hat, ist eine Schleife notwendig. So eine Schleife zu schreiben, ist aufwendiger, als eben mal die einzelnen Elemente zu vergleichen, wenn es nur drei sind – wie oben geschehen. Diese Funktion wäre daher falsch, wenn das Programm auf ein 4x4-Spielfeld erweitert worden wäre!

Aus diesem Grund wird mit `assert()` geprüft, ob die Vorbedingung `m.size() == 3` gilt. Wenn nicht, wird das laufende Programm mit einer Fehlermeldung abgebrochen. Das Programm muss dann entsprechend angepasst werden. `assert` ist ein im Header `<cassert>` definiertes Makro. Weil es ein Makro ist, also vom Präprozessor bearbeitet wird, ist das Präfix `std::` fehl am Platz.

> Verwenden Sie `assert()`, um die Korrektheit logischer Bedingungen im Programm zu prüfen. Ein Abbruch, bei dem die verletzte Bedingung ausgegeben wird, erleichtert die Fehlersuche.

Im Übrigen bewirkt die Präprozessoranweisung `#define NDEBUG` am Anfang eines Programms, dass der Präprozessor alle `assert()`-Anweisungen ausblendet. Der Compiler bekommt sie dann gar nicht erst zu sehen. Man kann sie in ein Programm schreiben, wenn alle Tests gut gelaufen sind, um Speicherplatz zu sparen.

Die »3« statt `feld.size()` im Programm zu verwenden, wäre schlechter Programmierstil. Eine Zahl, die als Literal mehrfach in einem Programm vorkommt, nennt man »magic number«. Bei Änderungen muss sie an mehreren Stellen aktualisiert werden, was einerseits fehlerträchtig ist und andererseits unnötige Arbeit verursacht. Besser ist es, sie durch eine Konstante oder einen Funktionsaufruf wie oben zu ersetzen.

Die noch fehlenden Funktionen sind ebenfalls im anonymen Namespace:

Listing 5.12 Spalten und Diagonalen auf Gewinn prüfen

```
namespace {
bool spalteMitGleichenWerten(size_t s,
                             const Spielfeldtyp& m) {
  assert(m.size() == 3);   // ggf. Funktion anpassen!
  return m[0][s] != leerzeichen
```

```
        && m[0][s] == m[1][s]
        && m[1][s] == m[2][s];
}

bool diagonaleMitGleichenWerten(const Spielfeldtyp& m) {
  assert(m.size() == 3);   // ggf. Funktion anpassen!
  // von links oben nach rechts unten
  return (m[0][0] != leerzeichen
        && m[0][0] == m[1][1]
        && m[1][1] == m[2][2])
           ||       // oder: von links unten nach rechts oben
           (m[2][0] != leerzeichen
        && m[2][0] == m[1][1]
        && m[1][1] == m[0][2]);
}
}    // Ende des anonymen Namespace
```

5.4 C++-Quiz

In diesem Kapitel gibt es viele neue Dinge. Darunter sind Arrays (`array`), zweidimensionale Arrays, verschiedene Varianten einer Kurzform für Schleifen, `using` zur Vereinfachung komplexer Deklarationen, anonyme Namespaces und `assert`. Anhand der folgenden Fragen können Sie Ihr Verständnis einer Auswahl dieser Dinge prüfen.

1. Zur Kurzform der Schleife mit `auto`, um auf ein `array` zuzugreifen: Was ist richtig, was falsch?
   (a) Weniger Schreibarbeit.
   (b) Man muss sich nicht um den Typ kümmern, weil der Compiler ihn ermittelt.
   (c) Innerhalb der Schleife ist bekannt, das wievielte Element gerade verarbeitet wird.
   (d) Man kann das aktuelle Element nicht ändern.
   (e) Man kann das aktuelle Element ändern, aber es wirkt sich nicht auf den Inhalt des Arrays aus.

2. Wozu ist das Schlüsselwort `using` gut?
   (a) `using` kann man verwenden, um einen Namensraum einzubinden.
   (b) Wie (a), und zwar am besten in einer Header-Datei, wenn es der Namensraum `std` ist, damit man nicht überall `std::` schreiben muss.
   (c) `using` ermöglicht es, komplexen Datentypen einfache Namen zu geben.
   (d) `#using` ist ein bekanntes Makro für den Präprozessor.

3. Könnte man den anonymen Namespace in Listing 5.11 auf Seite 128 weglassen, wie bei den anderen Funktionen?
   (a) Ja. Es ändert sich nichts im Programmverhalten.
   (b) Nein, das Programm würde nicht compilieren.
   (c) Ja, aber aus softwaretechnischer Sicht wäre es nicht wünschenswert.

Lösungen

1. (a) und (b) sind richtig, (c) und (d) sind falsch. e) ist richtig, wenn nur `auto` verwendet wird. Wenn es jedoch durch `auto&` ersetzt wird, ändert sich der Inhalt des Arrays an der betreffenden Stelle.

2. (a) ist richtig. (b) ist falsch, siehe Hinweis auf Seite 100. (c) ist richtig. (d) ist falsch.

3. Die softwaretechnische Sicht: Es ist guter Programmierstil, möglichst *lokal* zu programmieren. Der Grund: Wenn ein Fehler mit einer lokalen Funktion oder Variablen passiert, ist er leicht zu finden. Ist die Funktion oder Variable überall (global) bekannt und benutzbar, ist die Eingrenzung eines Fehlers schwieriger. Wenn der anonyme Namespace weggelassen wird, entfällt die Begrenzung der Sichtbarkeit auf die aktuelle Übersetzungseinheit und die Funktionen sind wie die anderen global. In einem großen Programmsystem könnte von überall darauf zugegriffen werden, wenn die Schnittstelle bekannt ist. Damit ist (b) falsch und (c) richtig. (a) ist zwar richtig, aber kein guter Programmierstil.

6 Spieler, Würfel und Klassen

Fragen, die dieses Kapitel beantwortet:

- Was ist eine Klasse, was ein Objekt?
- Was ist ein Konstruktor?
- Was passiert mit Objekten, wenn der Programmfluss deren Gültigkeitsbereich verlässt?
- Wie schreibe ich eine Klasse zur Simulation eines Würfels?
- Wie schreibe ich ein Würfelspiel?
- Wie kann ich den Computer gegen sich selbst spielen lassen?

C++ ist eine Programmiersprache, die viele Programmierstile ermöglicht, so zum Beispiel den bisher verwendeten sogenannten imperativen Stil. In diesem Stil besteht ein Programm aus Anweisungen, die vom Computer der Reihe nach abzuarbeiten sind. Mit C++ kann auch objektorientiert programmiert werden – Inhalt dieses Kapitels. Dabei werden Objekte der realen Welt als Softwareobjekte abgebildet, die miteinander in Verbindung stehen. In C++ und anderen Programmiersprachen wird eine Menge von Objekten als Klasse[1] beschrieben.

[1] Eine Klasse ist ein in einer Programmiersprache geschriebener Datentyp.

6.1 Objektorientierung

Nehmen wir an, Sie kennen zwei Spieler: Alexander und Beatrice. Alexander hat 100 Punkte, Beatrice 180. Wenn die beiden in einem Programm verwaltet werden sollen, spielt es keine Rolle, dass Alexander blond ist und Beatrice Lakritze mag. Man *abstrahiert* von diesen und anderen Eigenschaften. Das heißt, man lässt alles weg, was für die Belange eines Programms unwichtig ist. Es bleiben nur die Namen und die erreichten Punktzahlen. Das ist die Basis für eine Klasse `Spieler`. Eine Klasse beschreibt, was allen Objekten gemeinsam ist. So enthält eine Klasse `Spieler` den Namen und die Punktzahl. Solche Eigenschaften nennt man *Attribute*. Von *einer* Klasse kann es mehrere Objekte geben – genau so, wie mit nur einer Zeichnung eines Architekten hundert Häuser gebaut werden können. Eine Klasse ist daher wie ein Bauplan zu sehen, nach dem die Objekte aufgebaut sind. Man sagt, dass ein Objekt eine *Instanz* einer Klasse ist. Die Objekte, die Alexander und Beatrice im Programm repräsentieren, sind Instanzen der Klasse `Spieler`. Objekte sind in der Regel verschieden. Das bedeutet, dass die Attribute verschiedene Werte haben. Ein `Spieler`-Objekt hat zum Beispiel den Namen Alexander, ein anderes den Namen Beatrice. Diese Werte sind innerhalb des Objekts angelegt.

Wenn Sie wissen wollen, wie jemand heißt, greifen Sie ihm nicht in die Tasche, um seinen Personalausweis herauszuholen und anzusehen, sondern Sie fragen nach dem Namen. In der objektorientierten Programmierung ist es ähnlich: Die Attribute sind normalerweise privat. Man sagt auch, sie sind *gekapselt*, d.h. nach außen nicht sichtbar (Stichwort Datenkapselung). Man kann aber ein Objekt auffordern, ein Attribut preiszugeben. Das wird mit einer nichtprivaten, d.h. öffentlichen Funktion bewerkstelligt. In einem C++-Programm kann das so aussehen:

Listing 6.1 Zwei Spieler

```
// spieler1 ist ein Objekt der Klasse Spieler.
// Es bekommt den Namen Alexander:
Spieler spieler1("Alexander");
// Im Programm wird der Name erfragt und angezeigt. Die Funktion
```

```
// name(), für spieler1 aufgerufen, gibt den String "Alexander" zurück,
// der mit cout angezeigt wird.
cout << spieler1.name() << '\n';
// Ähnliches kann mit einem zweiten Objekt ablaufen:
Spieler spieler2("Beatrice");
cout << spieler2.name() << '\n';
```

Die Frage ist: Wie schreibt man in C++ einen eigenen Datentyp, also eine Klasse – denn die Klasse `Spieler` ist genau das. Ein Datentyp definiert den Wertebereich und die Operationen, die mit Objekten dieses Datentyps möglich sind. Der Wertebereich der Klasse `Spieler` besteht aus der Menge der möglichen Namen und der Menge der möglichen Punktzahlen. Eine Operation der Klasse haben Sie gesehen: die Funktion `name()`.

In C++ unterscheidet man Grunddatentypen wie `bool`, `int`, `double` usw. und die komplexeren Datentypen (Klassen genannt), wie zum Beispiel `string` oder `Spieler`. Komplexe Datentypen enthalten typischerweise Grunddatentypen oder Objekte anderer Klassen. Zum Beispiel enthält die vordefinierte C++-Klasse `string` Zeichen des Typs `char`. Klassen haben eigene Operationen. `length()` ist eine Operation der Klasse `string`, die die Anzahl der gespeicherten Zeichen zurückgibt.

Kennzeichen von Klassen ist, dass sie die zugehörigen Daten und Funktionen *kapseln*. Das heißt, dass innerhalb der Klasse `string` die Daten angelegt sind und auch die Funktionen, die auf `string`-Objekte anwendbar sind. Im Beispiel

```
string einString = "der Text";
string einZweiterString = "Hi!";
cout << einString.at(0) << '\n';
```

ist `string` die *Klasse*. `einString` ist ein *Objekt* dieser Klasse. Zu einer Klasse kann es mehrere Objekte geben, oben sind es zwei. Eine Klasse belegt keinen Speicher, aber ein Objekt – da sind die Daten, die je Objekt verschieden sind. In der letzten Zeile des Beispiels wird die Operation `at()` der Klasse für das Objekt `einString` aufgerufen. Operationen werden als Funktionen realisiert. Weil diese Funktionen nicht alleinstehend aufgerufen werden können, sondern nur für ein Objekt (`einString` oben), heißen sie Element- oder Mitgliedsfunktionen (englisch *member function*). Sie sind Mitglied der Klasse, das heißt, sie gehören zu dieser Klasse. Manche sagen *Methode* zu solchen Funktionen, ein Begriff, der aus der Programmiersprache Smalltalk stammt. Die Funktionen aus den vorhergehenden Kapiteln nennt man im Gegensatz dazu freie Funktionen.

Ein wesentliches Merkmal von Klassen ist, dass ein Zugriff auf die Daten eines Objekts der Klasse in der Regel nur mit den Mitgliedsfunktionen möglich ist. In diesem Kapitel geht es darum, *eigene* Klassen zu entwickeln und zu benutzen.

6.2 Klasse Spieler

Im Folgenden wird ein Beispiel vorgestellt, mit dessen Hilfe die oben genannten Konzepte erläutert werden, hier die Klasse `Spieler`. Um die Klasse einfach zu halten, enthält sie nur die folgenden Daten:

- Name des Spielers als String
- Die von ihm erreichte Punktzahl als `int`

Die in der Klasse spezifizierten Daten nennt man *Attribute*. Ein Attribut hat einen Wert. So kann das Attribut »Name« den Wert »Bjarne« haben. Nun sind noch die Operationen zu definieren, die man für ein Objekt der Klasse `Spieler` braucht:

- Spieler-Objekt mit dem Namen anlegen
- Namen vom Objekt erfragen
- Die Punktzahl vom Objekt erfragen
- Die Punktzahl verändern

Beachten Sie, dass nur die letzte Operation den Zustand des Objekts ändert. Wenn eine Funktion nur Daten eines Objekts abfragt, nennt man sie *getter*-Funktion (vom englischen to get = (etwas) bekommen). Wenn sie Daten verändert, heißt sie *setter*-Funktion (vom englischen to set = (etwas) setzen/definieren). In der Programmiersprache Java sind Funktionsnamen wie `getValue()` usw. üblich. Im Deutschen würde der Beginn mit »get« bei deutschen Attributnamen zu gemischtsprachlichen Funktionsnamen führen (»Denglisch«), weswegen ich auf die Vorsilben get bzw. set verzichte[2]. Allerdings verwendet die »Simple and Fast Multimedia Library« (SFML), die im nächsten Kapitel für die Grafik verwendet wird, konsequent die get- bzw. set-Vorsilbe. Sie sehen also, dass es keine einheitliche Meinung dazu gibt. Eine *getter*-Funktion enthält mindestens eine `return`-Anweisung. Eine *setter*-Funktion gibt meistens nichts zurück; sie hat dann den Typ `void`. Der Name drückt das aus, was man von der Funktion erwartet: So gibt eine Funktion `string name()` den Namen zurück und eine Funktion `void name(neu)` würde den Namen ändern, sodass er anschließend den Wert des Strings `neu` hätte. Die Definition eines Objekts vom Typ `Spieler` hat dieselbe Struktur wie die Definition eines Strings oder anderen Objekts:

```
Datentyp Objekt (Initialisierungswert);      // Schema!
int      zahl (3);                          // konkret für int
string   name ("Müller-Lüdenscheidt"); // konkret für string
```

Zunächst sei eine einfache Anwendung der Klasse `Spieler` gezeigt. Eine Auswahl der Zeilen wird anschließend erläutert.

Listing 6.2 Anwendung der Klasse `Spieler` *(beispiele/kap6/smain.cpp)*

```
#include "spieler.h"
#include <iostream>
using namespace std;

int main() {
  Spieler erster("Jon Arryn");
  cout << "Der erste Spieler heißt "
       << erster.name() << '\n';
  Spieler zweiter("Loras Tyrell");
  zweiter.aenderePunktzahl(100);
  zweiter.aenderePunktzahl(-10);
  cout << "Der Spieler " << zweiter.name() << " hat "
       << zweiter.punktzahl() << " Punkte.\n!";
}
```

2 Dies entspricht dem Google C++ Style Guide, dem ich allerdings nicht immer folge.

Übersetzen mit

```
g++ -Wall -o smain.exe smain.cpp
```

Anmerkungen zu einigen Zeilen des Programms:

1 Inkludieren der Klassendefinition (siehe unten), damit der Datentyp `Spieler` ab sofort bekannt ist.

6 Definition des `Spieler`-Objekts `erster` und Initialisierung mit einem Namen. Es wird angenommen, dass die Punktzahl mit 0 initialisiert wird, ohne dass es hier explizit hingeschrieben wird (siehe unten).

8 Aufruf der Mitgliedsfunktion (oder Methode) `name()` für das Objekt. Weil der Aufruf an das Objekt gebunden ist, sind Parameter überflüssig. `name()` hat Zugriff auf die Daten des Objekts.

10-11 Mit dem Aufruf dieser Funktion wird die gespeicherte Punktzahl verändert. Das Ergebnis ist 90.

12-13 Name und Ergebnis werden ausgegeben.

14 Ende von `main()`. Die Lebensdauer aller in `main()` definierten Objekte ist beendet.

Jetzt folgt die Klasse `Spieler`. Im Anschluss werden die einzelnen Zeilen kommentiert. Am besten sehen Sie sich anschließend, also in Kenntnis der Klasse, die obige `main()`-Funktion noch einmal an.

Listing 6.3 Klasse `Spieler` *(beispiele/kap6/spieler.h)*

```
#ifndef SPIELER_H
#define SPIELER_H
#include <string>

class Spieler {
public:
  explicit Spieler(const std::string& n)
    : name_(n), punktzahl_(0) {
  }
  const std::string& name() const {
    return name_;
  }
  int punktzahl() const {
```

```
14     return punktzahl_;
15   }
16   void aenderePunktzahl(int differenz) {
17     punktzahl_ += differenz;
18   }
19 private:
20   std::string name_;
21   int punktzahl_;
22 };
23 #endif
```

1-2 Die Klasse wird in einer Header-Datei mit den üblichen einschließenden Makros definiert. Ende in Zeile 23. Auch hier ist es möglich, Schnittstelle und Implementation zu trennen, das heißt, die Funktionskörper in eine *cpp*-Datei auszulagern, doch dazu weiter unten.

5 Eine Klassendeklaration wird mit dem Schlüsselwort `class` eröffnet. Danach folgen der Name der Klasse und ein Block, in dem die Daten und die Mitgliedsfunktionen stehen. Der Block wird mit einem Semikolon abgeschlossen (Zeile 22)!

6 `public:` leitet einen Bereich ein, in dem alles öffentlich (englisch *public*) ist. In diesem Bereich stehen alle Mitgliedsfunktionen, die von »außen«, also etwa von einem `main()`-Programm aus, für ein Objekt der Klasse aufgerufen werden können.

19-21 Demgegenüber leitet `private:` einen Bereich ein, dessen Elemente von außen nicht sichtbar sind. Sie sind nur innerhalb der Klasse zugreifbar. Hier stehen die Attribute der Klasse.

7-9 Diese Mitgliedsfunktion ist der *Konstruktor*. Ein Konstruktor hat im Gegensatz zu anderen Funktionen *keinen Rückgabetyp*, auch nicht `void`! Der Konstruktor dient zum Anlegen des Objekts. In diesem Beispiel sind es die Zeilen 6 und 9 der obigen Datei *smain.cpp*, in denen der Konstruktor aufgerufen wird. Als Parameter wird ihm jeweils ein String übergeben, passend zum Parametertyp `const std::string&` in Zeile 7 der Datei *spieler.h*. Der Konstruktor sorgt für die Initialisierung der Attribute. Zum Schlüsselwort `explicit` gibt es unten einen eigenen Abschnitt.

8 In dieser mit einem Doppelpunkt `:` beginnenden Zeile werden die Attribute initialisiert. Dabei wird `name_` mit dem übergebenen Parameter `n` initialisiert. Das Attribut `punktzahl_` erhält den Wert 0. Anschließend folgt mit `{` der Funktionskörper des Konstruktors. Da nichts weiter zu tun ist, ist er leer.

9 Ende des Funktionskörpers, d.h. der Konstruktordefinition.

10-12 Die Mitgliedsfunktion `name` gibt den Wert des Attributs `name_` zurück. Der Rückgabetyp `const std::string&` dient zum Vermeiden einer Kopie, er könnte sonst `std::string` sein. Das `const` bei Übergabe einer Referenz ist wichtig, damit der Aufrufer das Attribut nicht ändern kann. Das zweite `const` kurz vor dem Ende der Zeile besagt, dass diese Funktion den Zustand des Objekts nicht ändert. Diese Information wird vom Compiler zur Erhöhung der Sicherheit benutzt. Eine versehentliche Anweisung `name_ = "Gustav Gans";` innerhalb dieser Funktion würde zu einer Fehlermeldung des Compilers führen.

13-15 Weil ein Wert vom Typ `int` zurückgegeben wird, ist eine Übergabe per Referenz nicht sinnvoll. Auch diese Funktion kann den Zustand des Objekts nicht ändern.

16-18 Im Gegensatz dazu ändert diese Funktion den Zustand des Objekts, genauer: den Wert des Attributs `punktzahl_`. Deswegen gibt es keinen `const`-Qualifizierer vor der öffnenden geschweiften Klammer.

22 Ende der Klassendefinition. Semikolon nicht vergessen!

Das Programm wird mit der folgenden Anweisung übersetzt:

```
g++ -Wall -o smain.exe smain.cpp
```

> Der Name eines Attributs und der darauf zugreifenden Funktion dürfen in C++ nicht gleich sein. Weil es oben eine Funktion `name()` gibt, heißt das Attribut anders, nämlich `name_` mit nachgestelltem Unterstrich. Andere Möglichkeiten zur unterschiedlichen Namensgebung: Alle Attribute haben ein vorangestelltes `m` (für »member«), zum Beispiel `m_name`, oder man nimmt etwas ganz anderes wie etwa `derName` als Bezeichner. ■

6.2.1 explicit

Um die Wirkung des Schlüsselworts `explicit` zu zeigen, machen Sie bitte den folgenden Versuch:

- Streichen Sie `explicit`.
- Fügen Sie als letzte Zeilen in `main()` ein:

```
string xxx = "XXX";
erster = xxx;
```

- Übersetzen Sie das Programm. Ergebnis: keine Fehlermeldung, obwohl die neu hinzugefügte Zuweisung unsinnig ist!

Der Grund für dieses Verhalten ist, dass der Compiler bei einer Zuweisung auf der rechten Seite denselben Datentyp möchte wie auf der linken. Wenn das nicht der Fall ist, versucht er, eine entsprechende Umwandlung vorzunehmen. Dieses Verhalten haben Sie bei der Umwandlung von `int` in `unsigned int` beobachtet. Hier findet der Compiler den Konstruktor, der als Parameter einen String nimmt. Die Zuweisung wird daher vom Compiler so umformuliert:

```
erster = Spieler(xxx);
```

Es wird der Konstruktor aufgerufen, der ein temporäres `Spieler`-Objekt auf der rechten Seite erzeugt. Das wird dann dem Objekt `erster` zugewiesen. Die Typkontrolle des Compilers wird umgangen. Wenn Sie nun das Schlüsselwort `explicit` wieder einfügen, gibt es eine Fehlermeldung an der Stelle `erster = xxx;`. So möchte man es haben, um solche Fehler leicht zu entdecken! Nur wenn Sie die Umwandlung wirklich wünschen und sie explizit (daher der Name des Schlüsselworts) hinschreiben, bleibt die Fehlermeldung aus:

```
string xxx = "XXX";
// Verhalten mit Schlüsselwort explicit im Konstruktor
erster = xxx;                          // Fehlermeldung
erster = Spieler(xxx);                 // erlaubt
erster = static_cast<Spieler>(xxx);    // erlaubt
```

Den `static_cast`-Operator haben Sie schon auf Seite 43 kennengelernt. Wenn Sie schon eine Typumwandlung wollen, dann sollten Sie diesen Operator einsetzen und nicht die kürzere Form wählen (wie in der Zeile davor). Der Grund: Eine Typumwandlung sollte im Programmcode deutlich erkennbar sein, weil sich an solchen Stellen leicht Fehler einschleichen.

> Verwenden Sie in der Deklaration des Konstruktors das Schlüsselwort `explicit`, um versehentliche fehlerhafte Typumwandlungen sofort zu entdecken. ■

6.2.2 private oder public?

Der Aufruf der Funktionen ist im `main()`-Programm problemlos möglich. Wenn Sie allerdings das Wort `public:` streichen, gilt automatisch `private:` und es gibt Fehlermeldungen des Compilers. Genauso können Sie im `main()`-Programm oben

```
zweiter.name_ = "Lieselotte";     //?
cout << zweiter.name_ << '\n';    //?
```

schreiben. Eine Fehlermeldung ist die Folge. Wenn Sie aber `private:` durch `public:` ersetzen, sind diese Anweisungen möglich. Sie sehen: Es liegt nur an Ihnen, was privat und was öffentlich sein soll. Extern nutzbare Mitgliedsfunktionen müssen natürlich `public` sein, sonst könnte man sie nicht nutzen. Dass Attribute stets im `private`-Bereich liegen sollen, hat den großen Vorteil, dass Änderungen ausschließlich über eine Mitgliedsfunktion möglich sind, siehe die Funktion `aenderePunktzahl()` oben.

> Extern nutzbare Mitgliedsfunktionen liegen stets im `public`-Bereich, Attribute (Daten) stets im `private`-Bereich. ■

Ohne den Schutz privater Attribute könnte etwa eine Änderung der Art `zweiter.punktzahl_ = 999;` zum Beispiel in `main()` oder sonstwo zu einem Fehler führen, dessen Verursacher in einem großen Programm schwer zu finden ist. Wenn aber der Zugriff nur über eine Funktion erlaubt ist, kann jede Änderung leicht mit Datum und Uhrzeit durch Anpassung der Funktion protokolliert werden. Das mag bei diesem kleinen Programm wirklich egal sein, aber denken Sie nur an die Verwaltung von Bankkonten mittels Software. Eine Anweisung der Art `meinkonto.stand += 10000.00;` ist bei privaten Attributen nicht möglich.

Ein weiterer Vorteil des ausschließlichen Zugriffs über eine Mitgliedsfunktion ist, dass der Name und auch der Datentyp eines Attributs in der Klasse geändert werden können, ohne dass es Auswirkung auf die Benutzung der Funktionen gibt, wenn die Benutzungsschnittstelle gleich bleibt. So ein Programm ist *wartungsfreundlich*.

6.3 Trennung von Schnittstelle und Implementation

In der obigen Header-Datei *spieler.h* (Seite 138) sind die Funktionsimplementationen enthalten. Man sagt, sie sind *inline* definiert. Die Alternative ist, nur die Schnittstellen in der Header-Datei zu behalten. Dazu werden alle Funktionskörper einschließlich der geschweiften Klammern jeweils durch ein Semikolon ersetzt. Das Ergebnis:

Listing 6.4 `Spieler`-Variante *(beispiele/kap6/spieler/spieler.h)*

```
#ifndef SPIELER_H
#define SPIELER_H
#include <string>

class Spieler {
public:
  explicit Spieler(const std::string& n);
  const std::string& name() const;
```

```
  int punktzahl() const;
  void aenderePunktzahl(int differenz);
private:
  std::string name_;
  int punktzahl_;
};
#endif
```

Die Definition der Mitgliedsfunktionen bzw. Methoden kommt in die entsprechende *cpp*-Datei. Im Unterschied zu globalen Funktionen kommt direkt vor den Funktionsnamen `Spieler::`, um dem Compiler zu signalisieren, dass diese Funktionen zur Klasse `Spieler` gehören.

Listing 6.5 Definition der Funktionen *(beispiele/kap6/spieler/spieler.cpp)*

```
#include "spieler.h"

Spieler::Spieler(const std::string& n)
  : name_(n), punktzahl_(0) {
}

const std::string& Spieler::name() const {
  return name_;
}

int Spieler::punktzahl() const {
  return punktzahl_;
}

void Spieler::aenderePunktzahl(int differenz) {
  punktzahl_ += differenz;
}
```

Das `main()`-Programm muss nicht geändert werden. Das Programm wird mit der Anweisung `g++ -Wall *cpp` übersetzt, oder, in einzelne Schritte aufgelöst, mit:

```
g++ -Wall -c smain.cpp
g++ -Wall -c spieler.cpp
g++ -Wall -o smain.exe smain.o spieler.o
```

Der Unterschied ist die Festlegung des Namens für die ausführbare Datei. Auch kann man nach jedem Schritt sehen, welche Datei neu dazugekommen ist.

6.4 Mehr über Konstruktoren

6.4.1 Allgemeiner Konstruktor

Der allgemeine Konstruktor nimmt einen oder mehrere Parameter, so wie der obige Konstruktor der Klasse `Spieler`, der einen String-Parameter hat. Falls kein Konstruktor geschrieben wird, erzeugt das System automatisch einen Konstruktor mit leerer Parameterliste, im Deutschen oft Standardkonstruktor genannt, im Englischen »default constructor«. Die Daten des Objekts enthalten dann unbestimmte Werte, wenn sie nicht an der Stelle der Definition initialisiert werden. Im obigen Beispiel könnte man statt `int Punktzahl;` etwa `int Punktzahl = 0;` schreiben.

6.4.2 Standardkonstruktor

Ein Standardkonstruktor (also ohne Parameter) kann selbst geschrieben werden, um Attribute bei Anlage des Objekts zu initialisieren. Im Fall der Klasse `Spieler` könnten ein Standardkonstruktor und seine Benutzung so aussehen:

```
// spieler.h
Spieler()                                      // keine Parameter!
    : name_("unbekannt"), punktzahl_(0) {
}
```

```
// main.cpp
Spieler einSpieler;                            // Aufruf ohne Klammern!
cout << einSpieler.name() << '\n';             // Benutzung
```

Funktionen ohne Parameter müssen *mit* runden Klammern aufgerufen werden. Der Aufruf eines Standardkonstruktors hingegen darf *keine* runden Klammern enthalten. Der Grund ist, dass ein vermeintlicher Aufruf

```
Spieler s1();                        //?
```

als die Deklaration einer Funktion `s1()`, die keine Parameter benötigt und die ein `Spieler`-Objekt zurückgibt, aufgefasst wird. Das heißt auch, dass die Zeile mit dem ? einwandfrei compiliert wird. Eine Fehlermeldung erhält man erst, wenn man versucht, das angebliche Objekt `s1` zu benutzen.

Es ist sinnvoll, dass ein Objekt einen definierten Anfangszustand hat. Dafür sorgt der Konstruktor, dem die entsprechenden Daten übergeben werden. Überlegen Sie daher, ob Sie einen selbst geschriebenen Standardkonstruktor brauchen. ■

Es gibt Fälle, in denen ein besonderer Standardkonstruktor unbedingt sinnvoll ist, etwa in Behälterklassen. Das sind Klassen, die andere Elemente enthalten. Die Klasse `string` enthält zum Beispiel viele Zeichen. Der für die Klasse `string` geschriebene Standardkonstruktor sorgt dafür, dass die Anweisung

```
string derString;
```

nicht eine Zeichenkette undefinierten Inhalts liefert, sondern einen leeren String, genau so, wie es die Anweisung `string derString("");` bewirkt hätte.

6.4.3 Kopierkonstruktor

Ein Kopierkonstruktor wird im Englischen *copy constructor* oder treffender *copy initializer* genannt. Er dient dazu, ein Objekt mit einem anderen zu *initialisieren*. Das erste (und im Allgemeinen einzige) Argument des Kopierkonstruktors ist eine *Referenz auf ein Objekt derselben Klasse*. Weil ein Objekt, das dem Kopierkonstruktor als Argument dient, nicht verändert werden soll, ist es als Referenz auf `const` zu übergeben: `X(const X&)`. Falls kein Kopierkonstruktor vorgegeben wird, wird für jede Klasse bei Bedarf vom System einer erzeugt, der die einzelnen Elemente des Objekts kopiert. Die Elemente können selbst wieder Objekte sein, deren Kopierkonstruktor dann wiederum aufgerufen wird, sei es ein selbst definierter oder der vom System bereitgestellte. Die Kopie jedes Grunddatentyps ist eine bitweise Abbildung des Speicherbereichs. Im Beispiel

```
Spieler erster("Di Santo");
Spieler zweiter(erster);         // Kopierkonstruktor
Spieler dritter = erster;        // Kopierkonstruktor, siehe unten
dritter = erster;                // Zuweisung (Objekt existiert schon)
```

werden `zweiter` und `dritter` vom systemgenerierten Kopierkonstruktor initialisiert. Ein Kopierkonstruktor wird nur dann benutzt, wenn ein *neues* Objekt erzeugt wird, aber *nicht* bei Zuweisungen, also Änderungen von Objekten. Bei *Zuweisungen* wird der vom System bereitgestellte Zuweisungsoperator = benutzt, sofern kein eigener definiert wurde – auch das ist möglich, wie Sie sehen werden.

Eine weitere Anwendung ist die Übergabe per Wert und die Rückgabe per `return`. In beiden Fällen kommt der Kopierkonstruktor zum Tragen. Die folgende Funktion berücksichtigt beides:

```
Spieler erhoehePunktzahl(Spieler s,       // Übergabe per Wert
                         int p) {         // ebenfalls
  s.aenderePunktzahl(p);
  return s;                               // Übergabe per Wert
}
```

Das Ergebnis der Funktion ist eine Kopie der Variablen `s`. Wie bekannt, tritt das Ergebnis eines Funktionsaufrufs an die Stelle des Aufrufs, sodass der Aufruf der Funktion wie ein Objekt der Klasse `Spieler` eingesetzt werden kann. Dies wird genutzt, um die erhöhte Punktzahl auszugeben:

```
Spieler sp("Di Santo");
cout << sp.punktzahl() << '\n';                          // 0
cout << erhoehePunktzahl(sp, 10).punktzahl() << '\n';    // 10
```

`erhoehePunktzahl(sp,10)` ist also eine Kopie[3] des Spielers `sp`, für die die Funktion `punktzahl()` aufgerufen wird. Sie können den Aufruf des Kopierkonstruktors gut nachvollziehen, indem Sie ihn selbst schreiben und seinen Aufruf protokollieren:

Listing 6.6 Kopierkonstruktor zu Dokumentationszwecken

```
// in beispiele/kap6/spieler.h einfügen oder in beispiele/kap6/extras/
// nachsehen
Spieler(const Spieler& s)
   // Initialisierung der Attribute mit denen von s:
  : name_(s.name_), punktzahl_(s.punktzahl_) {
  std::cout << "Kopierkonstruktor für "
            << name_ << " aufgerufen!\n";
}
```

Natürlich dürfen Sie die Initialisierung der Attribute, die eigentliche Aufgabe eines Kopierkonstruktors, nicht weglassen. Weil der Aufruf automatisch erfolgt, darf der Kopierkonstruktor nicht `explicit` sein. Und er darf nicht im `private`-Bereich liegen – er wäre sonst nicht zugreifbar.

Nun hat der Compiler das Recht, zu Optimierungszwecken jeden Aufruf des Kopierkonstruktors zu eliminieren – aber dann sähe man die Ausgaben nicht. Ob der Compiler den Aufruf tatsächlich wegoptimiert, kann nur durch Ausprobieren festgestellt werden. Um aber die mögliche Elimination definitiv zu verhindern, wird das Programm mit der Compiler-Option `-fno-elide-constructors` übersetzt:

```
g++ -Wall -fno-elide-constructors -o smain.exe smain.cpp
```

Schreiben Sie keinen eigenen Kopierkonstruktor, wenn Sie nicht gute Gründe dafür haben. In den meisten Fällen genügt der vom System erzeugte. Aber *wenn* Sie einen eigenen benötigen, müssen Sie in der Regel auch den Destruktor und den Zuweisungsoperator schreiben (siehe unten). ■

[3] Es geht nur um die Demonstration des Kopierkonstruktors. Normalerweise ist die Kopie eines `Spieler`-Objekts nicht sinnvoll – sie hätte wegen der Kopie des Attributs denselben Namen, wäre aber ein eigenständiges anderes Objekt.

Einen selbstgeschriebenen Kopierkonstruktor braucht man nur in seltenen Fällen, etwa wenn es Zeiger als Attribute gibt (erst weiter unten ein Thema.).

6.4.4 Einheitliche Initialisierung

Sie haben bei der Klasse `string` verschiedene Arten der Initialisierung kennen gelernt:

```
std::string text1 = "Hello";        // 1
std::string text2("Hello");         // 2
std::string text3{"Hello"};         // 3
```

Diese Arten der Initialisierungen gibt es für beliebige Klassen, vorausgesetzt, es existiert ein passender Konstruktor. Die Zeilen unterscheiden sich wie folgt:

1. Bei der Initialisierung mit = wird der Kopierkonstruktor eingesetzt. Sein Parameter ist ein temporäres `string`-Objekt, das mit dem Literal `"Hello"` initialisiert wird.
2. Hier wird der normale Konstruktor der Klasse `string` aufgerufen.
3. Um dem früheren Wirrwarr der verschiedenen Initialisierungsmöglichkeiten ein Ende zu bereiten, gibt es seit C++11 die Initialisierung mit geschweiften Klammern, die immer möglich ist. Letztlich wird dabei der passende Konstruktor verwendet, in diesem Fall also der auch in Zeile zwei benutzte.

Für die Initialisierung mit geschweiften Klammern wird von vielen Klassen der C++-Bibliothek ein Konstruktor bereitgestellt, der als Argument die vordefinierte Klasse `initializer_list` hat. Dieser Konstruktor ist für eine Folge (Liste) von Parametern gedacht, wobei eine Liste natürlich auch aus nur einem Element bestehen kann. Ein String kann aus einer Folge von Zeichen aufgebaut werden:

```
std::string text4{'H','e','l','l','o','\0'};
```

Hier wird der `string`-Konstruktor mit dem `initializer_list`-Argument aufgerufen. Die Initialisierungsliste ist die Folge der Buchstaben.

6.5 Die Zerstörung von Objekten

In diesem Abschnitt geht es um den sogenannten Destruktor, eine Funktion, die automatisch verschiedene Aufräumarbeiten übernehmen kann. Zum Verständnis der Wirkungsweise wird zunächst die Art der Ablage definierter Objekte im Speicher beschrieben.

6.5.1 Der Laufzeit-Stack

In C++ definierte Objekte werden auf dem sogenannten Laufzeit-Stack abgelegt, ein Speicherbereich, der wie ein Stapel (englisch *stack*) organisiert ist. Das zuerst definierte Objekt landet unten, die danach definierten Objekte darüber. Innerhalb eines Blocks definierte Objekte oder Variablen sind außerhalb dieses Blocks nicht mehr gültig:

```
int i1 = 0;
{ // Blockbeginn
  int i2 = 2;
  int i3 = 3;
} // Blockende. i2 und i3 sind hier nicht mehr gültig.
i1 = 7;          // ok, i1 ist weiterhin sichtbar und gültig
int i4 = 4;      // neu im Laufzeit-Stack
```

Der Grund ist, dass die Variablen am Blockende wieder vom Stack geholt werden, und zwar die zuletzt draufgelegten zuerst, wie bei einem Stapel Teller in einer Kantine, wenn jeweils nur einer gleichzeitig abgelegt oder entnommen werden kann. Dieses schöne Bild beschreibt das Verhalten sehr gut, wenn auch die Realisierung etwas anders aussieht: Ein Teller kann vom Stapel genommen werden. Der Speicher existiert aber vorher wie nachher. Das Problem wird gelöst, indem ein spezieller Zeiger (stack pointer) auf den letzten gültigen Eintrag zeigt. Das heißt, die ungültigen

Einträge sind noch da, aber nicht mehr zugreifbar. Die nächste Definition überschreibt den letzten ungültigen Eintrag und der Stack-Pointer bewegt sich um eine Position. Die Skizze zeigt von links nach rechts die Entwicklung des Laufzeit-Stacks zum obigen Programmcode:

```
                 i3 ←   i3 ungültig   i3 ungültig   i3 ungültig
         i2 ←    i2     i2     ←      i2 ungültig   i4     ←
i1 ←     i1      i1     i1            i1     ←      i1
```

Der Pfeil symbolisiert den Stack-Pointer. In einem Programm sind nur Variablen an der Stelle des Stack-Pointer und darunter zugreifbar, um im obigen Bild[4] zu bleiben. Der große Vorteil: Objekte auf dem Stack, die nicht mehr gebraucht werden, können überschrieben werden – das spart Speicher für den Stack. Der zweite Vorteil: Wenn ein Objekt seinen Gültigkeitsbereich verlässt, wird in C++ eine spezielle Funktion, nämlich der Destruktor, aufgerufen. Dies geschieht ganz automatisch, ohne eine einzige Anweisung.

6.5.2 Destruktor

Am besten ist das an einem Beispiel zu sehen. Ein Destruktor hat keine Parameter und keinen Rückgabetyp. Sein Name ist eine Tilde (~), gefolgt vom Namen der Klasse. Der Destruktor für die Klasse `Spieler` soll einfach nur seinen Einsatz dokumentieren. Er sieht dann so aus:

```
// Auszug aus beispiele/kap6/extras/spieler.h
~Spieler() {
  std::cout << name_ << " sagt: 'Ade, grausame Welt!'\n";
}
```

Sehen wir uns dazu ein einfaches `main()`-Programm an:

Listing 6.7 Konstruktor/Destruktor *(beispiele/kap6/extras/destrukt.cpp)*

```
#include "spieler.h"
```

4 In einem Computerspeicher sind die Begriffe oben und unten nur begrenzt sinnvoll.

```
Spieler global("Craster");

int main() {
  Spieler erster("Jon Arryn");
  Spieler zweiter("Loras Tyrell");
}
```

Übersetzen mit

```
g++ -Wall -o destrukt.exe destrukt.cpp
```

Der Spieler `global` ist außerhalb eines jeden Blocks definiert – er landet als Erster auf dem Stack. Anschließend folgen `erster` und `zweiter`. Wenn nun das Ende von `main()`, d.h. die schließende geschweifte Klammer, erreicht wird, werden die Objekte in umgekehrter Reihenfolge »zerstört«, d.h. vom Stack geholt. Dabei wird automatisch der Destruktor aufgerufen, wie die Ausgabe des Programms zeigt:

Loras Tyrell sagt: 'Ade, grausame Welt!'
Jon Arryn sagt: 'Ade, grausame Welt!'
Craster sagt: 'Ade, grausame Welt!'

Sie haben die Wirkung eines Destruktors schon in Abschnitt 3.2.1 auf Seite 84 gesehen. Dort wird am Ende des Blocks automatisch die Funktion `close()` vom Destruktor des `ofstream`-Objekts aufgerufen.

Schreiben Sie keinen eigenen Destruktor, wenn Sie nicht gute Gründe dafür haben (zum Beispiel Schließen einer Datenbankverbindung). In den meisten Fällen genügt der vom System erzeugte. Wenn doch ein eigener Destruktor notwendig sein sollte, müssen Sie in der Regel auch den Kopierkonstruktor und den Zuweisungsoperator (siehe unten) schreiben. ■

Einen selbstgeschriebenen Destruktor braucht man dann, wenn es auch einen selbstgeschriebenen Kopierkonstruktor wegen der Verwendung von Zeigern gibt. Oder wenn von der Klasse geerbt werden soll (Stichwort *virtual*). Zeiger und Vererbung werden in nachfolgenden Kapiteln behandelt.

Der etwas sperrige, vom C++-Erfinder Stroustrup geschaffene Begriff »Resource Acquisition Is Initialization«, kurz RAII, bedeutet, Ressourcen durch die Initialisierung (das heißt durch den Konstruktor) zu belegen. Gleichzeitig ist damit die Freigabe der Ressource durch den Destruktor verbunden. Die Vorteile: Die Freigabe geschieht erst am Ende der Lebensdauer des Objekts. Sie erfolgt automatisch auch im Fehlerfall (Exception, siehe Kapitel 10), ohne dass sie gesondert programmiert werden muss. Beispiel: automatisches Schließen einer Datei.

RAII ist ein so vorteilhaftes Prinzip, dass es in etwas umständlicher Form in die Programmiersprache Java 7 aufgenommen wurde (Stichwort try-with-resources).

6.6 Klasse Würfel

Für ein Würfelspiel müssen Spieler und Würfel zusammenwirken. Von einem Würfel bzw. einer entsprechend konstruierten Klasse erwarten wir:

- Die zuletzt geworfene Punktzahl muss man feststellen können. Sie kann nicht negativ sein. Eine passende Funktion, die die zuletzt geworfene Punktzahl zurückgibt, wäre `unsigned int punktzahl()`. Es muss dann ein Attribut zur Speicherung der Punktzahl geben.
- Ein Würfel kann rollen. Anschließend zeigt die oben liegenden Seite eine zufällige Augenzahl von 1 bis 6. Eine passende Funktion wäre `void rollen()`. Um der geforderten Zufälligkeit Rechnung zu tragen, könnte die Klasse `Wuerfel` einen Zufallszahlengenerator als Attribut haben.
- Die anfängliche Augenzahl soll zufällig sein, aber natürlich im Bereich von 1 bis 6 liegen. Das kann man mit einer entsprechenden Initialisierung der Verteilung für den Zufallszahlengenerator erreichen.

Eine Abfrage ändert nicht den Zustand eines Objekts. Die Funktion `punktzahl()` erhält deswegen einen `const`-Qualifizierer, im Gegensatz zu der Funktion `rollen()`, die den Zustand des Objekts verändert. Damit ergibt sich als Klasse, die den genannten Anforderungen gerecht wird:

Listing 6.8 Klasse `Wuerfel` *(beispiele/kap6/wuerfel/wuerfel.h)*

```
#ifndef WUERFEL_H
#define WUERFEL_H
#include <random>

class Wuerfel {
public:
  Wuerfel()                                    // Konstruktor
    : generator(rd()), verteilung(1, 6) {
    rollen();                              // anfängliche Zahl festlegen
  }
  auto punktzahl() const {                     // öffentliche Funktion
    return punktzahl_;
  }
  void rollen() {                              // öffentliche Funktion
    punktzahl_ = verteilung(generator);
  }
private:                                       // Attribute siehe Text
  std::random_device rd;
  std::mt19937 generator;
  std::uniform_int_distribution<unsigned int>
                                          verteilung;
  unsigned int punktzahl_;
};
#endif
```

Weil die Klasse sehr klein ist, wird der Einfachheit halber auf eine Trennung in Schnittstelle (Header-Datei) und Implementierung (*cpp*-Datei) verzichtet. Die Definition einer Funktion in der Header- statt in der *cpp*-Datei nennt man *inline*-Definition. Zum Rückgabewert `auto` der Methode `punktzahl()`: Der Compiler kennt den Datentyp von `letztePunktzahl` und trägt ihn an der Stelle ein. Nun zu den Attributen:

`rd` ist ein Objekt der Standardklasse `random_device`. Es wird dem Zufallszahlengenerator in Zeile 8 übergeben und sorgt dafür, dass der Generator bei jedem Programmstart mit einem neuen zufälligen Wert initialisiert wird.

`generator` ist der schon auf Seite 66 vorgestellte Zufallsgenerator der C++-Standardbibliothek.

`verteilung` ist ein Objekt der Standardklasse `uniform_int_distribution <unsigned int>`. Es wird in Zeile 8 mit den Grenzen des gewünschten Bereichs initialisiert. Der gewünschte Datentyp wird in spitzen Klammern übergeben.

`verteilung` wird wie eine Funktion aufgerufen (Zeile 15). Der Generator wird als Parameter übergeben. Der zurückgegebene Wert ist eine Zufallszahl innerhalb des festgelegten Bereichs.

6.7 Würfelspiel: Mensch gegen Maschine

Im folgenden Spiel würfeln Mensch und Computer abwechselnd. Dabei wird angenommen, dass dem Menschen ein richtiger Würfel zur Verfügung steht und er die jeweils erwürfelte Zahl in das Programm eingibt. Anschließend würfelt der Computer (genauer: das Programm) und zeigt die entsprechende Punktzahl an.

Liegt die vom Menschen eingegebene Zahl außerhalb des Bereichs von 1 bis 6, gibt das Programm die jeweilig erreichte Punktsumme aus und beendet sich.

Listing 6.9 Würfelspiel *(beispiele/kap6/wuerfel/main.cpp)*

```
#include "../spieler.h"                  // Oberverzeichnis
#include "wuerfel.h"
#include <iostream>
using namespace std;
```

```
int main() {
  Spieler mensch("Mensch");
  Spieler maschine("Computer");
  Wuerfel wuerfel;                          // für den Computer
  bool spielLaeuft = true;
  while(spielLaeuft) {
    cout << mensch.name() << " würfelt. Ergebnis (1-6,"
                            " sonst Abbruch): ";
    unsigned int wurf = 0;
    // Eingabe der vom Menschen gewürfelten Punktzahl:
    cin >> wurf;
    if(wurf >= 1 && wurf <= 6) {
      // Punktzahl aktualisieren:
      mensch.aenderePunktzahl(wurf);
      // Jetzt würfelt das Programm:
      cout << maschine.name() << " würfelt. Ergebnis: ";
      wuerfel.rollen();
      wurf = wuerfel.punktzahl();
      maschine.aenderePunktzahl(wurf);
      cout << wurf << '\n';
    }
    else {
      spielLaeuft  = false;
    }
  }
  cout << mensch.name() << " hat " << mensch.punktzahl()
       << " Punkte.\n";
  cout << maschine.name() << " hat "
       << maschine.punktzahl()
       << " Punkte.\nEnde des Spiels\n";
}
```

Übersetzen mit

```
g++ -Wall -std=c++14 -o main.exe main.cpp
```

6.7.1 Der Computer spielt gegen sich selbst

Auf der Basis des obigen Programmcodes ist es leicht, ein Programm zu schreiben, mit dem der Computer gegen sich selbst spielt. Dabei werden mehrere Spieler im Programm simuliert, indem entsprechend viele Objekte vom Typ `Spieler` angelegt werden. Bei einem Würfelspiel mag das vielleicht nicht so spektakulär sein, aber generell bietet diese Möglichkeit große Vorteile:

- Ein Spiel kann damit leichter analysiert werden, etwa mit statistischen Auswertungen.
- Die Anzahl der Runden im Spiel kann vorab festgelegt werden und die Spiele laufen sehr schnell ab. Damit ist ein Zeitgewinn verbunden.
- Es können verschiedene Spielstrategien für einen Spieler ausprobiert werden, um zu sehen, ob er damit gegen die anderen gewinnt.
- Programme, die selbst aus dem Spielverlauf lernen (Stichwort »Künstliche Intelligenz«), können so eine optimale Strategie entwickeln.

Wenn die Anzahl der Spieler vor Beginn des Programms feststeht, könnten sie alle einzeln deklariert werden. Das ist jedoch umständlich, weil dann jeder im Programm einzeln angesprochen werden muss. Etwas einfacher ist es, wenn die Spieler in einem `array` abgespeichert werden. Auf einen einzelnen Spieler kann man dann über seine Nummer zugreifen. Wenn jedoch die Anzahl der Spieler erst zur Laufzeit des Programms festgelegt werden soll, ist ein `array` nicht geeignet, weil bereits bei der Deklaration die Anzahl der Elemente angegeben werden muss.

vector als Spielerdatenbank

Die Klasse `vector` kennen Sie aus Abschnitt 5.1.2. Sie ist für solche Zwecke das Werkzeug der Wahl. Ein `vector` nimmt wie ein Array Objekte auf, aber er ist dynamisch (= zur Laufzeit) erweiterbar. Im folgenden Programm spielen simulierte Spieler gegeneinander. Die Anzahl der Spieler und die Anzahl der zu spielenden Runden wird zu Beginn eingegeben. Im Anschluss an das Listing wird auf die einzelnen Zeilen eingegangen.

Listing 6.10 Computer vs. Computer
(beispiele/kap6/wuerfel/mvector.cpp)

```
#include <cstddef>
#include <iostream>
#include <vector>
#include "../spieler.h"                              // Oberverzeichnis
#include "wuerfel.h"
using namespace std;

int main() {
  cout << "Wieviele Spieler: ";
  size_t anzahlSpieler;
  cin >> anzahlSpieler;
  cout << "Wieviele Runden: ";
  size_t anzahlRunden;
  cin >> anzahlRunden;
  vector<Spieler> dieSpieler;
  for(size_t i = 0; i < anzahlSpieler; ++i) {
    dieSpieler.push_back(
                    Spieler("Spieler" + to_string(i+1)));
  }
  Wuerfel wuerfel;
  for(size_t i = 0; i < anzahlRunden; ++i) {
    for(auto& spieler : dieSpieler) {
      cout << spieler.name() << " würfelt. Ergebnis: ";
      wuerfel.rollen();
      auto wurf = wuerfel.punktzahl();
      spieler.aenderePunktzahl(wurf);
      cout << wurf << '\n';
    }
  }
  // Punkte anzeigen, dabei die maximale Punktzahl ermitteln
  int maxPunkte = dieSpieler[0].punktzahl();
  for(const Spieler& spieler : dieSpieler) {
    cout << spieler.name() << " hat "
         << spieler.punktzahl() << " Punkte.\n";
    if(spieler.punktzahl() >  maxPunkte) {
      maxPunkte = spieler.punktzahl();
    }
```

```
38    }
39    cout << "Ende des Spiels. Gewinner: ";
40    // Alle anzeigen, die die maximale Punktzahl haben:
41    for(const Spieler& spieler : dieSpieler) {
42      if(spieler.punktzahl() == maxPunkte) {
43        cout << spieler.name() << " ";
44      }
45    }
46    cout << '\n';
47  }
```

Übersetzen mit

```
g++ -Wall -std=c++14 -o mvector.exe mvector.cpp
```

Anmerkungen zu den Programmzeilen:

9-14 In diesen Zeilen werden die Anzahl der Spieler und die Anzahl der zu spielenden Runden eingegeben. Auf eine Fehlerbehandlung bei unsinnigen Eingaben wird aus Platzgründen verzichtet.

15 Hier wird ein Objekt der Klasse `vector` angelegt. Wie beim Array wird der Typ der zu speichernden Objekte in den spitzen Klammern angegeben. Der Vektor ist zunächst leer. Eine Anweisung `cout << dieSpieler.size();` würde 0 anzeigen.

17 Die Methode `push_back()` eines Vektors vergrößert ihn um einen Platz, den das übergebene Objekt einnimmt.

18 Das übergebene Objekt ist vom Typ `Spieler`. Es wird der Konstruktor der Klasse aufgerufen. Dem Konstruktor wird der Name des Spielers übergeben. Der Name besteht aus dem String »Spieler« plus der angehängten laufenden Nummer. Die Funktion `to_string()` wandelt die übergebene Zahl `(i+1)` in einen String um.

20 An dieser Stelle ist `dieSpieler.size() == anzahlSpieler`. Das letzte Element des Vektors ist `dieSpieler[anzahlSpieler-1]`, weil die Zählung mit 0 beginnt.

22-28 Jeder Spieler würfelt. `auto&` in Zeile 22 bedeutet, dass direkt mit dem *Original* weitergearbeitet wird. `spieler` ist damit nur jeweils ein anderer Name für `dieSpieler[0]`, `dieSpieler[1]`, `dieSpieler[2]` usw. Ohne das Kaufmanns-Und & wäre `spieler` eine *Kopie*. `const auto&` wäre falsch, weil der Zustand des Objekts `spieler` in Zeile 26 geändert wird.

30-38 Es kann sein, dass die höchste Punktzahl von mehr als einem Spieler erreicht wird. Deswegen wird diese Punktzahl ermittelt, um danach den oder die Gewinner ausgeben zu können (Zeilen 40 ff.).

31 `maxPunkte` wird mit der Punktzahl des ersten Spielers initialisiert. Anschließend wird dieser Wert mit denen aller Spieler verglichen, um das Maximum zu ermitteln. In der Schleife findet ein Vergleich zu viel statt, weil ja auch mit dem Wert des ersten Spielers verglichen wird. Die Alternative wäre eine `for`-Schleife, die ab 1 statt ab 0 läuft.

32 Der Abwechslung halber wird hier `const Spieler&` geschrieben. `const auto&` wäre auch richtig. `const` drückt dabei aus, dass das Objekt `spieler` sich nicht ändert, weil seine Daten nur abgefragt werden.

40-46 Der oder die Gewinner werden angezeigt.

Den auf Seite 149 erwähnten Konstruktor einer `initializer_list` als Parameter gibt es auch für `vector`. Für einen Vektor mit ganzen Zahlen wird `vector<int>(initializer_list<int> il)` aufgerufen. `il` ist dabei die Liste der Werte. Ein Beispiel:

```
vector<int> v { 42, 43, 7, 8, 9, -100, 0};
```

Mehr zur Klasse `vector` erfahren Sie unten in Abschnitt 13.6.4.

6.8 C++-Quiz

Anhand der folgenden Fragen können Sie Ihr Verständnis von Objekten, Klassen, Konstruktoren und mehr prüfen.

1. Wodurch ist ein Datentyp definiert?
   (a) Ein Datentyp ist eine Klasse.
   (b) Durch den Wertebereich und die Operationen, die mit Objekten dieses Datentyps möglich sind.
   (c) Durch die `public`-Funktionen.

2. Objekt und Klasse: Welche Aussagen sind richtig?
   (a) Von einer Klasse kann es auch mal kein Objekt geben.
   (b) Von einer Klasse kann es mehrere Objekte geben.
   (c) Eine Klasse belegt Speicher, ein Objekt nicht.
   (d) Verschiedene Werte eines Attributs sind in verschiedenen Objekten derselben Klasse zu finden.
   (e) Klasse ist eine Art Bauplan für Objekte.

3. Kopierkonstruktor: Welche Aussagen sind richtig?
   (a) Er initialisiert ein Objekt mit einem anderen.
   (b) Man sollte stets einen eigenen Kopierkonstruktor schreiben, um die Kontrolle zu behalten.
   (c) Er wird automatisch bei der Parameterübergabe per Wert aufgerufen.
   (d) Er wird automatisch bei der Rückgabe von Objekten per `return` aufgerufen.
   (e) Man sollte keinen eigenen Kopierkonstruktor schreiben, es sei denn, es gibt einen guten Grund dafür.
   (f) Wenn man keinen Kopierkonstruktor schreibt, wird einer vom C++-System erzeugt.

4. Destruktor: Welche Aussagen sind richtig?
   (a) Er wird automatisch für ein Objekt aufgerufen, wenn es den Block verlässt, in dem es deklariert wurde.
   (b) Man sollte den Destruktor aufrufen, wenn man ein Objekt nicht mehr braucht.
   (c) Die Reihenfolge der Destruktoraufrufe entspricht der Reihenfolge der Deklaration der zugehörigen Objekte.
   (d) Die Reihenfolge der Destruktoraufrufe ist gerade umgekehrt wie die Reihenfolge der Deklaration der zugehörigen Objekte.

Lösungen

1. (a) ist falsch, siehe Fußnote auf Seite 133. (b) ist richtig. (c) ist falsch, weil die Funktionen nur einen Teilaspekt bilden (siehe (b)).
2. (a), (b), (d), (e) sind richtig. Bei (c) stimmt gerade das Gegenteil.
3. (b) ist falsch, der Rest ist richtig.
4. (a) und (d) sind richtig.

7 Grafik mit C++

Fragen, die dieses Kapitel beantwortet:

- Wodurch unterscheidet sich die Grafikprogrammierung von der bisherigen Art zu programmieren?
- Wie sieht die Struktur eines Grafikprogramms aus?
- Wie erzeuge ich eine einfache Grafik?
- Was sind Klassenvariablen und -funktionen?
- Wie kann man Bewegung in die Grafik bringen und auf Ereignisse reagieren?
- Wie kann man quasi-natürliche grafische Strukturen erzeugen?

Zur Abwechslung vom C++-Lernen geht es in diesem Kapitel nur um die Grundstruktur eines Grafikprogramms und die verschiedenen Möglichkeiten der Anwendung. Das Thema wird nach einigen weiteren C++-Kapiteln vertieft, indem ein Spiel programmiert wird.

Standard-C++ kennt keine Elemente für grafische Operationen, es gibt aber entsprechende Bibliotheken. Eine davon, die »Simple and Fast Multimedia Library« oder kurz SFML, ist besonders für die Entwicklung von Spielen geeignet. Die SFML gibt es für alle gängigen Betriebssysteme und sie ist frei nutzbar (Lizenz siehe [SFML]). Aus diesem Grund wird in diesem Buch SFML benutzt. Im Anhang finden Sie ab Seite 370 eine Kurzanleitung zur Einrichtung von SFML für verschiedene Betriebssysteme. Mehr Informationen dazu gibt es auf der Homepage von SFML [SFML].

7.1 Ereignisgesteuerte Programmierung

Die bislang in diesem Buch dargestellte Programmierung beruht darauf, dass die Abarbeitung der Programmschritte wie vorgesehen der Reihe nach abläuft. Das gilt nicht für die Programmierung von Grafik, die mit Mausklicks und Tastendrücken steuerbar ist. Der Grund ist einfach: Die Reihenfolge der Interaktionsschritte eines Benutzers ist nicht vorhersehbar und damit auch nicht die Reihenfolge der auszuführenden Programmschritte. Die Aktion eines Benutzers, wie zum Beispiel Anklicken einer Figur oder Bewegung mit der Maus, wird als *Ereignis* aufgefasst, auf das das Programm reagieren soll. Das Ereignis wird vom Betriebssystem erkannt und an das Programm, wenn es sich dafür angemeldet (registriert) hat, weitergeleitet.

Es geht also darum, Funktionen zu schreiben, die nicht von anderer Stelle desselben Programms, sondern bei Eintreffen eines bestimmten Ereignisses aufgerufen werden und die gewünschte Reaktion liefern. Diese Art der Programmierung ist typisch für sogenannte *Frameworks*. Ein Framework (dt. etwa Rahmenwerk) ist eine Software mit bestimmten Funktionen, die die Struktur einer Anwendung vorgibt. Die Anwendung kann diese Funktionen nutzen, indem sie eigene Funktionen bereitstellt, die beim Framework registriert und von ihm aufgerufen werden. Der Kontrollfluss wird also wesentlich durch das Framework in Verbindung mit den Ereignissen bestimmt.

Etwas konkreter: Wenn bekannt ist, was bei Anklicken einer Figur zu tun ist, kann eine entsprechende Funktion geschrieben werden. Dies reicht jedoch nicht aus: Dem Framework muss mitgeteilt werden, dass diese Funktion mit dem Ereignis »Anklicken der Figur« verbunden werden soll. Wenn das geschehen ist, wird das Framework die Funktion aufrufen, sobald die Figur angeklickt wird. Ähnliches gilt für das Drücken einer Taste, das eine bestimmte Reaktion hervorrufen soll. Mit der Eingabe, wie Sie sie in Abschnitt 1.7 kennengelernt haben, ist das so nicht möglich.

7.2 Einfache Grafik

Die Grafik ist pixelorientiert. Dabei gibt es die Besonderheit, dass die x-Richtung von links nach rechts geht, die y-Richtung jedoch von *oben* nach *unten*. Der Nullpunkt des grafischen Koordinatensystems liegt also in der linken oberen Ecke. Das folgende Programm erzeugt ein weißes, 800 x 600 Pixel großes Fenster mit einem hellroten Kreis in der linken unteren Ecke und dem Text »Hello« (siehe Abbildung 7.1). In der Druckausgabe dieses Buchs ist der Kreis grau.

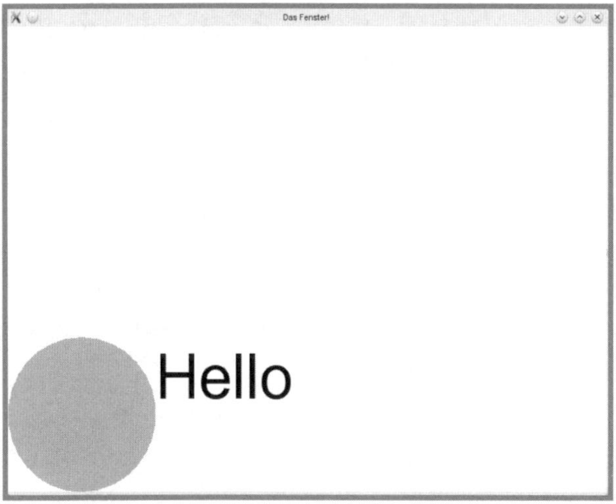

Bild 7.1 Die erste Grafik

Um einen Text schreiben zu können, muss leider zunächst ein Font definiert und aus einer Datei geladen werden. Das ist eine Eigenschaft der SFML-Bibliothek, nicht der Programmiersprache C++. Der Ort der Datei ist abhängig vom Betriebssystem. Die folgende Header-Datei kapselt die Abhängigkeit des Orts der Font-Datei vom jeweiligen Betriebssystem. Die Konstante `ArialFontDatei` wird vom nachfolgenden Programm verwendet, um den Font zu laden. Der Datentyp der Konstanten ist `const char*`, siehe Kasten auf Seite 41. Dieser Datentyp wird im nächsten Kapitel erläutert.

Listing 7.1 Dateinamen für Font ermitteln *(beispiele/kap7/fonts.h)*

```
#ifndef FONTS_H
#define FONTS_H
#ifdef WIN32      // Windows
constexpr const char* ArialFontDatei =
                     "C:/Windows/Fonts/arial.ttf";
#else
#ifdef __MACH__   // Mac OS X
constexpr const char* ArialFontDatei =
                     "/Library/Fonts/Arial.ttf";
#else             // alles andere, Linux angenommen
constexpr const char* ArialFontDatei =
                 "/usr/share/fonts/truetype/arial.ttf";
#endif   // WIN32
#endif   // __MACH__
#endif   // FONTS_H
```

Falls der Font Ihres Systems woanders liegt, müssen Sie *fonts.h* anpassen. Das folgende, die Grafik erzeugende Programm wird anschließend auf die bekannte Weise zeilenweise erläutert, soweit die Zeilen nicht von selbst verständlich sind.

Listing 7.2 Programm zu Abbildung 7.1 *(beispiele/kap7/grafik.cpp)*

```
#include <SFML/Graphics.hpp>
#include <iostream>
#include "fonts.h"          // ArialFontDatei

int main() {
   constexpr int sizeX = 800;              // Fenstergröße
   constexpr int sizeY = 600;
   sf::RenderWindow window(sf::VideoMode(sizeX, sizeY),
```

```
9                                   "Das Fenster!");  // Titel
10      sf::CircleShape kreis(100);
11      kreis.setFillColor(sf::Color(255, 0, 0, 100));
12                              // r g b (alpha=255). Siehe Text
13      float x = 0.0;
14      float y = sizeY - 2 * kreis.getRadius();
15      kreis.setPosition(x, y);
16      sf::Font font;
17      if (!font.loadFromFile(ArialFontDatei)) {
18         std::cerr << "Font nicht gefunden\n";
19      }
20      sf::Text text("Hello", font, 80);
21      text.setColor(sf::Color::Black);
22      text.setPosition(x + 2 * kreis.getRadius(), y);
23      while (window.isOpen()) {
24         // Ereignisse abfragen
25         sf::Event event;
26         while (window.pollEvent(event)) {
27            // ggf. Fenster schließen
28            if (event.type == sf::Event::Closed) {
29               window.close();
30            }
31         }
32         window.clear(sf::Color::White); // ohne Param.: Black
33         // hier alles zeichnen:
34         window.draw(kreis);
35         window.draw(text);
36         window.display();
37      }
38   }
```

Falls Sie keine Entwicklungsumgebung nutzen, wird das Programm durch Eingabe von `make` in einer Konsole, die im Verzeichnis *beispiele/kap7/* geöffnet ist, übersetzt. Die einzelnen Übersetzungsschritte werden dabei angezeigt. Voraussetzung ist, dass Sie SFML wie im Anhang angegeben installiert haben. Wenn Sie das Programm danach laufen lassen wollen, geben Sie in der Konsole *grafik.exe* ein.

1-3 Hier wird alles für die Grafik Benötigte inkludiert. `iostream` wird nur für eine mögliche Fehlerausgabe in Zeile 18 gebraucht.

8-9 In diesen Zeilen wird das Fenster in der gewählten Größe und mit dem gewählten Titel angelegt. Die Klassen `RenderWindow` und `VideoMode` gehören zum Namensraum `sf`, wie alles von SFML. Im Programm wird der Namensraum durch das Präfix `sf::` deutlich. Auf das Voranstellen von `sf::` kann verzichtet werden, wenn der Namespace oben in der Datei mit `using namespace sf;` eingebunden wird.

10 Das Objekt `kreis` vom Typ der SFML-Klasse `CircleShape` hat einen Radius von 100 Pixeln.

11 Dem Kreis wird die Farbe Rot zugewiesen. Die ersten drei Parameter des Konstruktors der SFML-Klasse `Color` geben jeweils im Bereich von 0 bis 255 die RGBA-Farben[1] an. Der vierte Parameter, alpha genannt, bestimmt die Undurchsichtigkeit. 100 ist etwa halb durchsichtig, sodass der Kreis auf dem weißen Hintergrund rosa erscheint. Der vierte Parameter kann weggelassen werden; dann wird für ihn 255 (= undurchsichtig) angenommen. Die SFML hat vorgegebene Namen für Farben. Ein undurchsichtiger roter Kreis wird mit `setFillColor(sf::Color::Red)` erzeugt. Dabei ist `Red` eine Konstante der Klasse `Color`, die zum Namespace `sf` gehört. Wie Sie selbst eigene Klassenkonstanten konstruieren, etwa um eine eigene Farbkonstante `violett` zu erzeugen, erfahren Sie unten ab Seite 169.

13-15 Hier wird die Position des Kreises festgelegt. Wenn er links unten im Bild angesiedelt werden soll, muss x = 0 sein. Man kann sich um ein grafisches Objekt ein umschließendes Rechteck denken. Nicht die Mitte, sondern die linke obere Ecke des umschließenden Rechtecks ist der Bezugspunkt des Objekts! Der y-Wert des linken oberen Punkts des den Kreis umschließenden Quadrats hat daher den Wert `sizeY - 2 * kreis.getRadius()`. Zur Erinnerung: `sizeY` ist die Fenstergröße in y-Richtung, oben mit 600 festgelegt.

---

1 RGBA = Rot Grün Blau Alpha. Manchmal kurz mit RGB bezeichnet.

17 Falls die Funktion `font.loadFromFile(...)`, die unten verwendet wird, den Wert `false` zurückgibt, wurde kein Font gefunden. In diesem Fall wird der Text nicht ausgegeben.

20-21 Der Text `text` wird mit dem Wert `Hello`, dem gefundenen Font und einer Größe von 80 Pixeln angelegt. Die Textfarbe ist Schwarz.

22 Der Text soll um den Durchmesser des Kreises (= zweimal Radius) nach rechts verschoben erscheinen.

23-37 Die Hauptschleife! Sie darf in ihrer Struktur nicht verändert werden! Das heißt: Solange das Fenster geöffnet ist, werden erst die Ereignisse abgefragt und es wird entsprechend darauf reagiert. Anschließend wird alles neu gezeichnet.

26-31 Hier werden mögliche Ereignisse abgefragt. Auch diese Schleife soll in ihrer Struktur nicht verändert werden. Wenn auf das kleine Kreuz rechts oben im Fenster geklickt wird, soll es geschlossen werden. Das wird durch `window.close()` erreicht, wobei `window` das in Zeile 8 angelegte Fensterobjekt ist. Wie weitere Ereignisse abgefragt werden, sehen Sie weiter unten.

32 Der nächste Schritt ist das Löschen des Fensters, hier mit der Farbe Weiß. Ohne Parameter wird Schwarz angenommen.

34-35 Alle Objekte werden gezeichnet. Das wirkt sich noch nicht auf den Bildschirm aus, weil die Zeichnungen in einem besonderen Speicherbereich stattfinden.

36 Die letzte Anweisung bringt das Ergebnis auf den Bildschirm. Sie darf nicht fehlen.

7.3 Klassenvariablen und -funktionen

Damit Sie die Schreibweisen von Ausdrücken wie `sf::Event::Closed`, also mit mehreren Scope-Operatoren `::`, besser nachvollziehen können, gibt es hier ein Beispiel dazu. Ein Scope-Operator wird nicht nur für Namespaces, sondern auch für Klassen benutzt, und zwar dann, wenn es um objektunabhängige Daten oder Funktionen geht. Nach diesem Einschub geht es mit der Grafik weiter!

Klassenvariablen oder -konstanten sind Attribute, die *nur einmal* für *alle* Objekte einer Klasse existieren. Sie sind also nicht an ein einzelnes Objekt gebunden. Solche Attribute werden mit dem Schlüsselwort `static` deklariert. `static`-Funktionen führen Aufgaben aus, die *an eine Klasse, nicht aber an ein Objekt gebunden sind.* Sie können zum Beispiel mit den `static`-Daten arbeiten.

Im folgenden Beispiel werden eine eigene Farbkonstante `violett` und eine Funktion `grau(grauwert)` entworfen, die beide unabhängig von einem Objekt benutzbar sind. Sie könnten global sein, sind aber wegen des inhaltlichen Zusammenhangs in der Klasse `MeineFarbe` gekapselt. Zur Übung ist die Klasse in einem Namespace `spiel` angesiedelt. Der folgende kleine Ausschnitt zeigt mehrere Nutzungsmöglichkeiten:

Listing 7.3 Klassenkonstante und -funktion

```
// zum Vergleich: SFML-Konstanten wie oben
kreis.setFillColor(sf::Color(255, 0, 0));
kreis.setFillColor(sf::Color::Red);
// eigene Konstante
kreis.setFillColor(spiel::MeineFarbe::violett);
// eigene Funktion (Grauwert von 0 (weiß) bis 255 (schwarz))
kreis.setFillColor(spiel::MeineFarbe::grau(70));
```

Die Konstante wird in der Header-Datei *MeineFarbe.h* deklariert, aber in der Implementierungsdatei *MeineFarbe.cpp* initialisiert. Konstanten eines einfachen Typs wie `int` können in der Header-Datei sowohl deklariert als auch initialisiert werden!

Listing 7.4 Klasse und Namespace *(beispiele/kap7/static/MeineFarbe.h)*

```
#ifndef MEINEFARBE_H
#define MEINEFARBE_H
#include <SFML/Graphics.hpp>

namespace spiel {
  class MeineFarbe {
  public:
    static const sf::Color violett;
    static sf::Color grau(sf::Uint8 grauwert);
```

```
  };
}
#endif
```

`violett` ist die hier neu eingeführte Klassenkonstante des bekannten Typs `sf::Color`. Die ebenfalls von jedem Objekt unabhängige Funktion `grau()` gibt ein `sf::Color`-Objekt zurück, das die Farbe Grau repräsentiert. Beide sind `static`. Der Grauwert kann nur die Werte von 0 bis 255 annehmen; das entspricht 8 Bit bzw. einem Byte. Der SFML-Datentyp `sf::Uint8` ist ein integraler Typ ohne Vorzeichen, der genau ein Byte groß ist – ein Aliasname für `unsigned char`.

Listing 7.5 Implementierung *(beispiele/kap7/static/MeineFarbe.cpp)*

```
#include "MeineFarbe.h"

const sf::Color spiel::MeineFarbe::violett(255, 0, 255);

sf::Color spiel::MeineFarbe::grau(sf::Uint8 grauwert) {
  // damit aus 0 weiß und aus 255 schwarz wird:
  sf::Uint8 g = 255 - grauwert;
  return sf::Color(g, g, g);
}
```

Das Objekt `violett` wird entsprechend der üblichen Schreibweise `Typ Klasse Objektname(Parameter)` für die Erzeugung eines Objekts angelegt, nur dass dem eigentlichen Objektnamen nicht nur der Klassenname, sondern auch der Namespace vorangestellt ist. Für die Funktion gilt Entsprechendes. Übersetzung: Führen Sie *make* im Verzeichnis *beispiele/kap7/static/* aus.

7.4 Ereignisse

Außer dem Schließen des Fensters durch Anklicken des Kreuzes rechts oben gibt es zahlreiche weitere mögliche Ereignisse. Am besten ist es, den Ereignistyp in einer `switch`-Anweisung abzufragen. Im folgenden

Programmauszug wird das Fenster auch dann geschlossen, wenn entweder die Escape-Taste oder der rechte Mausknopf betätigt wird:

Listing 7.6 Tastatur- und Mausereignis abfragen

```
sf::Event event;
while (window.pollEvent(event)) {
  switch (event.type) {
    case sf::Event::Closed: window.close();
      break;
    case sf::Event::KeyPressed:
      if (event.key.code == sf::Keyboard::Escape) {
        window.close();
      }
      break;
    case sf::Event::MouseButtonPressed:
      if (event.mouseButton.button == sf::Mouse::Right) {
         window.close();
      }
      break;
    default: // nichts tun
      break;
  }
}
```

In dieser Schleife, auf Englisch *event loop* genannt, werden die aufgelaufenen Ereignisse abgearbeitet, bis aktuell keine mehr vorhanden sind.

> Bitte beachten Sie, dass es bei einem längeren Tastendruck viele `KeyPressed`-Ereignisse gibt. Mit einem Tastendruck ein Objekt auf dem Bildschirm bewegen zu wollen, ohne dieses Verhalten zu berücksichtigen, führt wahrscheinlich zu einem unerwünschten Ergebnis. Sehen Sie sich vor der Realisierung das SFML-Tutorial an, das Sie über [SFML] erreichen können. Dort können Sie sich bei Bedarf auch über die anderen möglichen Ereignistypen und wie sie anzusprechen sind, informieren.

7.5 Bewegte Grafik

Es gibt verschiedene Möglichkeiten, eine bewegte Grafik zu erzeugen. Man kann die Bewegung über einen Tastendruck steuern, über die vergangene Zeit, über den aktuellen Ort oder eine Kombination dieser Möglichkeiten. Stellen Sie sich eine Feuerwerksrakete vor, die nach kurzem Flug in einem Feuerball explodiert. Weil das folgende Beispiel sehr einfach sein soll, ist es eine grobe Näherung dieser Idee: Ein rotes, schwarz umrandetes Fünfeck in der Form einer Rakete bewegt sich von links unten nach rechts oben bis etwas über die Bildmitte (Abbildung 7.2). Wenn es dort angekommen ist, entsteht dort ein gelber Kreis, der sich bis zu einer bestimmten Größe aufbläht und dann verschwindet. Das ist alles!

Bild 7.2 Die »Rakete« im Flug (Bildausschnitt)

Bewegung bedeutet, den Ort zu verändern. Dabei spielen die Zeit und die Geschwindigkeit eine Rolle (Vorsicht, jetzt kommt etwas Physik!). Die Geschwindigkeit v gibt an, um wie viel sich der Ort in einer bestimmten Zeiteinheit Δt verändert, etwa 5 Kilometer pro Stunde bei einem Fußgänger. Wenn der Fußgänger beim Kilometerstand 5 ist (Ort_1), ist er nach einer weiteren Stunde beim Kilometerstand 10 (Ort_2) und nach zwei Stunden beim Kilometerstand 15 (Ort_3). Der nächste Ort_{n+1} berechnet sich damit aus dem vorherigen Ort_n plus der Geschwindigkeit ($v = 5\text{km/h}$) mal der Zeiteinheit ($\Delta t = 1$ h). Als Formel ausgedrückt:

$$\text{Ort}_{n+1} = \text{Ort}_n + v \cdot \Delta t$$

Beim Film und beim Fernsehen ändern sich die Bilder nicht gleichmäßig. Vielmehr gibt es eine Abfolge von Bildern mit einer bestimmten Bildfrequenz, zum Beispiel 24 Bilder pro Sekunde. Dem menschlichen Auge erscheint eine Bewegung mit dieser oder einer höheren Bildfrequenz gleichmäßig. In der Computergrafik wird ähnlich vorgegangen. Im folgenden Beispiel wird der Ort einer Rakete jede Zeiteinheit neu berechnet. Der Ort wird in Pixelkoordinaten x und y angegeben. Die Zeiteinheit ist 40 ms (Millisekunden) oder 1/25 Sekunde. Wenn die Zeiteinheit Δt = 40 ms gesetzt wird und die Geschwindigkeit, also die Ortsveränderung pro Zeit, darauf bezogen wird, ergibt sich für die nächste Pixelkoordinate in x-Richtung:

$$x_{n+1}\,[\text{Pixel}] = x_n[\text{Pixel}] + v_x\;[\text{Pixel}/(40\text{ ms})] \cdot 1\;[40\text{ ms}]$$

also vereinfacht $x_{n+1} = x_n + v_x$ bei Weglassen der Einheiten. Im Programm heißt Δt `periode` und v heißt `geschwindigkeit`. Die Klassen `Rakete` und `Feuerwerk` enthalten naturgemäß viele SFML-Elemente. Da es in diesem Abschnitt weniger um SFML-Einzelheiten geht als um die Realisierung einer zeitabhängigen Bewegung mit C++, bitte ich Sie, bei Bedarf die SFML-Dokumentation zu studieren [SFML]. Sie kann schon aus Platzgründen hier nicht ausführlich wiedergegeben werden.

Die Klasse hat zwei Attribute für die Geschwindigkeit in x- und y-Richtung sowie ein SFML-Objekt zur Darstellung der Umrisse der Rakete als Fünfeck, siehe Abbildung 7.2. SFML benutzt für Koordinaten- und andere Wertepaare oft einen Vektor, der nur zwei `float`-Werte x und y enthält: Klasse `sf::Vector2f`. Die Attribute dieses Vektors sind öffentlich und damit direkt ansprechbar:

```
sf::Vector2f vec(2.0, 77.8);
std::cout << vec.x << ' ' << vec.y <<'\n';   // 2.0 77.8
```

Der Konstruktor der Klasse setzt die Anfangskoordinaten und -geschwindigkeiten fest und erzeugt das Fünfeck (Zeilen 11-26). Der Flugwinkel[2] der Rakete wird mit der Arcustangensfunktion aus den Geschwindigkei-

2 Mathe-Hasser überspringen bitte den Rest dieses Absatzes!

ten in x- und y-Richtung berechnet (Zeile 23). Der im Bogenmaß zurückgegebene Winkel wird in Grad umgerechnet. Bei gleichen Geschwindigkeiten in x- und y-Richtung beträgt er 45 Grad. Der Umrechnungsfaktor wird in Zeile 7 festgelegt.

Listing 7.7 Klasse Rakete *(beispiele/kap7/rakete/Rakete.h)*

```
1 #ifndef RAKETE_H
2 #define RAKETE_H
3 #include <SFML/Graphics.hpp>
4 #include <cmath>                          // wegen atan2()
5
6 // Umrechnungsfaktor Bogenmaß -> Winkel
7 constexpr float b2w {180.0f/3.1415926f};
8
9 class Rakete {
10 public:
11   Rakete(float x, float y, float vx_, float vy_)
12   : vx(vx_), vy(vy_), fuenfeck(5) {
13     float b = 20.0;                        // Breite
14     float h = 80.0;                        // Höhe
15     fuenfeck.setPoint(0, sf::Vector2f(0, h));
16     fuenfeck.setPoint(1, sf::Vector2f(b, h));
17     fuenfeck.setPoint(2, sf::Vector2f(b, b));
18     fuenfeck.setPoint(3, sf::Vector2f(b/2, 0));
19     fuenfeck.setPoint(4, sf::Vector2f(0, b));
20     fuenfeck.setFillColor(sf::Color::Red);
21     fuenfeck.setOutlineColor(sf::Color::Black);
22     fuenfeck.setOutlineThickness(2);
23     fuenfeck.setRotation(std::atan2(vx, vy)*b2w);
24                                    // d.h. 45 Grad bei vx==vy
25     fuenfeck.setPosition(x, y);
26   }
27
28   sf::Vector2f position() const {
29     return fuenfeck.getPosition();
30   }
31
32   const sf::ConvexShape& asSFMLdrawable() const {
```

```
33      return fuenfeck;
34    }
35
36    void aktualisierePosition() {
37      fuenfeck.move(vx, -vy);
38    }
39
40    void aendereGeschwindigkeit(float dvx, float dvy) {
41      vx += dvx;
42      vy += dvy;
43      fuenfeck.setRotation(std::atan2(vx, vy)*b2w);
44                                 // d.h. 45 Grad bei vx==vy
45    }
46  private:
47    float vx;
48    float vy;
49    sf::ConvexShape fuenfeck;
50  };
51  #endif
```

28-30 Die Funktion `position()` delegiert ihre Aufgabe an das interne Fünfeck, dessen Position zurückgegeben wird.

32-34 Weil ein Objekt der Klasse `Rakete` nicht direkt zeichenbar ist, wird das interne Fünfeck, ein zeichenbares SFML-Objekt, zurückgegeben.

36-38 Bei jedem Zeittakt wird die Position der Rakete aktualisiert. Bei der y-Koordinate wird die Geschwindigkeit *abgezogen*, weil die y-Richtung von oben nach unten zählt, die Rakete aber nach oben fliegen soll, also in Richtung kleiner y-Werte. Die Zeilen entsprechen der Formel $x_{n+1} = x_n + v_x$ von oben. `move()` *ändert* die Position um die übergebenen Werte. Das ist einfacher, als die Position neu zu setzen, etwa:

```
// gleichwertig, aber umständlich:
fuenfeck.setPosition(fuenfeck.getPosition().x + vx,
                     fuenfeck.getPosition().y - vy);
```

40-45 Damit kann von außen die Geschwindigkeit beeinflusst werden, etwa um die Erdanziehung zu berücksichtigen. Der Winkel wird entsprechend angepasst.

Die Datei *Feuerwerk.h* enthält die entscheidenden Größen für die Simulation des Feuerwerks.

Listing 7.8 Header für Feuerwerk *(beispiele/kap7/rakete/Feuerwerk.h)*

```
#ifndef FEUERWERK_H
#define FEUERWERK_H
#include "Rakete.h"

enum class Zustand {Anfang, Flug, Knall, Ende};

class Feuerwerk {
public:
  Feuerwerk();
  void run();                              // Ablauf starten
private:
  void ereignisseVerarbeiten();
  const unsigned int sizeX = 800;   // Fenstergröße (x) in Pixel
  const unsigned int sizeY = 600;   // Fenstergröße (y) in Pixel
  sf::RenderWindow fenster;
  sf::CircleShape feuerball;
  Rakete rakete;
  sf::Time periode;                 // = Δt von oben
  sf::Time dauer;                   // aktuell vergangene Zeit
  sf::Clock stoppuhr;               // um dauer zu ermitteln
  Zustand zustand;
};
#endif
```

Die Rakete wird dem Programm mit `#include` bekannt gemacht. Man könnte den Ablauf der Reihe nach programmieren. Dabei würde untergehen, dass es verschiedene Phasen der Feuerwerksimulation gibt. Deswegen werden oben die verschiedenen Zustände angegeben. Im Zustand `Anfang` werden vorbereitende Arbeiten erledigt. Der Übergang von einem Zustand auf den nächsten wird durch das Eintreffen bestimmter Bedingungen veranlasst. Der aktuelle Zustand der Simulation wird im

Attribut `zustand` gespeichert. Das Hauptprogramm ist einfach. Alles zusammen wird wie bekannt mit *make* übersetzt.

Listing 7.9 Hauptprogramm *(beispiele/kap7/rakete/main.cpp)*

```
#include "Feuerwerk.h"

int main() {
  Feuerwerk feuerwerk;
  feuerwerk.run();
}
```

Die Methode `ereignisseVerarbeiten()` enthält nur die von oben bekannte Schleife zum Abfragen der Ereignisse. Sie wird daher nicht besonders beschrieben. Der Konstruktor setzt einige Anfangswerte:

Listing 7.10 Konstruktor (Auszug aus *Feuerwerk.cpp*)

```
Feuerwerk::Feuerwerk()
: fenster(sf::VideoMode(sizeX, sizeY), "Das Fenster!"),
  feuerball(30), rakete(70, sizeY - 80, 8.0, 8.0),
  zustand(Zustand::Anfang) {
    periode = sf::milliseconds(25);
}
```

`periode` ist der zeitliche Abstand zwischen Bildaktualisierungen in Millisekunden. Die eigentliche Programmlogik liegt in der Implementierung der `run()`-Methode.

Listing 7.11 `run()`-Methode (Auszug aus *Feuerwerk.cpp*)

```
void Feuerwerk::run() {
  while (fenster.isOpen()) { // Hauptschleife
    dauer = stoppuhr.getElapsedTime();
    ereignisseVerarbeiten();
    if (dauer >= periode) {
      stoppuhr.restart();
      // Vor dem Zeichnen löschen:
      fenster.clear(sf::Color::White);
      switch (zustand) {
```

```
        case Zustand::Anfang: // vorbereitende Maßnahmen
          feuerball.setFillColor(sf::Color::Yellow);
          zustand = Zustand::Flug;         // neuer Zustand
          break;
        case Zustand::Flug:
          if (rakete.position().x < sizeX*0.7
              && rakete.position().y > sizeY*0.3) {
            rakete.aktualisierePosition();
            rakete.aendereGeschwindigkeit(0.0f, -0.1f);
            fenster.draw(rakete.asSFMLdrawable());
          } else {
            feuerball.setPosition(rakete.position());
            zustand = Zustand::Knall;    // neuer Zustand
          }
          break;
        case Zustand::Knall:
        {
          float radius = feuerball.getRadius();
          if (radius <= sizeY / 3) {
            const float delta = 10.0f;
            radius += delta; // aufblähen
            feuerball.setRadius(radius);
            feuerball.move(-delta, -delta);
            fenster.draw(feuerball);
          } else {                       // Endstadium erreicht
            zustand = Zustand::Ende;     // neuer Zustand
          }
        }
          break;
        case Zustand::Ende:
          // Kreis wird unsichtbar:
          feuerball.setFillColor(sf::Color::White);
          fenster.draw(feuerball);
          break;
        default:; // nichts tun, darf hier nicht vorkommen
      }
    }
    fenster.display();
  }
}
```

Die Hauptschleife wird so lange durchlaufen, wie das Fenster offen ist. Dabei wird nicht einfach bei jedem Durchlauf etwas unternommen, sondern nur dann, wenn die Periode Δt schon vergangen ist. Der eingehaltene Zeittakt ist recht genau, weil die Uhr vor Beginn der nachfolgenden, natürlich etwas Zeit kostenden Operationen zurückgesetzt wird. Nach Rücksetzen der Stoppuhr und Löschen des Bildschirms mit der Hintergrundfarbe werden die dem aktuellen Zustand entsprechenden Anweisungen ausgeführt.

Anmerkungen zu den einzelnen Zeilen:

10-11 Hier werden vorbereitende Maßnahmen getroffen. Hier ist es nur, die Farbe des Feuerballs auf gelb zu setzen. Andere Maßnahmen sind im Konstruktor zu finden.

12 Wenn alle vorbereitenden Maßnahmen erledigt sind, wird `zustand` auf `Flug` gesetzt. Damit springt das Program bei der nächsten Iteration der Hauptschleife zu Zeile 14.

15-23 Wenn die Höhe oder die Weite der Rakete den festgelegten Grenzwert erreicht hat, ist die Bewegung der Rakete beendet. Bei der Abfrage in y-Richtung muss beachtet werden, dass die y-Werte nach unten zunehmen. Der nächste Zustand ist `Knall`.

27-37 Solange der Radius des »Feuerballs« einen bestimmten Wert noch nicht erreicht hat, wird er erhöht. Weil die Bezugskoordinaten eines SFML-Kreises nicht in der Mitte, sondern oben links im gedachten umschließenden Quadrat liegen, muss mit dem Radius auch die Position angepasst werden, wenn der Kreis optisch auf dem Bildschirm an Ort und Stelle bleiben soll (Zeile 32). Bei Erreichen der gewünschten maximalen Ausdehnung des Feuerballs ist `Ende` der neue Zustand.

41-42 Die Farbe des Kreises wird auf die Hintergrundfarbe Weiß gesetzt. Damit ist der Kreis am Ende nicht mehr sichtbar. Das Fenster bleibt bestehen. Alternativ könnte man die Zeilen durch `fenster.close()` ersetzen, um das Fenster sofort zu schließen.

> **!** Auch im letzten Beispiel ist die schon am Anfang verwendete Schleifenstruktur zu sehen. Wenn Sie die Hauptschleife oder die

Ereignisschleife (event loop) vergessen, ist das Fenster möglicherweise nicht mehr bedienbar. In der Hauptschleife soll diese Reihenfolge eingehalten werden:

1. Ereignisse abfragen und verarbeiten
2. `fenster.clear()` nach der Abfrage, wie viel Zeit verstrichen ist, evtl. mit anderer Hintergrundfarbe
3. alles zeichnen (Code mit `draw()`-Anweisungen)
4. `fenster.display()`, d.h. auf den Bildschirm bringen

Die Aufteilung in Zustände wird empfohlen. Sie erleichtert die Planung von Abläufen und verbessert die Lesbarkeit des Programms. ■

7.6 Grafikerzeugung

Für jeden Fachbuchautor gibt es das folgende Problem: Manche Anfänger mögen nur einfache Beispiele (wie bisher), andere wünschen die Herausforderung durch anspruchsvollere Beispiele, die trotz bekannter Grundlagen mehr Mitdenken erfordern. Dieser Abschnitt richtet sich zur Abwechslung an die Letzteren. Wer mit Rekursion noch nicht gut vertraut ist, liest am besten vorher den Abschnitt 4.5 noch einmal – oder überspringt einfach diesen Abschnitt. Er enthält keine neuen C++-Eigenschaften, sondern zeigt die Anwendung von C++ auf ein grafisches Problem (der Sinn des gesamten Kapitels 7). Es geht um die Erzeugung einer Grafik mit quasi-natürlicher Struktur. Besonderes Kennzeichen ist die Verwendung einer Funktion, die sich selbst aufruft. Das erlaubt eine recht kurze Formulierung, die nur mit vergleichsweise größerem Aufwand in eine iterative Form umgewandelt werden kann.

Als Beispiel wird ein Baum genommen, dem man beim Wachsen zusehen kann. Der Stamm ist schwarz, aber die Äste werden zur Krone hin immer grüner, siehe Abbildung 7.3 (grün im E-Book – in der Druckausgabe ist die Krone grau).

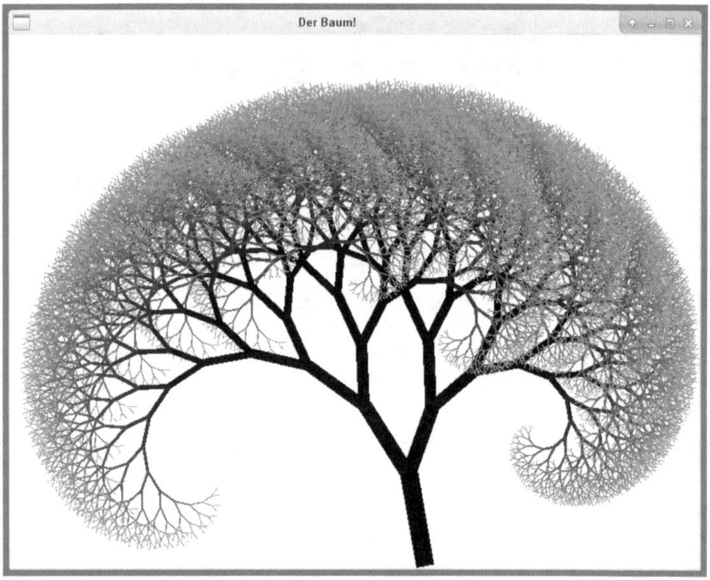

Bild 7.3 Wachsender Baum (Endzustand)

Die in Abschnitt 4.5 beschriebene Rekursion bewegt sich von großen zu kleinen Zahlen. Ist eine Zahl im Beispielprogramm (Listing 4.11 auf Seite 108) einstellig, wird die Rekursion beendet. Man kann auch anders vorgehen, indem man bei einer bestimmten Rekursionstiefe abbricht.

Die zugrunde liegende Idee ist: Eine Funktion `astzeichnen()` zeichnet zunächst einen Ast – das ist der Stamm des Baums. Ein Ast wird durch ein Rechteck mit einer bestimmten Länge, Breite und Farbe repräsentiert. Die Funktion berechnet dann den Endpunkt, der als Startpunkt für zwei weitere Äste genommen wird, die links und rechts abzweigen. Diese zwei Äste sind kleiner und schmaler als der erste Ast. Das heißt, um diese beiden Äste zu zeichnen, ruft die Funktion sich selbst mit entsprechend veränderten Parametern auf. Diese zwei Funktionsaufrufe machen aber dasselbe, sodass die Verästelung immer größer wird. Das kann natürlich nicht bis ins Unendliche weitergehen, sodass bei einer bestimmten Verästelungstiefe keine weiteren Aufrufe erfolgen. Das Hauptprogramm ruft eine Funktion `baumzeichnen()`, die ihrerseits `astzeichnen()` aufruft, mit verschiedenen Argumenten auf:

Listing 7.12 Hauptprogramm *(beispiele/kap7/baum/main.cpp)*

```
#include "baumzeichnen.h"

int main() {
  baumzeichnen(15,                // max. Iterationen
               1000,              // Periode in ms
               105.0f);           // Endlänge des Stamms
}
```

Die maximale Anzahl der Iterationen bestimmt die Verästelungstiefe. Die Periode gibt an, nach welcher Zeit ein neuer Wachstumsschritt erfolgen soll. Der Stamm (d.h. der erste Ast) ist erst klein und wird dann größer. Seine Endlänge ist der letzte Parameter. Sie ist an die Ausmaße des Fensters angepasst, die in der Header-Datei definiert werden:

Listing 7.13 Header-Datei *(beispiele/kap7/baum/baumzeichnen.h)*

```
#ifndef BAUMZEICHNEN_H
#define BAUMZEICHNEN_H
#include <SFML/Graphics.hpp>

constexpr unsigned int sizeX = 800;          // Fenstergröße
constexpr unsigned int sizeY = 600;
void baumzeichnen(unsigned int iterationen,
                  unsigned int periode,      // in ms
                  float anfangslaenge);
#endif
```

Die Funktion `baumzeichnen()` ruft ihrerseits die rekursive Funktion `astzeichnen()` auf. In `baumzeichnen()` steckt der SFML-typische Grafikmechanismus, weswegen diese Funktion zuerst vorgestellt wird.

Listing 7.14 Auszug aus *beispiele/kap7/baum/baumzeichnen.cpp*

```
void baumzeichnen(unsigned int maxiterationen,
                  unsigned int periode_ms,
```

```
46                      float stammlaenge) {
47   sf::RenderWindow window(sf::VideoMode(sizeX, sizeY),
48                              "Der Baum!");
49   sf::Time periode  = sf::milliseconds(periode_ms);
50   sf::Vector2f anfangsposition(sizeX/2 + 70, sizeY);
51   unsigned int iterationen = 0;
52   while (window.isOpen()) {
53     sf::Event event;
54     while (window.pollEvent(event)) {       // Ereignisse?
55       if (event.type == sf::Event::Closed) {
56         window.close();
57       }
58     }
```

In Zeile 50 wird die Anfangspositon des ersten Asts festgelegt. Zeile 51 initialisiert die Anzahl der Iterationen. Sie wird in der Hauptschleife (ab Zeile 52) hochgezählt. Die Zeilen 53-58 sorgen dafür, das Fenster gegebenenfalls zu schließen. Dann (Zeile 59) wird geprüft, ob die aktuelle Anzahl der Iterationen unter der maximalen Anzahl liegt. Nur wenn ja, wird gezeichnet. Dazu wird in Zeile 63 die Anfangslänge berechnet, die erst klein ist, aber nach und nach den Wert von `stammlaenge` erreicht. Mit diesen Daten wird der erste Ast (der Stamm) gezeichnet (Zeilen 65-69):

```
59     if(iterationen < maxiterationen) {
60       ++iterationen;
61       window.clear(sf::Color::White);
62       // hier alles zeichnen:
63       float anfangslaenge = stammlaenge * iterationen
64                                  / maxiterationen;
65       astzeichnen(window, iterationen,
66                   anfangsposition,
67                   anfangslaenge,
68                   0.2f*anfangslaenge,   // anfängl. Breite
69                   -10.0f);              // anfänglicher Winkel
70       window.display();
71     }
72     sf::sleep(periode);    // CPU-Zeit sparen
73   }
74 }
```

In Zeile 70 wird alles auf den Bildschirm gebracht. Im Gegensatz zu einigen vorherigen Grafikprogrammen wird hier nicht die vergangene Zeit abgefragt, um dann erst nach Ablauf einer bestimmten Dauer Aktionen durchzuführen. Um dennoch zu verhindern, dass die Hauptschleife `while (window.isOpen())` usw. die CPU über die Maßen beschäftigt, wird das Programm für die festgelegte Periode schlafen gelegt. Der Befehl `sleep()` bewirkt, dass das Programm nichts tut. `sleep()` belastet nicht die CPU. Bitte beachten Sie, dass `astzeichnen()` genau `maxiterationen` Mal aufgerufen wird, wobei die Länge des Stamms wächst. `maxiterationen` ist die Anzahl der Wachstumsschritte des Baums.

Der Kern des Programms, die Funktion `astzeichnen()`, wird im Folgenden beschrieben. Sie ist in einen anonymen Namespace (vgl. Abschnitt 4.6) eingebettet, weil sie ausschließlich von `baumzeichnen()` aufgerufen wird.

Listing 7.15 Auszug aus *beispiele/kap7/baum/baumzeichnen.cpp*

```
namespace {                                   // anonym
  void astzeichnen(sf::RenderWindow& w,
                   unsigned int iterationen,
                   const sf::Vector2f& startpunkt,
                   float laenge, float breite,
                   float winkel) {
    if(iterationen > 0) {          // noch etwas zu tun?
      if(breite < 1.0f) {          // Mindestbreite garantieren
        breite = 1.0f;
      }
      sf::RectangleShape ast(sf::Vector2f(breite,
          -laenge)); // negativ, weil y nach unten größer wird.
      ast.setPosition(startpunkt);
      ast.rotate(winkel);
      // Der Grünanteil ist hoch, wenn nur noch wenige Iterationen
      // zu erledigen sind:
      int gruenanteil = 255-iterationen*25;
      if(gruenanteil < 0) {
        gruenanteil = 0;           // ggf. begrenzen
      }
```

Nur wenn noch nicht alle Iterationen erledigt sind, wird etwas getan, andernfalls kehrt die Funktion sofort zurück (Abfrage in Zeile 10). In diesem Teil wird der Ast angelegt (Zeilen 14-15). Seine Postion und der Winkel werden definiert. Die Grünfärbung ist umso stärker, je kleiner der Wert von `iterationen` ist – das ist in der Baumkrone. Bei einem großen Wert von `iterationen` ist der Grünton hingegen dunkler bis hin zu Schwarz. In Zeile 25 wird der Ast gezeichnet.

Im Folgenden wird der Endpunkt des Asts berechnet, weil er den neuen Startpunkt für die abzweigenden Äste darstellt (Zeilen 27-30). Die mathematischen Funktionen in den Zeilen 29 und 30 benötigen ein Bogenmaß als Argument; deswegen die Umrechnung in Zeile 28. Nach dem Herunterzählen in Zeile 31 werden dann jeweils der linke und der rechte abzweigende Ast gezeichnet.

```
24       ast.setFillColor(sf::Color(0, gruenanteil, 0));
25       w.draw(ast);
26       // Endpunkt wird der neue Startpunkt:
27       sf::Vector2f endpunkt = startpunkt;
28       float bogenmass = winkel*3.141593f/180.0f;
29       endpunkt.x += laenge * std::sin(bogenmass);
30       endpunkt.y -= laenge * std::cos(bogenmass);
31       --iterationen;
32       // Links und rechts mit unterschiedlichen Faktoren skalieren,
33       // damit der Baum nicht völlig symmetrisch wird:
34       astzeichnen(w, iterationen, endpunkt,
35                   laenge * 0.8f,  breite * 0.8f,
36                   winkel + 30.0f);   // Zweig nach rechts
37       astzeichnen(w, iterationen, endpunkt,
38                   laenge * 0.85f, breite * 0.8f,
39                   winkel - 22.5f);   // Zweig nach links
40     }
41   }
42 }
```

Die Skalierungsfaktoren 0.8 und 0.85 sorgen dafür, dass die zu zeichnenden Äste immer kleiner werden. Der neue Winkel bestimmt, ob nach rechts oder links abgezweigt wird. Weil jeder Aufruf[3] von `astzeichnen()` zwei weitere Aufrufe nach sich zieht, wenn die letzte Ebene noch nicht erreicht ist, ist die gesamte Anzahl der Aufrufe beträchtlich. Für eine gegebene Zahl n von Iterationen ergeben sich $1 + 2 + 4 + \ldots + 2^n = 2^{n+1} - 1$ Aufrufe, also zum Beispiel 1023 für 9 Iterationen. Das bezieht sich nur auf *ein* Bild des Baums, nicht auf den ganzen »Wachstumsprozess«.

Über das Stichwort *L-System* können Sie mehr über diese Art der Grafikerzeugung erfahren.

Nach diesem ersten Ausflug in die Grafikwelt von SFML geht es nun nach dem Quiz unten wieder mit dem eigentlichen Thema C++ weiter. Dieses Buch ist kein SFML-Tutorial, aber Sie können sehen, dass man mit C++ und SFML eine gut funktionierende Grafik bekommt. In Kapitel 11 sehen Sie, wie C++ und SFML für ein interaktives Spiel eingesetzt werden.

7.7 C++-Quiz

Anhand der folgenden Fragen können Sie Ihr Verständnis ausgewählter Themen dieses Kapitels prüfen.

1. Was sind `static`-Variablen?
   (a) `static`-Variablen sind konstant. Sie werden nur einmal am Programmanfang festgelegt.
   (b) Sie können ganz ohne Objekt benutzt werden.
   (c) Sie setzen voraus, dass von der Klasse keine Objekte erzeugt werden.
2. Was sind `static`-Methoden?
   (a) `static`-Methoden erhalten einen `const`-Qualifizierer in der Deklaration, weil sie ein Objekt nicht ändern.
   (b) Sie können ganz ohne Objekt benutzt werden.

---
[3] Mathe-Hasser überspringen bitte den Rest dieses Absatzes!

   (c) Sie setzen voraus, dass von der Klasse mindestens ein Objekt erzeugt wird.

3. Was ist ein Framework (Rahmenwerk)?
   (a) Ein Framework ist eine Softwarebibliothek, die die Reihenfolge der Programmschritte vorgibt.
   (b) Ein Framework ist eine Software mit bestimmten Funktionen, die die Struktur einer Anwendung vorgibt. Die Anwendung kann diese Funktionen nutzen, indem sie eigene Funktionen bereitstellt, die beim Framework registriert und von ihm aufgerufen werden.
   (c) Bei einem Framework für Grafik kann der Programmablauf von der Interaktion mit dem Benutzer z.B. per Maus abhängen.

Lösungen

1. Nur (b) ist richtig.
2. Nur (b) ist richtig.
3. Die letzten beiden Antworten sind richtig.

8 Dynamische Speicherbeschaffung

Fragen, die dieses Kapitel beantwortet:

- Welche Speicherbereiche werden vom Programm genutzt?
- Was sind Zeiger? Was kann man mit ihnen tun?
- Wie wird Speicher beschafft, dessen Umfang beim Schreiben des Programms noch nicht bekannt ist?
- Welche Möglichkeiten dafür bietet die C++-Standardbibliothek?
- Welche Vor- und Nachteile haben die verschiedenen Konzepte?
- Wie kann man grafische Objekte mit Zeigern verwalten?

Vorweg: Es geht hier um den Halbleiterspeicher des Computers, auch RAM (random access memory) oder schlicht auf Englisch Memory genannt, *nicht* um den Festplattenspeicher!

Ein Speicherbereich ist bereits bekannt: Der Laufzeit-Stack von Seite 150. Ein Stack ist eine Datenstruktur, und weil der Laufzeit-Stack wie diese Datenstruktur organisiert ist, wird dieser Speicherbereich einfach »Stack« genannt. In ihm werden die im Programm deklarierten Objekte abgelegt.

Es gibt einen weiteren Speicherbereich, *Heap* genannt. Das Wort Heap (engl. für Haufen, Halde) hat ebenfalls zwei Bedeutungen: Zum einen bezeichnet es eine bestimmte Datenstruktur, zum anderen einen Bereich im Speicher, und darum geht es in diesem Abschnitt. Der Heap-Speicherbereich ist normalerweise größer als der für den Stack. Der Heap ist für Objekte gedacht, die nicht deklariert, sondern erst während des laufenden Programms erzeugt werden. Die Lebensdauer eines Stack-Objekts endet mit der schließenden geschweiften Klammer des Blocks, der die Deklaration umschließt, wie in Abschnitt 6.5.1 beschrieben. Das gilt nicht für Heap-Objekte.

Tatsächlich haben Sie Heap-Objekte schon indirekt kennengelernt: Ein Objekt der Klasse `vector` wird zwar auf dem Stack angelegt (Seite 157), aber es ist mit `push_back()` erweiterbar. Da nun der Stack dabei nicht erweitert wird (andere Objekte müssten dann verschoben werden), holt sich die Klasse `vector` den benötigten Platz vom Heap, wobei wir uns bei der Programmierung über die `vector`-internen Einzelheiten keine Gedanken machen müssen.

8.1 Zeiger

Zur Verwaltung für auf dem Heap angelegte Objekte werden *Zeiger* genommen. Zeiger sind Variablen (oder Konstanten), die nur die *Adresse* eines Objekts enthalten. Ein mögliches »ptr« im Namen kann auf die Zeigereigenschaft deuten (ptr = Abkürzung für pointer). Der Datentyp eines Zeigers wird in der Deklaration durch ein Stern-Symbol $*$ markiert. Im folgenden Beispiel ist der Datentyp von `aptr` »Zeiger auf `int`«, weil er auf ein `int`-Objekt verweist bzw. es referenziert. Zeiger können nicht nur auf Bereiche im Heap, sondern auch auf den Laufzeit-Stack verweisen. Ein Beispiel sehen Sie in Abbildung 8.1.

`aptr` zeigt in den Stack. Das heißt, die zu `aptr` gehörende Speicherzelle (hier 64005) enthält die *Adresse* von `a` (hier 64004). Der Programmcode:

```
int a = 3;
int* aptr = &a;              // aptr enthält nun die Adresse von a
```

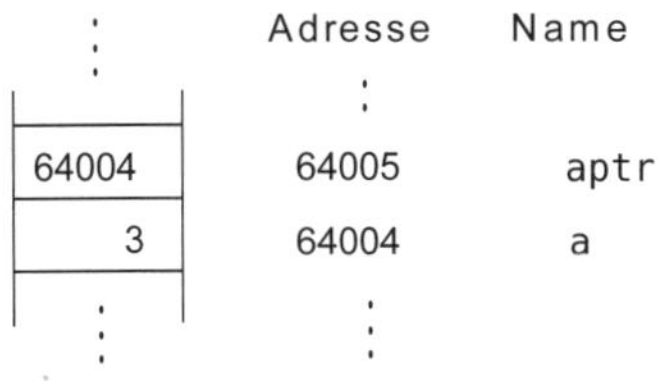

Bild 8.1 Ausschnitt des Laufzeit-Stacks

Über den Zeiger `aptr` kann in weiteren Anweisungen der Inhalt von `a` verändert werden:

```
*aptr = 5;             // Änderung des Werts über den Zeiger
cout << a << '\n';     // jetzt 5
```

Voranstellen des Stern-Symbols bedeutet, dass das Objekt selbst anstelle der Adresse genommen wird. Dieser Vorgang heißt *Dereferenzierung*.

> Warum überhaupt Zeiger? Der Grund ist einfach: Ein Zeiger ist nur eine Adresse. Und eine Adresse herumzureichen, kostet viel weniger CPU-Zeit als ganze Objekte zu kopieren. Dieses Konzept gibt es auch in anderen Programmiersprachen. So sind die Referenzen in Java nichts anderes als verkleidete Zeiger – sie verweisen auf ein Objekt.

Zeiger ähneln den Referenzen, die im Programm einen Alias-Namen für eine Variable oder einen Parameter darstellen, intern vom Compiler aber durch die Adresse des Objekts repräsentiert werden. Zeiger und Referenzen sind aber nicht dasselbe: Undefinierte Referenzen kann es nicht geben, weil eine Referenz stets mit einem Objekt initialisiert werden muss. Die nachträgliche Zuweisung einer Adresse ist nicht möglich. Undefinierte Zeiger kann es sehr wohl geben, darunter auch den besonderen Fall, dass der Zeiger definitiv auf »Nichts« verweist (Null-Zeiger `nullptr`):

```
aptr = nullptr;        // aptr zeigt jetzt auf »Nichts«
```

Die Zeiger, wie sie oben behandelt werden, heißen auch »rohe« Zeiger, im Gegensatz zu den unten beschriebenen »smarten Zeigern«, die etwas mehr können. Es gibt viele Gründe, sich mit Zeigern zu beschäftigen:

- Zeiger sind ein Konzept, das es in den meisten Programmiersprachen gibt und das man deswegen kennen sollte.
- Zeiger erleichtern die Konstruktion von dynamischen Datenstrukturen, also Datenstrukturen, die wie die Klasse `vector` ihre Größe zur Laufzeit ändern können. Dazu gehören Listen, Baumstrukturen und andere.
- Sogenannter (Inklusions-)Polymorphismus ist nur mit Zeigern und Referenzen möglich. Damit ist letztlich gemeint, dass Objekte verschiedener Datentypen dieselben Methodennamen nutzen können, wenn diese Datentypen von einer gemeinsamen Basisklasse abgeleitet sind. Mehr dazu folgt in einem Kapitel weiter unten.
- Es lassen sich beliebig neue Heap-Objekte anlegen, auf die über Zeiger zugegriffen wird. Typischerweise wird diese Möglichkeit häufig in Grafikprogrammen und grafischen Benutzungsoberflächen genutzt.
- Man kann vorhandene Objekte mit Hilfe von Zeigern verwalten (siehe Abschnitt 8.5).

8.1.1 Zeiger auf Zeichen

Wie auf Seite 41 schon kurz erwähnt, ist ein von Anführungszeichen begrenztes Literal wie `"Hallo!"` vom Typ `const char*` (Zeiger auf konstante Zeichen). So ein Zeiger zeigt auf eine Stelle im Speicher, an der die Zeichenfolge beginnt, hier also auf den Buchstaben `H`. Der Zeiger ist veränderbar, nicht aber das Zeichen, auf das er verweist. Der Datentyp `const char*` ist ein Erbe der Programmiersprache C. Zeichenfolgen dieser Art werden daher C-Strings genannt, im Unterschied zur C++-Klasse `string`. C-Strings enden stets mit einem Null-Byte (`'\0'`). Das Null-Byte ist das erste Zeichen der ASCII-Tabelle und hat den Zahlenwert 0. Es wird automatisch an die anderen Zeichen gehängt, ohne dass man es selbst hinschreiben muss. Im Fall des Wortes `Hallo` werden daher sechs Bytes benötigt, wobei das letzte das Null-Byte ist. Viele Funktionen sind darauf angepasst. So gibt das folgende Programmstück nicht den Wert des Zeigers (eine Adresse) aus, sondern *Hallo*.

```
const char* text = "Hallo";      // Null-Byte ist verborgen
cout << text << '\n';            // Hallo
```

Dabei wird ein Zeichen nach dem anderen ausgegeben, bis das Null-Byte erreicht wird. Für C-Strings gibt es eine Menge Funktionen. Wegen der erheblich komfortableren C++-Strings wird hier nicht weiter darauf eingegangen mit Ausnahme der Funktion `strlen()`, die die Anzahl der Zeichen des C-Strings zurückgibt (Header: `<cstring>`). Am Programmcode dieser Funktion ist gut die Auswertung des Null-Bytes zu sehen:

Listing 8.1 Längliche Implementierung der Funktion `strlen()`

```
std::size_t strlen(const char* z) {
  std::size_t ergebnis = 0;
  // Solange der Wert an der Stelle z nicht gleich dem Null-Byte ist
  while(*z != '\0') {
    ++ergebnis; // Variable ergebnis hochzählen und
    ++z;        // z eine Position weiterschalten
  }
  return ergebnis;
}
```

8.1.2 Zeigerarithmetik und Wahrheitswerte

C++ erlaubt nicht nur die Weiterschaltung eines Zeigers mit ++ zur nächsten Adresse, sondern auch die Interpretation eines Zeigers oder eines integralen Typs (`char`, `int` ...) als Wahrheitswert. Dabei wird ein Wert von 0 bzw. ein Null-Zeiger als `false` interpretiert, andere Werte ergeben `true`. Damit lässt sich `strlen()` kürzer schreiben:

Listing 8.2 Kurze Implementierung der Funktion `strlen()`

```
std::size_t strlen(const char* z) {
  const char* s = z;       // s zeigt auf dieselbe Stelle
```

```
    while(*s++);
    return s - z - 1;        // Rechnen mit Zeigern (Zeigerarithmetik)
}
```

Die Schleife hat keinen Schleifenkörper, weil sich alles in der Bedingung abspielt. Zunächst wird der Wert `*s` für die `while`-Bedingung ausgewertet. Ein Buchstabe ungleich dem Nullbyte `\0` wird als `true` interpretiert, das Nullbyte selbst ergibt `false`. Danach wird der auf diesen Wert verweisende Zeiger `s` weitergeschaltet. Die `while`-Schleife hält an, sobald `*s` zu `false` ausgewertet wird. Die Differenz der Zeiger ist der Abstand zwischen dem Anfang und dem Ende des C-Strings. Weil `s` auch zum Schluss noch einmal weitergeschaltet wird, muss das zurückgegebene Ergebnis um 1 korrigiert werden. Alternativ könnte man schreiben

```
while(*s) {
    ++s;
}
return s - z;
```

Übrigens: `while(*++s)` würde bedeuten, zuerst `s` weiterzuschalten und erst dann `*s` für die Bedingung auszuwerten.

> Kompakte Schreibweisen wie `while(*s++);` mögen zunächst etwas ungewohnt und nicht unmittelbar verständlich erscheinen. Sie sind aber unter C/C++-Programmierern verbreitet und man sollte sie daher kennen.

Oben sehen Sie, dass man mit Zeigern rechnen kann. Falsch eingesetzt, kann das zu Fehlern führen. Nehmen wir an, Sie wollten nach der Ausgabe eines Textes eine neue Zeile beginnen und schreiben

```
const char* text = "Ein paar Worte, sonst nichts.";
std::cout << text + '\n';    //?
```

Das Ergebnis ist nicht das, was Sie erwarten: Der Text ist verkürzt. Der Grund: `text` ist ein Zeiger. `\n` ist ein Zeichen. Die +-Operation bewirkt, dass das Zeichen als Zahl interpretiert und auf den Zeiger addiert wird.

Das Ergebnis ist ein Zeiger, der eine um `static_cast<int>('\n')` (10 laut ASCII-Tabelle) verschobene Adresse repräsentiert. Erst ab dieser Adresse wird `text` ausgegeben. Richtig ist

```
std::cout << text << '\n';
```

oder Sie fügen einfach `\n` am Ende von `text` ein, also etwa

```
const char* text = "Ein paar Worte, sonst nichts.\n";
```

8.2 C-Arrays

C-Arrays sind Bereiche im Speicher, die ähnlich wie ein Vektor, aber mit recht eingeschränkten Möglichkeiten benutzt werden können. Sie sind ein Erbe der Sprache C, das wegen der Klassen `array` und `vector` stark an Bedeutung verloren hat. Eigentlich braucht man sie für neue Programme nicht. Weil C-Arrays jedoch verbreitet sind und Sie vielleicht das Programm eines Kollegen oder ein Beispiel aus dem Internet verstehen wollen, sollten Sie sie kennen. Beispiele für C-Arrays und ihre Benutzung:

Listing 8.3 C-Array-Operationen

```
// Auszug aus beispiele/kap8/carray.cpp
char text1[] {"C-Array vom Typ char"};
cout << text1 << '\n';
char text2[10];                          // 10 Zeichen, undefiniert
char text3[10] {'A'};                    // Das erste Zeichen ist 'A'
                                         // alle folgenden sind '\0'
cout << text3 << '\n';                   // Ausgabe wie C-Strings
int iarray[] = {3, 4, 9, 0, -1}          // C-Array vom Typ int
for(auto wert : iarray) {
  cout << wert << '\n';                  // Ausgabe
}
```

Übersetzen Sie die Datei mit

```
g++ -Wall -std=c++14 -o carray.exe carray.cpp
```

Die in eckigen Klammern angegebene Zahl gibt die Anzahl der Elemente an, für die Speicherplatz angelegt wird. Diese Zahl muss zur Compilationszeit bekannt sein, wobei der Compiler die Zahl aus der Initialisierungsliste bestimmen kann, wenn sie nicht innerhalb der eckigen Klammern angegeben wird. Der Name eines C-Arrays ist kein Zeiger, er wird aber wie ein konstanter Zeiger behandelt, der auf den Anfang des Speicherbereichs zeigt. `*(iarray + 2)` bedeutet, dass auf die Anfangsadresse 2 addiert wird. Damit sind nicht 2 Bytes gemeint, sondern `(iarray + 2)` zeigt auf den zweiten `int`-Wert, wobei die Zählung bei 0 beginnt. `*(iarray + 2)` ist dann die `int`-Zahl an der betreffenden Stelle.

```
// Fortsetzung des obigen Listings
cout << "Benutzung wie Array und wie Zeiger:\n";
for(size_t i = 0; i < sizeof(iarray)/sizeof(int); ++i) {
  cout << iarray[i] << ' '                    // wie Array
       << *(iarray + i) << '\n';              // wie Zeiger
}
```

`sizeof(iarray)` ist die Größe des Arrays in Bytes. Um die Anzahl der Elemente des Arrays zu erhalten, muss diese Zahl durch die Größe der betreffenden Objekte, hier `int`, geteilt werden. `sizeof(iarray)` gilt nur in dem Block, in dem das C-Array definiert wird. In einem anderen Kontext wird der Arrayname wie ein konstanter Zeiger behandelt. So liefert die Funktion

```
size_t meinSizeOf(int arr[]) {
  return sizeof(arr);                        // falsch!
}
```

nicht den Speicherplatzbedarf für ein übergebenes C-Array, sondern für den Datentyp `int*`, also einen Zeiger auf `int`, zurück. Mit anderen Worten: Wird ein C-Array an eine Funktion übergeben, muss die Anzahl der Elemente ebenfalls übergeben werden, damit die Funktion sinnvoll mit dem C-Array arbeiten kann.

8.2.1 Parameterübergabe per Zeiger

Die Parameterübergabe per Zeiger erlaubt es, das Objekt, auf das der Zeiger verweist, zu ändern. Sie ist letztlich eine Form der Parameterübergabe per Wert, weil eine Kopie des Zeigers angelegt wird. Im folgenden Programm wird der Funktion `tabellemultiplizieren()` ein C-Array per Zeiger übergeben. Die Funktion multipliziert alle Werte mit einem Faktor, verändert sie also. Die Veränderung ist für den Aufrufer wirksam.

Listing 8.4 Parameterübergabe per Zeiger *(beispiele/kap8/param.cpp)*

```
#include <cstddef>
#include <iostream>

void tabellemultiplizieren(double* tab,
                           std::size_t anzahl,
                           double faktor) {
  for(std::size_t i = 0; i < anzahl; ++i) {
    tab[i] *= faktor;
  }
}

int main() {
  double tabelle[] {1.1, 2.2, 3.3, 4.4};
  std::cout << "Tabelle:\n";
  for(auto wert : tabelle) {     // Kurzform-Schleife
    std::cout << wert << '\n';
  }
  tabellemultiplizieren(tabelle,
                        // Anzahl der Elemente in tabelle:
                        sizeof(tabelle)/sizeof(double),
                        2.0);    // Faktor
  std::cout << "Tabelle nach Verdopplung:\n";
  for(auto wert : tabelle) {
    std::cout << wert << '\n';
  }
}
```

Der Parameter `tabelle` wird bei der Übergabe kopiert, seine Kopie heißt in der Funktion `tab`. Der Zeiger `tab` enthält dieselbe Adresse als Wert und verweist damit auf das C-Array mit den `double`-Werten (siehe Abbildung 8.2).

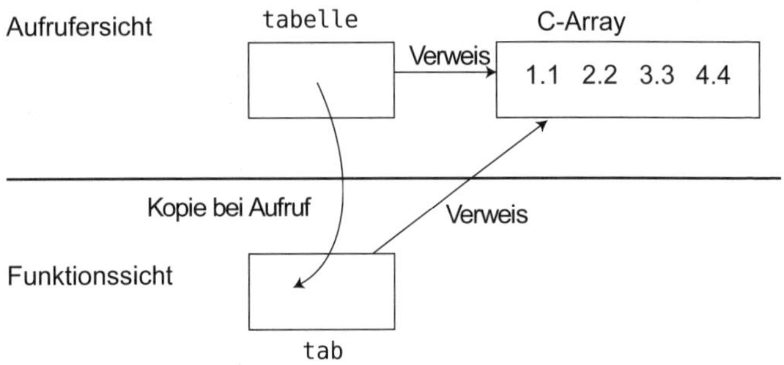

Bild 8.2 Parameterübergabe per Zeiger (siehe Programm)

Auf der Ebene des Aufrufers wird der Name des C-Arrays `tabelle` als (unveränderlicher) Zeiger interpretiert. Anders die Kopie `tab` in der Funktion: Ihr kann zum Beispiel am Ende der Funktion der Nullzeiger zugewiesen werden, ganz ohne Auswirkung auf das aufrufende `main()`-Programm.

8.3 Speicherbeschaffung

Es gibt mehrere Möglichkeiten zur direkten Speicherbeschaffung, von denen die Wichtigsten im Folgenden beschrieben werden.

8.3.1 Die beste Art!

Die beste, weil einfachste Möglichkeit und ohne Nachteile, ist die Benutzung eines dynamisch erweiterbaren Containers, wie ihn zum Beispiel die Klasse `vector` bereitstellt. In diesem Kapitel geht es auch um Zeiger, weswegen die Speicherbeschaffung unter Einsatz von Zeigern ausführlich behandelt wird. Tatsächlich kann man aber in sämtlichen der folgenden Beispiele dieses Kapitels ganz ohne Zeiger auskommen, wenn die Objekte direkt in einem Vektor abgelegt werden. Der Programmcode wird dadurch sogar geringfügig einfacher.

Leider geht das nicht in jedem Fall. Auf Seite 192 ist von dem noch zu behandelnden Polymorphismus die Rede. Dazu können in demselben Vektor Objekte verschiedener Datentypen gespeichert und verwaltet werden. In diesem Fall sind im Vektor abgelegte Zeiger auf diese Objekte unverzichtbar. Deswegen ist es gut, wenn Sie beim Lesen der nächsten Kapitel die Zeiger und ihre Möglichkeiten bereits kennen.

8.3.2 new und delete – tun Sie es nicht!

Die syntaktisch einfachste Möglichkeit ist die Verwendung »roher« Zeiger, wie Sie sie oben gesehen haben. Als Beispiel dient das Würfelspiel-Programm von Seite 155, für die Verwendung von Zeigern umformuliert und leicht angepasst. Die wesentlichen Änderungen sind:

- Der Speicher wird mit `new` beschafft.
- Mit dem Pfeiloperator `->` wird auf ein Objekt zugegriffen.
- `delete` gibt den Speicher wieder frei.
- Mit dem Stern-Symbol `*` wird das Objekt dereferenziert, das dann `aenderePunktzahl(-10)` über den Punktoperator aufruft. Die runden Klammern sind notwendig, weil der Punktoperator stärker als der Dereferenzierungsoperator `*` bindet.

Listing 8.5 Speicherbeschaffung mit new *(beispiele/kap8/roh.cpp)*

```
#include <iostream>
#include "../kap6/spieler.h"

int main() {             // nicht empfehlenswert: 'rohe' Zeiger
  Spieler* erster = new Spieler("Ernie");
  std::cout << "Der erste Spieler heißt "
            << erster->name() << '\n';
  delete erster;         // wird nicht mehr gebraucht.
  Spieler* zweiter = new Spieler("Bert");
```

```
10    zweiter->aenderePunktzahl(100);        // Zugriff mit ->
11    (*zweiter).aenderePunktzahl(-10);   // Zugriff mit *
12    std::cout << zweiter->name() << " hat "
13              << zweiter->punktzahl() << " Punkte.\n!";
14    delete zweiter;   // wird nicht mehr gebraucht.
15 }
```

Übersetzen Sie die Datei mit

```
g++ -Wall -o roh.exe roh.cpp
```

Die Verwendung von `new` und `delete` ist »altes C++« und (noch) verbreitet, wird aber aus den folgenden Gründen *nicht mehr empfohlen*:

- In großen Programmen wird gelegentlich vergessen, den beschafften Speicherplatz nach Benutzung mit `delete` freizugeben. Es entsteht ein »Speicherleck« (englisch *memory leak*). Das kann zu Speicherengpässen führen, weil immer mehr Speicher angefordert, aber nicht genug freigegeben wird. Für rund um die Uhr laufende Systeme kann das schwere Folgen haben, denken Sie nur an die Patientenüberwachung auf der Intensivstation oder eine Kraftwerksteuerung.
- Ein weiteres Problem sind »hängende Zeiger« (englisch *dangling pointer*). Sehen Sie sich Zeile 8 oben an: Nach dem `delete` ist `erster` undefiniert, zeigt also auf einen freigegebenen Speicherbereich. Dieser wird vielleicht vom System schon anderweitig genutzt. Es wäre ein Fehler, diesen hängenden Zeiger weiter zu benutzen, dennoch ist es möglich.
- Ein versehentlich doppelt ausgeführtes `delete` kann zum Programmabsturz führen. Ausnahme: `delete` angewendet auf einen Null-Zeiger (Wert `nullptr`) ist ohne Wirkung.
- Mit `new` werde innerhalb einer Funktion Speicher beschafft. Wenn es danach einen schweren Fehler gibt (der zu einer Exception führt, siehe Kap. 10), wird aus der Funktion herausgesprungen, ohne den Speicher vorher freizugegeben. Ein `delete` am Ende der Funktion würde nicht mehr erreicht.
- Die Erfahrung aus vielen Projekten zeigt, dass die Speicherbeschaffung und -freigabe mit `new` und `delete` problematisch ist, sei es aus technischen Gründen, wie der vorherige Punkt zeigt, oder aus mangelnder Sorgfalt oder nicht vollständig beherrschter Komplexität der

Programme. Aus diesem Grund wurden bessere Möglichkeiten geschaffen, die Thema der nächsten Abschnitte sind.

- Klassen mit `new` und `delete` sind komplexer und damit fehleranfälliger. Sie brauchen »die großen Drei«, nämlich einen selbst geschriebenen Kopierkonstruktor, Destruktor und Zuweisungsoperator. Im Anschluss an den Abschnitt über den Zuweisungsoperator zeigt Abschnitt 12.2.12 den Einsatz von `new` und `delete` und eine Alternative, die mit einem Drittel der Codezeilen auskommt, verständlicher und sicherer ist.

Man kann `new` und `delete` relativ gefahrlos einsetzen, wenn man die Operationen in einer Klasse kapselt (`new` im Konstruktor und `delete` im Destruktor). Dem steht aber ein anderer Nachteil entgegen: Destruktor, Kopierkonstruktor und der bis hier noch nicht besprochene Zuweisungsoperator müssen geschrieben, getestet und dokumentiert werden, eine vermeidbare Arbeit! Der Grund ist, dass der systemerzeugte Kopierkonstruktor und Zuweisungsoperator zwar ein Zeigerattribut kopieren, nicht aber das am Zeiger hängende Objekt.

new und C-Arrays

Statt im Programm die Größe eines C-Arrays fest anzulegen, kann sie erst zur Laufzeit festgelegt werden, wenn der Speicherplatz mit `new` beschafft wird:

```
// Berechnung von anzahl weggelassen
double* darray = new double[anzahl];    // Speicherplatz anlegen
darray[0] = 3.14;                       // Benutzung wie üblich
cout << darray[0] << '\n';
// Wenn darray nicht mehr gebraucht wird:
delete [] darray;                       // Speicherplatz freigeben
```

Die oben genannten Probleme mit `new` und `delete` gelten auch hier. Also besser einen Vektor nehmen! Und *wenn doch* mit `new[]` Speicher beschafft wird, unbedingt mit `delete[]` freigeben (eckige Klammern nicht vergessen).

8.3.3 unique_ptr

C++ stellt sogenannte »smarte Zeiger« (englisch *pointer*) zur Verfügung. Das sind Klassen, deren Objekte wie Zeiger verwendet werden können, ohne deren Nachteile zu haben. Ein `unique_ptr` ist so ein Ding. Um ihn verwenden zu können, muss der Header `<memory>` inkludiert werden. Das obige Beispiel, entsprechend umformuliert:

Listing 8.6 `unique_ptr` *(beispiele/kap8/unique.cpp)*

```
 1 #include <iostream>
 2 #include <memory>
 3 #include "../kap6/spieler.h"
 4 
 5 int main() {
 6   std::unique_ptr<Spieler> erster
 7                          (new Spieler("Ernie"));
 8   std::cout << "Der erste Spieler heißt "
 9             << erster->name() << '\n';
10   auto zweiter = std::make_unique<Spieler>("Bert");
11   zweiter->aenderePunktzahl(100);     // Zugriff mit ->
12   (*zweiter).aenderePunktzahl(-10);   // Zugriff mit *
13   std::cout << zweiter->name() << " hat "
14             << zweiter->punktzahl() << " Punkte.\n!";
15 }
```

Übersetzen Sie die Datei mit

```
g++ -Wall -std=c++14 -o unique.exe unique.cpp
```

`erster` und `zweiter` sind hier `unique_ptr`-Objekte. Es gibt ein paar Besonderheiten:

- Es gibt kein `delete`. Die Speicherfreigabe wird automatisch vom Destruktor der Klasse `unique_ptr` erledigt.
- In Zeile 7 wird dem `unique_ptr`-Konstruktor der rohe Zeiger des mit `new` erzeugten Objekts übergeben. Der Datentyp `Spieler` kommt sowohl in Zeile 6 wie auch in Zeile 7 vor.
- Mit der Funktion `make_unique` lässt sich das Objekt viel eleganter erzeugen. Erstens genügt es, auf der linken Seite `auto` zu schreiben, und zweitens muss der `Spieler`-Konstruktor nicht explizit mit `new` aufge-

rufen werden. Es genügt, make_unique<Spieler>() die Parameter für den Konstruktor zu übergeben.

- Die Verwendung als Zeiger in den Zeilen 9 und 11 bis 14 unterscheidet sich nicht von derjenigen der rohen Zeiger des vorhergehenden Beispiels.

Der Namensteil unique rührt daher, dass der Besitz des Zeigers die alleinige Verfügung über das daran hängende Objekt garantiert. Es kann bei sachgemäßer Erzeugung wie oben kein anderer Zeiger auf dasselbe Objekt zeigen. Unsachgemäß ist etwa die separate Erzeugung eines rohen Zeigers, der dem Konstruktor übergeben wird:

```
Spieler* murks = new Spieler("Unsachgemäße Erzeugung");
std::unique_ptr<Spieler> falsch0(murks);
std::unique_ptr<Spieler> falsch1(murks);
```

Wirkungen dieses Fehlers: Erstens versuchen die Destruktoren beider Objekte, den Speicher freizugeben. Das kann zum Programmabsturz führen. Und damit nicht genug, ein anschließendes delete murks; würde zu einem weiteren überflüssigen Freigabeversuch führen.

> **!** Die beste Art, unique_ptr-Objekte zu erzeugen, ist make_unique() in Kombination mit auto. ■

Die Eigenschaft, das am unique_ptr hängende Objekt allein zu besitzen, hat Konsequenzen. So kann es keine Kopie dieses Zeigers geben, weil die Kopie ebenfalls Zugriff auf das Objekt hätte:

```
// Es gibt keinen Kopierkonstruktor!
void f(std::unique_ptr<Spieler> z) {      // Fehler!
  // z wäre eine Kopie, die Zugriff auf das Objekt hätte.
}
```

In Ergänzung zum Beispiel oben könnte man sich eine Kopie des Zeigers wie folgt denken:

```
std::unique_ptr<Spieler> x = zweiter; // Fehler! x hätte Zugriff.
```

Auch im Zusammenspiel mit einem Vektor zeigt sich die Eigenschaft, dass Kopien nicht möglich sind. So kann dem Vektor zwar ein temporäres, mit `make_unique()` erzeugtes Zeigerobjekt hinzugefügt werden, nicht aber eins, das kopiert wird (`neu` unten). Von `neu` gäbe es bei Gelingen zwei Exemplare: `neu` selbst und das erste Objekt im Vektor. Bei einem temporären Objekt gibt es dieses Problem nicht, weil es nach dieser Anweisung nicht mehr zugreifbar ist. Es wird nicht kopiert, sondern in den Vektor hinein »bewegt«. Dafür sorgt `push_back(T&&)` – eine Variante der Parameterübergabe, die erst in Kapitel 14 Thema ist.

```
std::vector<std::unique_ptr<Spieler>> vec;                  // ok
vec.push_back(std::make_unique<Spieler>("Mad Max")); // ok

auto neu = std::make_unique<Spieler>("Otto");
vec.push_back(neu);                                          // Fehler!
std::vector<std::unique_ptr<Spieler>> vec1 = vec;    // Fehler!
```

Im letzten Fall sollen die Elemente des Vektors `vec` kopiert werden – für `unique_ptr`-Objekte ist das nicht möglich.

8.3.4 shared_ptr

Die Möglichkeit, Kopien zu erstellen, die alle Zugriff auf dasselbe referenzierte Objekt haben, unterscheidet `shared_ptr` vom `unique_ptr`. Dabei kann es beliebig viele Kopien geben. Die Klasse zählt intern mit, wie viele `shared_ptr` auf dasselbe Objekt zeigen. Der Destruktor setzt dabei den internen Zähler um eins herunter. Nur der Destruktor des letzten verbliebenen `shared_ptr`-Objekts löscht das referenzierte Objekt mit `delete`. Das obige Beispiel, für `shared_ptr` angepasst, etwas variiert und ergänzt:

Listing 8.7 `shared_ptr` *(beispiele/kap8/shared.cpp)*

```
#include <iostream>
#include <memory>
#include <vector>
#include "../kap6/spieler.h"
```

```
int main() {
  std::vector<std::shared_ptr<Spieler> > vec;
  vec.push_back(std::make_shared<Spieler>("Ernie"));
  vec.push_back(std::make_shared<Spieler>("Bert"));
  auto sp = std::make_shared<Spieler>("Mad Max");
  vec.push_back(sp);                                  // ok
  // Beide shared_ptr zeigen auf dasselbe Objekt:
  std::cout << sp->name() << '\n';                    // Mad Max
  std::cout << vec[2]->name() << '\n';                // Mad Max
  // Kopie des Vektors:
  std::vector<std::shared_ptr<Spieler>> vec1(vec); // ok
  for(auto ptr : vec1) { // Kopie eines Vektorelements:
    std::cout << ptr->name() << '\n';
  }
}
```

Übersetzen Sie die Datei mit

```
g++ -Wall -std=c++14 -o shared.exe shared.cpp
```

In dem Beispiel wird nur die elegantere Erzeugung mit `make_shared()` und `auto` verwendet. Natürlich ginge auch

```
std::shared_ptr<Spieler> sp(new Spieler("Mad Max"));
```

Benutzen Sie `unique_ptr` für die dynamische Speicherbeschaffung, wenn Sie mit Zeigern arbeiten wollen. Sollten doch Kopien dieser zeigerähnlichen Objekte notwendig werden, nehmen Sie stattdessen `shared_ptr`. Die beste Art, `shared_ptr`-Objekte zu erzeugen, ist `make_shared()` in Kombination mit `auto`.

8.4 Grafische Objekte dynamisch erzeugen

Das folgende Beispiel zeigt, wie grafische Objekte per Druck auf die Leertaste neu erzeugt werden. Basis ist die Rakete aus Abschnitt 7.5. Bei jedem Tastendruck[1] wird eine neue Rakete erzeugt, sodass es einen ganzen Schwarm fliegender Raketen geben kann, wie Abbildung 8.3 zeigt.

Bild 8.3 Raketenschwarm

Die Streuung rührt daher, dass die Geschwindigkeiten in x- und y-Richtung innerhalb eines bestimmten Rahmens jeweils zufällig gewählt werden. Die einzelnen Raketen werden mit `make_unique()` angelegt. Ein Vektor nimmt die `unique_ptr`-Objekte auf. Dieser Vektor wird in der Methode `run()` durchlaufen, um alle Objekte anzuzeigen. Die Methode `ereignisseVerarbeiten()` erzeugt die neuen Objekte. Die Klasse `Rakete` enthält ein zusätzliches Attribut `sichtbar`, das abgefragt werden kann. Der Sinn ist, Raketen, die das Sichtfeld verlassen haben, nicht mehr anzuzeigen. Das aktuelle Fenster wird der Methode `aktualisierePosition()` übergeben, damit sie feststellen kann, ob das zu zeichnende Objekt die Grenzen überschritten hat. Auf das Problem,

1 Ohne Betätigen der Leertaste sehen Sie nur ein leeres Fenster!

dass der Vektor bei jedem Tastendruck größer, aber niemals kleiner wird, gehe ich danach ein.

Listing 8.8 Grafische Objekte mit Vektor verwalten

```
// Auszug aus beispiele/kap8/rakete1/Raketentest.cpp
namespace {
  std::random_device rd;
  std::mt19937 generator(rd());
  std::vector<std::unique_ptr<Rakete> > zuzeichnen;
}

void Raketentest::run() {
  while (fenster.isOpen()) {                    // Hauptschleife
    dauer = stoppuhr.getElapsedTime();
    ereignisseVerarbeiten();
    if (dauer >= periode) {
      stoppuhr.restart();
      // Vor dem Zeichnen alles löschen:
      fenster.clear(sf::Color::White);
      for (auto& rakete : zuzeichnen) {         // Referenz &!
        if(rakete->sichtbar()) {
          rakete->aktualisierePosition(fenster);
          rakete->aendereGeschwindigkeit(0.0f, -0.05f);
          fenster.draw(rakete->asSFMLdrawable());
        }
      }
    }
    fenster.display();
  }
}

void Raketentest::ereignisseVerarbeiten() {
  sf::Event event;
  while (fenster.pollEvent(event)) {
    switch (event.type) {
       case sf::Event::Closed: fenster.close();
         break;
       case sf::Event::KeyPressed:              // neu!
         if (event.key.code == sf::Keyboard::Space) {
```

```
          std::uniform_real_distribution<float>
                                   verteilung(3.0f, 10.0f);
          zuzeichnen.push_back(
               std::make_unique<Rakete>(70, sizeY-80,
                     verteilung(generator),    // vx
                     verteilung(generator))); // vy
        }
        break;
      default: // nichts tun
        break;
    }
  }
}
```

Im Unterschied zu der bisherigen Verteilung für ganze Zahlen wird nunmehr `uniform_real_distribution` für `float`-Werte genommen, um die zufälligen Geschwindigkeiten zu erzeugen. In der Schleife zum Zeichnen der Objekte ist `rakete` eine Referenz auf das jeweilige `unique_ptr`-Objekt. Eine Kopie ist, wie oben erläutert, nicht möglich. Den Rest des Programms finden Sie im Verzeichnis *beispiele/kap8/rakete1/* der downloadbaren Beispiele. Übersetzen Sie es mit *make*. Drücken Sie nach Start des Programms wiederholt die Leertaste, um Raketen zu starten.

8.4.1 Speicherplatz besser nutzen

Im obigen Programm wächst der Vektor bei jedem Tastendruck. Dabei sind viele Objekte nach kurzer Zeit nicht mehr sichtbar. Wie kann man erreichen, dass der Vektor nicht größer als die maximale Anzahl der sichtbaren Objekte wird? Gerade bei großen Programmen kann ein unkontrolliertes Anwachsen des Speicherverbrauchs problematisch werden und im Absturz des Programms enden.

Eine Möglichkeit ist, die nicht sichtbaren Objekte aus dem Vektor zu löschen und gegebenenfalls neue zu erzeugen. Die Speicherplatzbeschaffung und -freigabe sind jedoch relativ aufwendige Operationen. Besser ist es daher, die nicht mehr sichtbaren Objekte zu »recyceln«, also wieder zu verwenden. Einfacher als den ganzen Vektor danach zu durchsuchen oder sich anderweitig zu merken, welche Objekte recycelt werden können, ist es, den Vektor zu unterteilen: Im ersten Teil liegen die zu recycelnden Objekte, im zweiten Teil die anzuzeigenden.

Die Klasse `Rakete` muss dazu eine Methode `reset()` oder ähnlich haben, die ein existierendes Objekt auf den gewünschten Anfangszustand setzt. Wenn ein neues Objekt erzeugt werden soll, wird zuerst nachgesehen, ob ein zu recycelndes vorliegt. Wenn ja, wird es per `reset()` in den gewünschten Zustand versetzt. Nur wenn nein, wird tatsächlich ein neues Objekt erzeugt und der Vektor vergrößert.

Man kann die Aufteilung des Vektors leicht erreichen, wenn man sich die kleinste Position des anzuzeigenden Bereichs in einer Variablen `ersteSichtbare` (Rakete) merkt. Wenn nun ein Objekt das Fenster verlässt und nicht mehr sichtbar ist, wird es mit dem Objekt an der Stelle `ersteSichtbare` vertauscht und `ersteSichtbare` wird um eins hochgezählt. Wegen der Vertauschungsoperation ist es nicht mehr möglich, `unique_ptr` zu benutzen, weswegen `shared_ptr` zum Tragen kommt.

Wenn `ersteSichtbare` = 0 ist, wird beim nächsten Tastendruck ein neues Objekt angelegt. Wenn nicht, kann das Objekt an der Stelle direkt davor recycelt und `ersteSichtbare` um eins vermindert werden. Aus Platzgründen wird der Programmcode dazu nicht abgedruckt. Bei Interesse finden Sie ihn im Verzeichnis *beispiele/kap8/rakete2/* der downloadbaren Beispiele.

8.5 Zeiger als Beobachter

Die oben bei der Beschaffung von Speicher eingesetzten Zeiger sind für die Löschung der Objekte zuständig. Manchmal möchte man aber einfach nur vorhandene Objekte mit Zeigern verwalten, ohne die Objekte kopieren zu müssen und ohne dass die Zeiger etwas mit der Speicherverwaltung zu tun haben. Dennoch sollen alle Objekte in einer Schleife nacheinander angesprochen werden können. Die Zeiger *beobachten* (englisch *to observe*) nur die Objekte, auf die sie gerichtet sind. Sonst sind sie für nichts zuständig. Im Programm sind es einfache (»rohe«) Zeiger, die in einem Vektor abgelegt sind. Um die Eigenschaft »beobachtender Zeiger« zu verdeutlichen, wird der Name `observerPtr` eingeführt:

Listing 8.9 Zeiger als Beobachter *(beispiele/kap8/observer.cpp)*

```
#include <iostream>
#include <vector>
#include "../kap6/wuerfel/wuerfel.h"
// Einen neuen Namen für den Typ 'Zeiger auf Wuerfel' anlegen:
using observerPtr = Wuerfel*;

int main() {
  Wuerfel w1;
  Wuerfel w2;
  Wuerfel w3;
  // &w ist die Adresse des Objekts w:
  std::vector<observerPtr> dieWuerfel { &w1, &w2, &w3};
  for(observerPtr ptr : dieWuerfel) {
    ptr->rollen();                                  // Operator ->
    std::cout << (*ptr).punktzahl() << '\n'; // Operator *
  }
}
```

Übersetzen Sie die Datei mit

```
g++ -Wall -std=c++14 -o observer.exe observer.cpp
```

Es handelt sich weiterhin um normale »rohe« Zeiger. Solchen Zeigern sieht man oft ihren Zweck nicht an – ob sie etwa für das Speichermanagement gebraucht werden. Deshalb bekommen sie hier zu Dokumentationszwecken einen anderen Namen. Die Absicht hinter der Verwendung der Zeiger wird sofort klar. Natürlich darf nicht versehentlich `delete` auf sie angewendet werden. Wie statt eines nur neuen Namens ein beobachtender Zeiger konstruiert wird, bei dem ein `delete` nicht möglich ist, der aber sonst wie ein Zeiger benutzt werden kann, sehen Sie unten in Abschnitt 12.1.

8.6 C++-Quiz

Anhand der folgenden Fragen können Sie Ihr Verständnis »roher« Zeiger prüfen.

1. Kann man Zeiger generell durch Referenzen ersetzen?

   (a) Ja. Beide repräsentieren letztlich nur Adressen. (b) Nein.

2. Wo wird mit `new` neuer Speicherplatz angelegt?

   (a) Auf dem Stack. (b) Auf dem Heap. (c) Auf der Festplatte.

3. Auf welches Zeichen / welche Position zeigt der Zeiger `t` nach Ablauf des folgenden Programmstücks?

   ```
   const char* t = "Was ist die Lösung?";
   while(*++t);
   ```

   (a) Auf den Anfangsbuchstaben `W`.
   (b) Auf das Fragezeichen ? am Ende.
   (c) Auf das Null-Byte nach dem Fragezeichen.
   (d) Auf die Position direkt nach diesem Null-Byte.
   (e) Auf das zweite Anführungszeichen.

4. Auf welches Zeichen / welche Position zeigt der Zeiger `t` nach Ablauf der obigen `while`-Schleife, wenn `t` mit `const char* t = "";` deklariert würde (leerer C-String)?

   (a) Auf das erste Anführungszeichen.
   (b) Auf das zweite Anführungszeichen.
   (c) Auf das Null-Byte, das es auch bei einem leeren C-String gibt.
   (d) Auf die Position direkt nach diesem Null-Byte.
   (e) Auf ein anderes Null-Byte, was irgendwo danach noch kommt.

5. Sollen `unique_ptr` und `shared_ptr` bevorzugt für Heap-Objekte eingesetzt werden? Gründe?

   (a) Nein – es kann genau so gut `new` verwendet werden. Man darf nur nicht `delete` vergessen.

(b) Ja – weil der Destruktor für das daran hängende Objekt automatisch aufgerufen wird.

(c) Nicht unbedingt – man kann ja `new` und `delete` in einer Klasse kapseln.

Lösungen

1. (b) ist richtig. So kann ein Null-Zeiger nicht durch eine Referenz dargestellt werden.
2. Richtige Antwort: (b).
3. Richtige Antwort: (c).
4. Richtige Antwort: (e).
5. Richtige Antwort: (b). Die Regel der »großen Drei« bzw. »Fünf« kann ignoriert werden.

   (a) ist falsch. Die Begründung ist nur vordergründig richtig, ignoriert aber, dass `delete` leicht vergessen werden kann. Um einen sicheren Programmierstil zu empfehlen, ist nur »Ja« die richtige Antwort.

   (c) Die Begründung scheint auf den ersten Blick richtig. Was vergessen wird: Man muss die Regel der »großen Drei« bzw. »Fünf« beachten und alles, was dazu gehört, testen und dokumentieren. Der Aufwand ist also deutlich größer – und das kann man wirklich niemanden empfehlen.

9 Vererbung

Fragen, die dieses Kapitel beantwortet:

- Was ist Vererbung?
- Was ist Polymorphismus und wozu ist er gut?

9.1 Generalisierung und Spezialisierung

Bei der Vererbung geht es um Generalisierung und Spezialisierung. Eigenschaften, die einer Menge von Dingen gemeinsam sind, können als verallgemeinertes (generalisiertes) Konzept betrachtet werden, das besonders behandelt wird. So haben etwa die Tierarten Wal und Elefant gemeinsam, dass sie Säugetiere sind: Der Wal *ist ein* Säugetier. Diese *ist ein*-Beziehung begründet die Vererbung. Die Beziehung ist gerichtet, das heißt, in der umgekehrten Richtung gilt sie nicht: Ein Säugetier ist im Allgemeinen kein Wal. Ein Wal (oder ein Elefant) ist eine spezialisierte Form des Säugetiers. Die Idee der Vererbung ist, Gemeinsamkeiten herauszuziehen, damit man sie nicht immer neu beschreiben muss. Wenn die Beschreibung für ein Säugetier vorliegt, kann sie wieder verwendet werden: Um einen Affen zu beschreiben, wird zunächst auf die Beschreibung für Säugetiere verwiesen. Dann muss nur noch angegeben werden, welche zusätzliche Eigenschaften einen Affen ausmachen. Dieses Verfahren kann für jedes Säugetier angewendet werden. In der Biologie gibt es mehrere Stufen der Klassifikation. So sind Säugetiere gleichzeitig Wirbeltiere, wie die Fische, die ihrerseits keine Säugetiere sind. Um Säugetiere zu beschreiben, kann man also die Beschreibung der Wirbeltiere heranziehen.

In Analogie dazu ist Vererbung in C++ ein Konzept, um Attribute und Methoden einer Klasse, die die gemeinsamen Komponenten enthält, wiederzuverwenden. Auch dabei kann es mehrere Hierarchiestufen geben. Die in diesem Buch verwendete Grafikbibliothek SFML arbeitet, wie andere Grafikbibliotheken auch, sehr stark mit Vererbung.

9.2 Vererbung am Beispiel

In SFML gibt es unter anderen die schon bekannte Klasse `CircleShape` (Kreis) und die Klasse `ConvexShape` für Polygone (Vieleck). Ein Kreis und ein Polygon werden auf verschiedene Arten gezeichnet. Ein Kreis *ist eine* bestimmte Form (englisch *shape*) mit einer Begrenzung (englisch *outline*) – ein Polygon aber auch. Eine Form kann mit einem Muster oder einer Farbe gefüllt werden. Die Begrenzung kann eine andere Farbe haben und verschieden dick sein. SFML zieht nun diese Eigenschaften heraus und verpackt sie in einer Klasse `Shape`, auf die sich die Klassen `CircleShape` und `ConvexShape` beziehen. Die Objekte aller dieser Klassen können gezeichnet werden, sie sind zeichenbar (englisch *drawable*). Das trifft aber auch auf Text (SFML-Klasse `Text`) zu, der mit einem bestimmten Font auf den Bildschirm gezeichnet wird. Die Eigenschaft »zeichenbar« wird von SFML daher in eine Klasse `Drawable` verlegt, auf die sich `Shape` und `Text` beziehen – die nächste Hierarchieebene.

Um die Vererbung mit einem möglichst einfachen Beispiel zu erklären, beschränke ich mich auf die folgenden Klassen, die ohne SFML-Unterstützung auskommen, weil sie nur die Konsole benutzen.

Ein `Rechteck` *ist ein* grafisches Objekt, ein `Kreis` auch. Für die gemeinsamen Eigenschaften gibt es die Klasse `GraphObjekt`. Sie enthält ein Attribut `punkt` zum Speichern der Bildschirmkoordinaten, das von der Funktion `bezugspunkt()` zurückgegeben wird. Die Mitgliedsfunktion `zeichnen()` bringt alle Objekte auf den Bildschirm. Dass ein Rechteck anders als ein Kreis gezeichnet werden muss, wird unten berücksichtigt.

In Abbildung 9.1 sehen Sie, dass die *ist ein*-Beziehung durch einen Pfeil symbolisiert wird. Bei den Klassen `Rechteck` und `Kreis` werden nur die Elemente angegeben, die nicht schon in `GraphObjekt` enthalten sind.

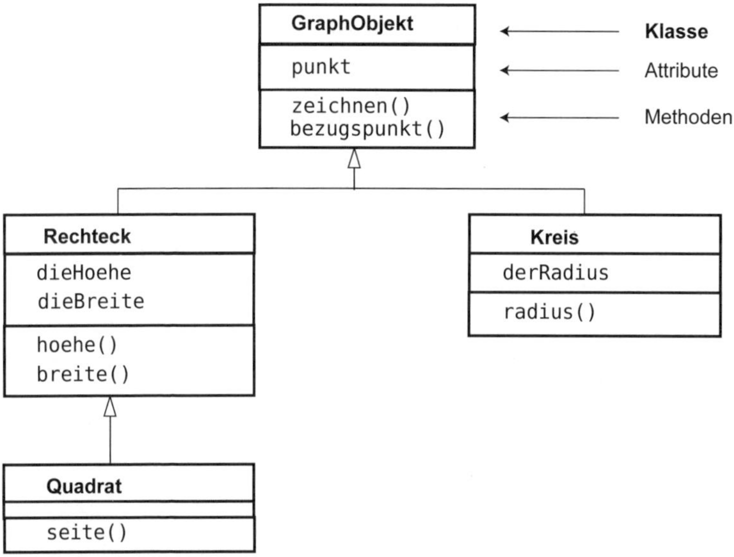

Bild 9.1 Vererbungshierarchie

Um eine dritte Hierarchiestufe einzuführen, gibt es noch die Klasse `Quadrat`. Sie benötigt keine eigenen Attribute, weil sie in `Rechteck` enthalten sind. Höhe und Breite des Quadrats entsprechen beide der Seitenlänge, die von der Funktion `seite()` zurückgegeben wird.

Ein Objekt, das gezeichnet werden soll, benötigt einen Ort, also ein Koordinatenpaar (x, y) im zweidimensionalen Fall. SFML benutzt `Vector2f` für `float`-Koordinatenwerte. Die Attribute `x` und `y` sind `public`, um sie ohne Funktionen benutzen zu können. Das ist wegen der angestrebten Einfachheit und der sehr einfachen Struktur gerechtfertigt. Die Alternative, jeweils zwei öffentliche Getter- und Setter-Funktionen zu schreiben, ist deutlich umständlicher. In solchen Fällen kann vom Prinzip, Attribute als `private` zu deklarieren, abgewichen werden. Statt `Vector2f` nehme ich hier eine einfache Struktur[1]:

```
struct Punkt {
  float x;
  float y;
};
```

Typischerweise werden solche Strukturen als Aggregate[2] für Daten verwendet. Wenn sie keinen selbstgeschriebenen Konstruktor haben, können sie mit geschweiften Klammern initialisiert werden, etwa

```
Punkt p {1.9f, 3.7f};
std::cout << "Punkt (" << p.x << ", " << p.y << ")\n";
```

Die zweite Zeile zeigt den direkten Zugriff auf die Attribute. Wie sehen nun die Klassen der Abbildung 9.1 in C++ aus? Sehen Sie sich zunächst die Klasse `GraphObjekt` als oberste in der Hierarchie an und vergleichen Sie mit der Abbildung:

Listing 9.1 Klasse `GraphObjekt` *(beispiele/kap9/vererb/GraphObjekt.h)*

```
#ifndef GRAPHOBJEKT_H
#define GRAPHOBJEKT_H
#include <iostream>
#include "Punkt.h"

class GraphObjekt {
public:
  GraphObjekt(Punkt p = {})
    : punkt(p) {
```

[1] Zur Erinnerung: `struct` ist eine Klasse, in der ohne weitere Angaben alles `public` ist.

[2] Siehe Glossar.

```
10   }
11   void zeichnen() const {
12     std::cout << "GraphObjekt zeichnen bei ("
13               << punkt.x << ", " << punkt.y << ")\n";
14   }
15   Punkt bezugspunkt() const {
16     return punkt;
17   }
18 private:
19   Punkt punkt;
20 };
21 #endif
```

Beachten Sie den Vorgabewert `{}` in Zeile 8, falls kein `Punkt`-Objekt übergeben wird. Die leeren Klammern sind eine Abkürzung. Sie bewirkt, dass die Elemente der Struktur mit passenden 0-Werten versehen werden. Man könnte auch `{0.0f, 0.0f}` schreiben. Anstatt einen Kreis zu zeichnen, wird beim Aufruf der entsprechenden Funktion einfach eine dokumentierende Meldung ausgegeben.

Wie sieht nun die Wiederverwendung des Konzepts »Graphisches Objekt« aus? Ein `Rechteck` *ist ein* `GraphObjekt`. Die *ist ein*-Beziehung wird durch »`: public`« ausgedrückt, siehe Zeile 5 des folgenden Listings:

Listing 9.2 Klasse `Rechteck` *(beispiele/kap9/vererb/Rechteck.h)*

```
1  #ifndef RECHTECK_H
2  #define RECHTECK_H
3  #include "GraphObjekt.h"
4
5  class Rechteck : public GraphObjekt {
6  public:
7    Rechteck(Punkt p, float h, float b)
8      : GraphObjekt(p), hoehe_(h), breite_(b) {
9    }
10   float hoehe() const { return hoehe_; }
11   float breite() const { return breite_; }
12   void zeichnen() const {
13     std::cout << "Rechteck " << hoehe_ << "x"
14               << breite_ << " zeichnen bei ("
```

```
15                 << bezugspunkt().x << ", "
16                 << bezugspunkt().y << ")\n";
17   }
18 private:
19   float hoehe_;
20   float breite_;
21 };
22 #endif
```

In der Klasse fehlt die Methode zur Abfrage des Bezugspunkts. Dennoch kann sie benutzt werden – ein Fall von Wiederverwendung:

```
Rechteck r({4.4f, 5.5f}, 10.7f, 20.1f); // Punkt, Höhe, Breite
std::cout << "Bezugspunkt des Rechtecks: ("
          << r.bezugspunkt().x << ", "
          << r.bezugspunkt().y << ")\n";
```

Man nennt die vererbende Klasse *Oberklasse*, die erbende Klasse *Unterklasse* oder *abgeleitete* Klasse. In einer Hierarchie wird die oberste Oberklasse auch Basisklasse genannt. Die abgeleitete Klasse enthält einen Oberklassenanteil – irgendwo muss das Attribut `punkt` ja gespeichert sein. Der Oberklassenanteil heißt auch »anonymes Subobjekt«, weil er verborgen und nicht mit einem Namen ansprechbar ist. Natürlich muss der Oberklassenanteil initialisiert werden, um einen definierten Wert zu haben (Zeile 8 von *Rechteck.h*). Diese Initialisierung muss vor allen anderen geschehen!

Wenn in C++ eine abgeleitete Klasse `Abgeleitet` von einer Oberklasse `Oberklasse` *erbt*, gelten bestimmte Regeln und Beziehungen:

- Jede Elementfunktion von `Oberklasse` kann auf ein Objekt des Typs `Abgeleitet` angewendet werden, sofern die Elementfunktion öffentlich zugänglich (`public`) ist. Beispiele: `bezugspunkt()`, `zeichnen()`.
- Die Klasse `Abgeleitet` kann Erweiterungen der Daten und zusätzliche Methoden enthalten, die keinen Bezug zur `Oberklasse` haben. Beispiele: Attribute `hoehe_` und `breite_`, Methoden `hoehe()` und `breite()`.
- Außer den Zugriffsspezifizierern `public` und `private` gibt es noch `protected`. Wenn Attribute oder Methoden `protected` sind, kann in

abgeleiteten Klassen auf sie zugegriffen werden. Ein Zugriff außerhalb davon ist nicht möglich. Benutzen Sie `protected` sparsam. Überlegen Sie sich einfach, ob jemand, der von Ihrer Basisklasse ableitet, diese Eigenschaft wirklich benötigt. In den Beispielen dieses Buchs kommt `protected` nicht vor, wohl aber in der SFML-Bibliothek.

- Zusätzliche Methoden können in `Abgeleitet` deklariert werden, die in ihrer Signatur[3] mit Elementfunktionen der Oberklasse übereinstimmen. Diese Methoden *überschreiben* die Elementfunktionen der Oberklasse bezüglich aller `Abgeleitet`-Objekte. Im obigen Beispiel ist das die Mitgliedsfunktion `zeichnen()`, die in der Klasse `Rechteck` eine andere Bedeutung bekommt.

> *Überladen* einer Funktion heißt, eine weitere mit einer *anderen* Parameterliste zu schreiben. Anhand von Namen und Parameterliste weiß der Compiler, welche Funktion zu nehmen ist.
>
> *Überschreiben* hingegen bedeutet, in einer Klasse eine Funktion mit demselben Rückgabetyp[4], demselben Namen und derselben Parameterliste wie in der Oberklasse zu deklarieren. ■

- Eine Klasse ist ein *Datentyp* in C++. Eine abgeleitete Klasse kann als *Subtyp* der Oberklasse aufgefasst werden. Deswegen sind die folgenden Zuweisungen von Referenzen und Zeigern verträglich:

```
Rechteck r({4.4f, 5.5f}, 10.7f, 20.1f);// Punkt, Höhe, Breite
GraphObjekt& gr = r;                   // Referenz auf r
Rechteck* rptr = &r;                   // Adresse von r
GraphObjekt* gptr = rptr;              // ok
```

Im Speicher-Layout eines `Rechteck`-Objekts kommen zuerst das enthaltene Oberklassen-Subobjekt vom Typ `GraphObjekt` und dann erst die `Rechteck`-Attribute. Der Zeiger `gptr` zeigt daher gleichzeitig auf das `Rechteck`-Objekt `r` und auf das enthaltene Oberklassen-Subobjekt

3 Kombination aus Name und Parameterliste

4 Ausnahme: Referenzen und Zeiger auf die Klasse bzw. Oberklasse.

– es ist dieselbe Speicheradresse. Diese Typbeziehungen werden weiter unten benötigt.

9.2.1 Statische Auswertung

Im Hauptprogramm stehen die folgenden Zeilen:

```
// Auszug aus beispiele/kap9/vererb/main.cpp
Rechteck r({4.4f, 5.5f}, 10.7f, 20.1f);
GraphObjekt& gr = r;
r.zeichnen();
gr.zeichnen();
```

Das Ergebnis dieses Programms ist die Ausgabe

Rechteck 10.7x20.1 zeichnen bei (4.4, 5.5)
GraphObjekt zeichnen bei (4.4, 5.5)

Bei der ersten Ausgabe wird die Funktion `Rechteck::zeichnen()` aufgerufen, bei der zweiten jedoch `GraphObjekt::zeichnen()`, also die Funktion der Oberklasse, *obwohl* `gr` eine Referenz auf `r` ist, also eigentlich nur ein anderer Name für dasselbe Objekt sein soll. Der Grund ist, dass der Compiler bei der Auswertung von `gr.zeichnen()` feststellt, dass `gr` vom Typ `GraphObjekt` ist, und deshalb die zu dieser Klasse gehörende Funktion `zeichnen()` aufruft. Gewünscht ist jedoch, dass die Referenz `gr` ein echter Alias-Name für `r` ist, dass also auch dann die zur Klasse `Rechteck` gehörende Funktion aufgerufen wird. Das ist Thema des Abschnitts Polymorphismus unten.

9.3 Konstruktor erben

Manchmal gibt es Klassen, die eine Oberklasse um Funktionen erweitern oder deren Funktionen überschreiben, die aber in den meisten Fällen genau dieselben Daten wie die Oberklasse benötigen. Um nicht die Konstruktoren, die ja doch jeweils nur den Oberklassenkonstruktor aufrufen, neu schreiben zu müssen, hilft die Anweisung

```
using Oberklasse::Oberklasse;
```

Damit hat die aktuelle Klasse genau dieselben Konstruktoren wie die Oberklasse. Schreibarbeit gespart – wie an einem Beispiel im nächsten Kapitel zu sehen. Ungeachtet dessen können zusätzliche Konstruktoren mit anderen Parameterlisten hinzugefügt werden, falls notwendig.

Ein Hinweis: Wenn Sie von einer Klasse der C++-Standardbibliothek erben wollen, zum Beispiel von `vector<int>`, geht Folgendes nicht, weil eine `using`-Deklaration dieser Art keinen Namespace benennen darf:

```
using std::vector<int>::std::vector<int>;   // Fehlermeldung
```

Mithilfe eines neuen Namens kann die Nennung des Namespace vermieden werden:

```
using hilf = std::vector<int>;               // Hilfsname
using hilf::hilf;                            // so geht's
```

9.4 Polymorphismus

Die Auswertung des Compilers führt zur frühen (statischen) Bindung von Funktionen, wie oben gesehen. Eine späte Bindung, auch dynamische Bindung genannt, findet erst dann statt, wenn das Programm läuft. Das Schlüsselwort `virtual` sorgt dafür. Es muss den Funktionen, die dafür ausgewählt werden, vorangestellt werden:

Listing 9.3 Späte Bindung mit `virtual`

```
// Auszug aus beispiele/kap9/poly/GraphObjekt.h
virtual void zeichnen() const {
  std::cout << "GraphObjekt zeichnen bei ("
            << punkt.x << ", " << punkt.y << ")\n";
}
```

Mit dieser kleinen Änderung ist die Ausgabe desselben `main()`-Programms

Rechteck 10.7x20.1 zeichnen bei (4.4, 5.5)
Rechteck 10.7x20.1 zeichnen bei (4.4, 5.5)

Damit ist `gr` ein echter Stellvertreter für `r`! Dasselbe Prinzip gilt nicht nur für Referenzen, sondern auch für Zeiger, etwa:

```
GraphObjekt* gptr = &r;
gptr->zeichnen();
```

Eine in einer Klasse als `virtual` gekennzeichnete Mitgliedsfunktion ist automatisch auch in allen abgeleiteten Klassen `virtual`.

Der Aufruf einer nichtvirtuellen Elementfunktion hängt vom Typ des Zeigers ab, über den die Funktion aufgerufen wird, während der Aufruf einer virtuellen Elementfunktion *vom Typ des Objekts* abhängt, auf das der Zeiger verweist. Der Aufruf von virtuellen Funktionen über Basisklassenzeiger oder -referenzen, die auf ein Objekt einer abgeleiteten Klasse zeigen, bezieht sich auf die genau *zu diesem Objekt* passende Funktion. ■

Man kann sich fragen, warum nicht automatisch alle Funktionen von C++ als `virtual` angesehen werden. Der Grund ist, dass die Schnelligkeit von Programmen ein Designkriterium für C++ ist. `virtual` sorgt dafür, dass den beteiligten Objekten der Verweis auf eine Tabelle mit Information über die Funktionen mitgegeben wird. Zur Laufzeit wird in Abhängigkeit vom tatsächlichen Objekt, auf das die Referenz (oder der Zeiger) verweist, nachgesehen, welche Funktion zuständig ist, die für `GraphObjekt` oder die für `Rechteck`. Das kostet etwas mehr Speicher und etwas mehr Zeit, sodass C++ Softwareentwicklern die Wahl lässt. Allerdings sind die Verluste so gering, dass sie in vielen Programmen, so in allen Programmen dieses Buchs, keine Rolle spielen.

9.4.1 Polymorphismus und »die großen Drei«

Um die korrekte Speicherfreigabe durch den Destruktor zu gewährleisten, soll der Destruktor bei allen Klassen, von denen geerbt werden kann, selbst `virtual` sein. Das heißt, dass in der Klassendeklaration in *GraphObjekt.h* eine der beiden folgenden Zeilen nachzutragen ist:

```
virtual ~GraphObjekt() = default;    // oder alternativ:
virtual ~GraphObjekt() {};
```

Nach der Regel der »großen Drei« (siehe Kasten Seite 294) fehlen noch der Kopierkonstruktor und der Zuweisungsoperator. Zwar werden sie noch vom System erzeugt (falls nichts Eigenes vorliegt), aber in späteren Versionen von C++ wird das bei Vorliegen eines eigenen Destruktors vermutlich nicht mehr so sein. Es wird dann eine Fehlermeldung des Compilers geben, um das versehentliche Weglassen zu verhindern. Sie machen alles richtig, wenn Sie einfach den Compiler darauf hinweisen, dass er beide anlegen soll:

```
GraphObjekt(const GraphObjekt&) = default;
GraphObjekt& operator=(const GraphObjekt&) = default;
```

9.4.2 Überschreiben oder nicht überschreiben?

Wenn ein Überschreiben notwendig erscheint, soll die Funktion in der Basisklasse als `virtual` deklariert werden. Der Grund liegt darin, dass die Bedeutung (= das Verhalten) eines Programms sich nicht ändern soll, wenn auf eine Methode über den Objektnamen oder über Basisklassenzeiger bzw. -referenzen zugegriffen wird. Anders formuliert: Nichtvirtuelle Funktionen einer Basisklasse sollen *nicht* in abgeleiteten Klassen überschrieben werden!

In den abgeleiteten Klassen sollen die überschriebenen Mitgliedsfunktionen mit `override` gekennzeichnet werden. Der Compiler prüft dann, ob eine entsprechende Funktion in der Basisklasse existiert.

Listing 9.4 Überschreiben kennzeichnen

```
// Auszug aus beispiele/kap9/poly/Rechteck.h
void zeichnen() const override {
  std::cout << "Rechteck " << hoehe_ << "x"
            << breite_ << " zeichnen bei ("
            << bezugspunkt().x << ", "
            << bezugspunkt().y << ")\n";
}
```

Ohne `override` würde der Compiler einen Schreibfehler in `Zeichnen()` (großes Z) nicht entdecken, weil er `Zeichnen()` als neue Funktion, die nichts überschreibt, interpretieren würde.

Es kann sein, dass das Überschreiben mancher Methoden nicht sinnvoll erscheint. Nehmen wir an, dass der Programmierer der Klasse `Rechteck` meint, den Bezugspunkt verschieben zu müssen, und schreibt:

```
Punkt bezugspunkt() const {
  Punkt p =  GraphObjekt::bezugspunkt();
  return {p.x + 100.0, p.y + 20.0};    //?
}
```

In der zweiten Zeile wird die Funktion der *Oberklasse* angesprochen – andernfalls würde sich die Funktion selbst aufrufen (unendliche Rekursion). Das Überschreiben einer nichtvirtuellen Funktion hat zwei Nachteile:

- Da `bezugspunkt()` in der Oberklasse nicht `virtual` ist, würde ein Aufruf über ein `Rechteck`-Objekt ein anderes Ergebnis liefern als der Aufruf über einen `GraphObjekt`-Zeiger, der auf ein `Rechteck`-Objekt verweist. Gleiches gilt für eine entsprechende Referenz.
- Die Absicht des Basisklassenkonstrukteurs, diese Funktion für alle abgeleiteten Klassen unverändert zu lassen, würde unterlaufen. Die Änderung in der Klasse `Rechteck` würde an alle davon abgeleiteten Klassen, zum Beispiel `Quadrat`, weitervererbt werden.

Um das zu verhindern, kann die Funktion in der Oberklasse als `virtual` mit dem zusätzlichen Schlüsselwort `final` gekennzeichnet werden:

Listing 9.5 Überschreiben verhindern

```
virtual Punkt bezugspunkt() const final {
   return punkt;
}
```

9.4.3 Polymorphismus-Anwendung

Das folgende Beispiel zeigt die Struktur einer typischen Anwendung: Ein Vektor wird mit Zeigern auf Objekte verschiedener Datentypen bevölkert. Alle Datentypen haben eine gemeinsame Oberklasse, die den Typ der Vektorelemente bestimmt. In einer Schleife wird auf alle Objekte zugegriffen und eine in der gemeinsamen Oberklasse deklarierte virtuelle Funktion aufgerufen.

Listing 9.6 Polymorphismus-Anwendung *(beispiele/kap9/poly/appl.cpp)*

```
#include <iostream>
#include <vector>
#include <memory>
#include "Quadrat.h"
#include "Kreis.h"
using namespace std;

int main() {
  vector<shared_ptr<GraphObjekt>> v;
  v.push_back(make_shared<Rechteck>(
        Punkt {4.4f, 5.5f}, 10.7f, 20.1f));
  v.push_back(make_shared<Quadrat>(
        Punkt {1.0f, 2.5f}, 10.0f));
  v.push_back(make_shared<Kreis>(
        Punkt {7.7f, 8.8f}, 30.0f));
  for(auto ptr : v) {
    ptr ->zeichnen();
  }
}
```

Der Polymorphismus (späte Bindung) wird dadurch sichtbar, dass für die Objekte die passende Funktion aufgerufen wird, obwohl der statische Typ der Zeiger gleich bleibt (`shared_ptr<GraphObjekt>`, im Programm mit `auto` abgekürzt).

Eine Anmerkung: Bei der Erzeugung eines grafischen Objekts wird der `Punkt`-Anteil mit geschweiften Klammern initialisiert, etwa

```
Kreis k({0.9f, 1.1f}, 22.2f);
```

`make_shared` wird in einfacheren Fällen dieselbe Parameterliste übergeben, wie im Programmbeispiel zu Abschnitt 8.3.4 zu sehen. Hier wird aber die Unterstützung durch die Typangabe `Punkt` benötigt.

9.4.4 Herausfiltern bestimmter Klassen

In der Schleife werden alle Objekte gleich behandelt. Was ist aber, wenn nur ein spezieller Objekttyp angesprochen werden soll? Dafür gibt es mit `dynamic_pointer_cast` eine Umwandlung in den gewünschten Typ, die bei Nichterfolg einen leeren `shared_ptr` zurückgibt. Das kann ausgewertet werden. Im Beispiel soll die Umwandlung sicherstellen, dass ein `Kreis`-Objekt angesprochen wird, denn nur dieses hat eine Mitgliedsfunktion `radius()`:

Listing 9.7 Dynamische Typabfrage

```
// Bezug: obiges Programm appl.cpp
for(auto ptr : v) {
  auto kptr = dynamic_pointer_cast<Kreis>(ptr);
  if(kptr) {              // nur true bei Zeiger auf Kreis
    cout << "Radius = " << kptr->radius() << '\n';
  }
}
```

Der gewünschte Typ `shared_ptr<Kreis>` wird auch hier der Einfachheit halber mit `auto` vom Compiler ermittelt.

9.5 Abstrakte Klassen

Es gibt kein grafisches Objekt an sich. Es existiert immer in einer konkreten Form als Dreieck, Rechteck, Kreis usw. Dennoch möchte man für all diese konkreten Fälle eine Schnittstelle vorgeben, an die sich alle halten. Dafür ist die Basisklasse da. Aber: Von der Basisklasse selbst braucht man kein Objekt. Klassen, die zwar eine Schnittstelle vorgeben, von denen aber kein Objekt erzeugt werden kann, heißen *abstrakt*. In C++ werden sie durch sogenannte »rein virtuelle Funktionen« realisiert. In der Klasse `GraphObjekt` wird dazu die Funktion `zeichnen()` durch die folgende Deklaration ersetzt:

```
virtual void zeichnen() const = 0;     // rein virtuelle Funktion
```

Die Syntax `= 0` ist ewas merkwürdig. Vermutlich wollte das C++-Standardkomitee kein neues Schlüsselwort `abstract` spendieren. Die Bedeutung ist: Die Klasse dient ausschließlich als Basisklasse. Alle abgeleiteten Klassen müssen diese Funktion implementieren, also Programmcode dafür bereitstellen. Eine abgeleitete Klasse, in der diese Funktion fehlt, ist selbst wieder abstrakt und man kann von ihr keine Objekte erstellen. Vorbild für die Klasse `GraphObjekt` ist die SFML-Klasse `Drawable`. Sie ist ebenfalls abstrakt.

Allerdings ist es möglich, dass die Basisklasse eine Implementation bereitstellt, die von angeleiteten Klassen genutzt werden kann. Diese Implementierung muss jedoch außerhalb der Klassendefinition liegen, entweder als `inline`-Funktion direkt nach der Klassendefinition in der Header-Datei:

```
inline void GraphObjekt::zeichnen() const {
  std::cout << "GraphObjekt zeichnen bei ("
            << punkt.x << ", " << punkt.y << ")\n";
}
```

oder nicht `inline` in einer eigenen cpp-Datei. Die Funktion kann dann innerhalb oder außerhalb der Klasse aufgerufen werden, wenn der Klassenname davor geschrieben wird. Ein Beispiel:

```
Kreis k({7.7f, 8.8f}, 30.0f);
k.GraphObjekt::zeichnen();
```

9.6 Mehrfachvererbung

Oben gibt es zu einer abgeleiteten Klasse genau eine Basisklasse. C++ bietet die Möglichkeit, von mehreren Klassen zu erben, die jeweils verschiedenen Eigenschaften entsprechen. So kann ein Objekt der SFML-Klasse `Shape` gezeichnet werden (es ist `Drawable`), aber es sind auch Transformationen wie Bewegung, Verschieben des Ursprungs, Skalierung und andere möglich. `Shape` ist also auch `Transformable`. Die Klassen `Drawable` und `Transformable` bieten einen ganz unterschiedlichen Satz von Eigenschaften, den sich `Shape` mithilfe der Mehrfachvererbung zunutze machen kann. In C++ sieht das Erben beider genannten Klassen so aus:

```
class  Shape : public Drawable, public Transformable {
public:
// usw. usw.
};
```

In der täglichen Programmierpraxis kommt Mehrfachvererbung eher selten vor. Sie kann spezielle Probleme mit sich bringen, auf die hier nicht weiter eingegangen werden kann. Auch gibt es Möglichkeiten, sowohl Vererbung als auch Mehrfachvererbung zu umgehen. Das Prinzip heißt *Delegation*. Die Klasse `Rakete` von Seite 175 ist ein Beispiel dafür. Vom Standpunkt der Grafik betrachtet, ist eine `Rakete` ein zu zeichnendes Objekt – im vorliegenden Fall ein Fünfeck, das mit der Klasse `ConvexShape` realisiert wird. `Rakete` hätte also gut von `ConvexShape` erben können und wäre dann direkt zeichenbar. Die Zeile 19 des Programms *Feuerwerk.cpp* von Seite 178 hätte dann einfach lauten können:

```
fenster.draw(rakete);
```

Im Abschnitt 7.5 wird Vererbung nicht als bekannt vorausgesetzt, weswegen die Klasse `Rakete` nicht von `ConvexShape` erbt, sondern vielmehr ein Attribut `fuenfeck` dieser Klasse angelegt wird. An dieses Attribut werden verschiedene Aufgaben *delegiert*, wie die vielen Aufrufe in *Rakete.h* zeigen. Delegation heißt also, nicht von einer potenziellen Oberklasse zu erben, sondern ein Objekt dieser Klasse als Attribut anzulegen und seine entsprechenden Funktionen aufzurufen. Manchmal wird ein Programm dadurch einfacher. Allerdings verzichtet man auf Polymorphismus, der ja bei verschiedenen Klassen eine gemeinsame Oberklasse voraussetzt.

9.7 Polymorphismus und SFML – TicTacToe reloaded

In den bisher beschriebenen SFML-Programmen wird ein Objekt mit der Anweisung `windows.draw(objekt)` gezeichnet. Sie mögen sich fragen, wo hier der beschriebene Polymorphismus bleibt, nach dem die Funktion `draw()` für das jeweilige Objekt aufgerufen und zur Laufzeit die richtige Zeichenfunktion gewählt wird. Tatsächlich ist das hier in der Funktion `windows.draw(Drawable&)` versteckt. Das Objekt `windows` ist von der SFML-Klasse `RenderWindow`, die von `RenderTarget` erbt. Innerhalb dieser Funktion wird eine andere Funktion `draw()`, nämlich die für das jeweilige Objekt passende, aufgerufen.

Listing 9.8 Zeichnen des Objekts `drawable`

```
void sf::RenderTarget::draw(const Drawable& drawable,
                            const RenderStates& states
                           = RenderStates::Default ) {
    drawable.draw(*this, states); // Polymorpher Aufruf!
}
```

Den `RenderStates`-Parameter können wir ignorieren, weil ohne weitere Angaben unsererseits ein vorgegebener Wert dort eingetragen wird. Aus dem Aufruf ergibt sich, dass von `Drawable` abgeleitete Klassen für konkret zu zeichnende Objekte eine Funktion `draw()` implementieren müssen. Die Schnittstelle ist in der abstrakten Klasse `Drawable` als rein virtuelle Funktion deklariert:

Listing 9.9 Schnittstelle `draw()`

```
virtual void sf::Drawable::draw(RenderTarget &target,
                               RenderStates states) const = 0;
```

Eine Klasse, deren Objekte zeichenbar sein sollen, muss also von der Basisklasse `Drawable` erben und `draw()` implementieren. Wie das geht, zeigt das folgende TicTacToe-Spiel (siehe Abbildung 9.2).

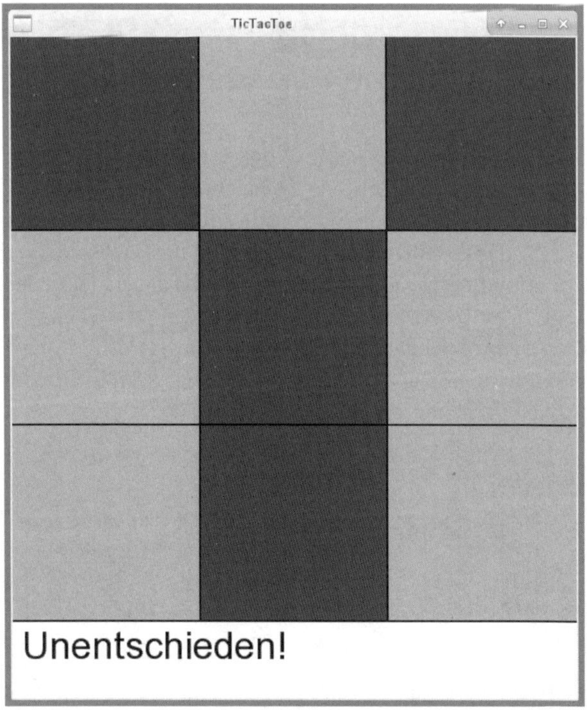

Bild 9.2 TicTacToe (möglicher Endstand)

Das Spiel unterscheidet sich von dem des Abschnitts 5.3 in den folgenden Punkten:

- Farbige Grafik statt Konsolenausgabe
- Anklicken der Felder mit der Maus statt Konsoleneingabe
- Kapselung des Spielfelds als Klasse mit virtueller Funktion `draw()`

In der Header-Datei für das Spielfeld wird mit `using` wie in Abschnitt 5.3 ein anderer Name für das interne Array eingeführt.

Listing 9.10 Klasse `Spielfeld` *(beispiele/kap9/ttt/Spielfeld.h)*

```
#ifndef SPIELFELD_H
#define SPIELFELD_H
#include <array>
#include <SFML/Graphics.hpp>
using TTTarray
   = std::array<std::array<sf::RectangleShape, 3>, 3>;

class Spielfeld : public sf::Drawable {
public:
  Spielfeld(sf::RenderWindow& window);

  bool  markierungSetzen(size_t aktiverSpieler,
                         int x, int y); // angeklickte Koordinate

  bool gewonnen() const;

  virtual void draw(sf::RenderTarget& window,
                    sf::RenderStates states) const {
    for(const auto& zeile : quadrate) {
      for(const auto& quadrat : zeile) {
        window.draw(quadrat);
      }
    }
  }
private:
  TTTarray quadrate;
};
#endif
```

Das Array speichert statt Zeichen des Typs `char` nun Rechtecke des Typs `RectangleShape`. Die Implementierung der Funktionen sind in *Spielfeld.cpp* mit Ausnahme der Funktion `draw()`, die in *Spielfeld.h* belassen wurde. Diese Funktion ist entscheidend für das Zeichnen. Sie ruft für alle neun Quadrate die Funktion `window.draw()` auf, die nach dem oben beschriebenen Mechanismus für jedes Quadrat (das ja ein `RectangleShape` ist) die Funktion `draw()` aufruft.

Listing 9.11 Konstruktor der Klasse `Spielfeld`

```
// Auszug aus beispiele/kap9/ttt/Spielfeld.cpp
namespace {
// Farben festlegen
const sf::Color frei = sf::Color::White;
const sf::Color spieler1 = sf::Color::Green;
const sf::Color spieler2 = sf::Color::Red;
}

Spielfeld::Spielfeld(sf::RenderWindow& window) {
  std::size_t laenge =  window.getView().getSize().x
                         /quadrate.size();
  // quadrate.size() = Anzahl der Zeilen
  for(std::size_t i = 0u; i < quadrate.size(); ++i) {
    // quadrate[0].size() = Anzahl der Spalten (hier auch 3)
    for(std::size_t j = 0u; j < quadrate[0].size();++j){
      quadrate[i][j] = sf::RectangleShape(
                          sf::Vector2f(laenge, laenge));
      quadrate[i][j].setFillColor(frei);
      quadrate[i][j].setOutlineColor(sf::Color::Black);
      quadrate[i][j].setOutlineThickness(2);
      quadrate[i][j].setPosition(j*laenge,i*laenge);
    }
  }
}
```

Der Aufruf `window.getView().getSize().x` gibt die Anzahl der Pixel des Fensters in x-Richtung zurück. Die gespeicherten Rechtecke sind Quadrate, weil Höhe und Breite im Konstruktor gleich bemessen werden. Die Länge eines Quadrats ist ein Drittel der Fensterbreite. Die geschachtelte Schleife konstruiert alle neun Quadrate. Die Funktion `gewonnen()` ist ähnlich der in Abschnitt 5.3 beschriebenen. Die Implementierung ähnelt der aus Abschnitt 5.3 und ist hier nicht abgedruckt, aber in *Spielfeld.cpp* zu finden.

`markierungSetzen()` hat zwei `int`-Parameter `x` und `y` für die mit der Maus angeklickte Koordinate. Anhand dieser Koordinate wird das jeweilig betroffene Quadrat bestimmt.

Listing 9.12 Funktion `markierungsetzen()`

```
// Auszug aus beispiele/kap9/ttt/Spielfeld.cpp
bool  Spielfeld::markierungSetzen(size_t aktiverSpieler,
                                  int x, int y) {
  bool markiert = false;
  sf::Vector2f pos(x, y);
   for(std::size_t i = 0u; i < quadrate.size()
                           && !markiert; ++i) {
    for(std::size_t j = 0u; j < quadrate[0].size()
                           && !markiert; ++j) {
      if(quadrate[i][j].getGlobalBounds().contains(pos)){
        if(quadrate[i][j].getFillColor() == frei) {
          if(aktiverSpieler == 1) {
            quadrate[i][j].setFillColor(spieler1);
          }
          else {
            quadrate[i][j].setFillColor(spieler2);
          }
          markiert = true;
        }
      }
    }
  }
  return markiert;
}
```

Der Aufruf `getGlobalBounds()` gibt ein Rechteck zurück, das das jeweilige grafische Objekt, hier ein Quadrat, umfasst. Mit `contains(pos)` wird festgestellt, ob die Position `pos` innerhalb des `getGlobalBounds()`-Rechtecks liegt. Die Abfrage `&& !markiert` in den Schleifen dient dazu, die Schleife abzubrechen, wenn ein getroffenes Quadrat ermittelt wurde. Die anderen müssen dann nicht mehr geprüft werden. Es fehlt noch das Hauptprogramm, dessen Auszüge hier folgen, unterbrochen von Erläuterungen.

Listing 9.13 Hauptprogramm *beispiele/kap9/ttt/main.cpp*

```
1  #include <SFML/Graphics.hpp>
2  #include <iostream>
3  #include "Spielfeld.h"
4  #include "../../kap7/fonts.h"         // ArialFontDatei
5  constexpr const std::size_t sizeXY = 600; // Fensterbreite
6
7  int main() {
8    sf::RenderWindow window(sf::VideoMode(sizeXY,
9                           sizeXY + 80),   // + 80: Bereich für Text
10                          "TicTacToe");   // Titel
11   std::size_t aktiverSpieler = 1;
12   std::size_t besetzteFelder = 0;
13   bool feldmarkiert = false;
14   bool spielbeendet = false;
15   Spielfeld spielfeld(window);
16   sf::Font font;
17   if (!font.loadFromFile(ArialFontDatei)) {
18     std::cerr << "Font nicht gefunden\n";
19   }
20   sf::Text text("Spieler 1 ist dran", font, 40);
21   text.setColor(sf::Color::Black);
22   text.setPosition(10, sizeXY);
23   while (window.isOpen()) {
24     sf::Event event;
```

Dieses ist der vorbereitende Teil. Die Variable `feldmarkiert` gibt an, ob ein Feld markiert wurde. Klicken auf ein bereits besetztes Feld ist ohne Wirkung. Das Spielfeld wird in Zeile 15 angelegt. Anschließend kommt der Anfangstext (Zeilen 4 und 16-22). Details zum Laden des Fonts finden Sie in Abschnitt 7.2. Wenn der Font nicht gefunden wird, sind die Textoperationen in den Zeilen 20-22 unschädlich – es gibt nur keine Textausgabe. Die Zeilen 23 und 24 sind der Anfang der Hauptschleife. Es folgt die Abfrage der Ereignisse.

```
25      while (window.pollEvent(event)) {
26        switch(event.type) {
27           case sf::Event::Closed : window.close();
28             break;
29           case sf::Event::MouseButtonPressed:
30             if(!spielbeendet) {
31               feldmarkiert = spielfeld.markierungSetzen(
32                                      aktiverSpieler,
33                                      event.mouseButton.x,
34                                      event.mouseButton.y);
35             }
36             break;
37           default: ; // nichts tun
38        }
39      }
```

Neu an der Schleife zur Abfrage der Ereignisse ist, dass ein Mausklick erfasst wird. Er wird nur dann ausgewertet, wenn das Spiel noch nicht beendet ist. Die Position des Klicks auf dem Bildschirm wird an die Funktion `markierungSetzen()` weitergegeben, die das zugehörige Quadrat ermittelt und gegebenenfalls seine Farbe neu setzt. Abschließend folgen die Spiellogik und der Rest der Hauptschleife zum Zeichnen von Spielfeld und Text.

```
40      if(feldmarkiert && !spielbeendet) {
41        feldmarkiert = false;
42        ++besetzteFelder;
43        if (spielfeld.gewonnen()) {
44          text.setString("Spieler "
45                        + std::to_string(aktiverSpieler)
46                        +  " gewinnt! - Ende");
47          spielbeendet = true;
48        }
49        else {
50          if(besetzteFelder == 9) {
51            text.setString("Unentschieden!");
```

```
            }
            else {
              aktiverSpieler = (aktiverSpieler % 2) + 1;
              text.setString("Spieler "
                          + std::to_string(aktiverSpieler)
                          + " ist dran");
            }
          }
        }
        window.clear(sf::Color::White);
        // hier alles zeichnen:
        window.draw(spielfeld);
        window.draw(text);
        window.display();
    }
} // Ende von main()
```

Übersetzen Sie das Spiel, indem Sie in der Konsole `make` aufrufen, und starten Sie es mit `ttt.exe`.

9.8 Probleme der Modellierung mit Vererbung

Auf Seite 215 erbt `Quadrat` in Abbildung 9.1 von `Rechteck`, weil es ein Spezialfall eines Rechtecks darstellt. Ein Problem gibt es dann, wenn die Klasse `Rechteck` eine Funktion `hoeheAendern(int neueHohe)` bekäme. Sie würde von `Quadrat` geerbt, eine Anwendung wäre aber ein Fehler – die Seiten eines Quadrats müssen gleich sein. Eine Korrektur kann darin bestehen, dass die Methode in der Klasse `Quadrat` überschrieben würde und die überschreibende Funktion auch die Breite ändert.

Ein anderer Fall: Eine `SortierteListe` ist der Spezialfall einer `Liste`, erbt also von dieser. Wenn die Klasse `Liste` eine Methode `einfuegen(position, element)` hat, wird sie von `SortierteListe` geerbt. Diese Methode darf aber nicht angewendet werden, weil das Einfügen eines beliebigen Elements an einer bestimmten Position die Sortierung zerstört. Hier ist eine Korrektur wie bei der Klasse `Quadrat` oben nicht möglich. Abhilfe: `SortierteListe` erbt *nicht* von `Liste`, sondern benutzt ein `Liste`-Objekt als Attribut (Delegation). `SortierteListe` kann dann mit einer Funktion `einfuegen(element)` ohne Positionsangabe ausgestattet werden. Innerhalb dieser Funktion wird die richtige Postion entsprechend der Sortierung bestimmt und dann die Funktion `einfuegen(position, element)` des `Liste`-Attributs aufgerufen.

> **!** Fazit: Wenn Vererbung genutzt wird, muss gut überlegt werden, ob alle Funktionen der Oberklasse für ein Objekt der abgeleiteten Klasse sinnvoll aufgerufen werden können. ■

9.9 C++-Quiz

Anhand der folgenden Fragen können Sie Ihr Verständnis des Kapitels überprüfen.

1. Ist die Oberklasse a) ein Spezialfall der Unterklasse, oder ist es b) gerade umgekehrt?
2. Was bedeutet *Überladen* einer Funktion und was bedeutet *Überschreiben*?
3. Wovon hängt der Aufruf einer virtuellen Funktion `func()` ab?
   (a) Vom Typ des Objekts `obj`, für das die Funktion mit `obj.func()` aufgerufen wird.
   (b) Vom Typ des Zeigers auf ein Objekt, über den die Funktion aufgerufen wird.
   (c) Vom Typ der Referenz auf ein Objekt, über die die Funktion aufgerufen wird.
4. Die Klasse `Unter` erbt von `Ober` und hat einen Konstruktor, der einen `int`-Wert nimmt. Die Klasse `Ober` hat eine virtuelle Funktion `f()`, die

von der Klasse `Unter` überschrieben wird. Gegeben seien die Anweisungen

```
shared_ptr<Ober> z = make_shared<Unter>(100);
z->f();
```

Welche Aussagen sind richtig?

(a) Der Compiler sucht das passende Objekt zur Funktion `f()`.

(b) Der Compiler sucht eine Funktion namens `f()`, die zur Klasse `Unter` passt.

(c) Der Compiler sucht eine Funktion namens `f()`, die zur Klasse `Ober` passt.

(d) Zur Laufzeit des Programms sucht das Laufzeitsystem eine Funktion namens `f()`, die zur Klasse `Unter` passt.

(e) Zur Laufzeit des Programms sucht das Laufzeitsystem eine Funktion namens `f()`, die zur Klasse `Ober` passt.

(f) Es gibt eine Fehlermeldung des Compilers, weil der Typ von `z` nicht zu `Unter` passt.

(g) Die Anweisung muss eigentlich so lauten:

```
shared_ptr<Unter> z = make_shared<Ober>(100);
```

Lösungen

1. (b) ist richtig.
2. Siehe Kasten auf Seite 219.
3. (b) und (c) sind richtig.
4. Aussagen (c) und (d) sind richtig.

10 Fehlerbehandlung

Fragen, die dieses Kapitel beantwortet:

- Wie wird ein Fehler signalisiert?
- Wie kann ein Fehler abgefangen werden?

Dieses Kapitel skizziert die Möglichkeiten, in C++ *vorhersehbare* Fehlersituationen abzufangen, auch wenn man sie nicht unbedingt erwartet. Gegen *nicht vorhersehbare* Fehler kann man sich schlecht schützen. Eine Funktion, die einen Fehler feststellt, kann eine andere Funktion zur Fehlermeldung und Bearbeitung aufrufen, die gegebenenfalls den Programmabbruch herbeiführt. Diese Methode erspart dem Aufrufer die Fehlerabfrage nach Rückkehr aus der Funktion. Sie hat den Vorteil, dass der Programmcode, der die eigentliche Aufgabe erledigen soll, von vielen eingestreuten Fehlerprüfungen entlastet wird. Es ist in Abhängigkeit von der Art des Fehlers zu überlegen, ob dem Aufrufer die Information des Fehlschlags mitgeteilt werden muss. Dies gilt sicher dann, wenn die Funktion die ihr zugedachte Aufgabe nicht erledigen konnte.

Zu unterscheiden ist zwischen der *Erkennung* und der *Behandlung* von Fehlern. Die Erkennung ist in der Regel einfach, die Behandlung schwierig und häufig genug unmöglich, sodass ein Programm gegebenenfalls abgebrochen werden muss.

10.1 Fehler erkennen und signalisieren

In C++ gibt es eine Klasse `exception` (dt. Ausnahme) zum Melden von Fehlern. Zu dieser Klasse gibt es verschiedene spezialisierte Varianten, etwa `runtime_error` für nicht vorhersehbare Fehler, zum Beispiel in den Daten. Eine »Meldung« besteht darin, dass die Exception (ein Objekt einer der Exception-Klassen oder eines anderen Datentyps) mit `throw` »geworfen« wird. Ausführen einer `throw`-Anweisung bedeutet, dass die Funktion an dieser Stelle sofort verlassen wird, ohne Berücksichtigung möglicher noch folgender Anweisungen bis zum Funktionsende! Gleich im nächsten Abschnitt folgt ein Beispiel.

10.2 Fehler behandeln

Die Fehlerbehandlung soll einen von zwei Wegen einschlagen:

- Den Fehler beheben und den Programmlauf fortsetzen oder, falls das nicht gelingt, das Programm mit einer aussagefähigen Meldung abbrechen *oder*
- den Fehler an das aufrufende Programm melden, das ihn dann ebenfalls auf eine dieser beiden Arten bearbeiten muss.

Der Ablauf der Ausnahmebehandlung in C++ lässt sich so skizzieren, wobei der englische Begriff dem C++-Schlüsselwort entspricht:

1. Eine Funktion versucht (englisch *try*) die Erledigung einer Aufgabe.
2. Wenn sie einen Fehler feststellt, den sie nicht beheben kann, wirft (englisch *throw*) sie eine Ausnahme (englisch *exception*) aus.
3. Die Ausnahme wird von einer Fehlerbehandlungsroutine aufgefangen (englisch *catch*), die den Fehler bearbeitet oder an die nächst höhere Funktion (Aufrufer) weiterreicht.

4. Wenn die oberste aufrufende Funktion (`main()`) den Fehler nicht bearbeiten kann, wird das Programm abgebrochen.

Das folgende Programm zeigt ein einfaches Beispiel. Der Fehler tritt in der Funktion `bruchAlsDouble()` auf, wenn der übergebene Nenner 0 ist. In diesem Fall wird in Zeile 7 eine Exception geworfen, die in `main()` aufgefangen wird. Die Exception `runtime_error` ist vordefiniert, weitere Exceptions lernen Sie in Abschnitt 10.3 kennen.

Listing 10.1 Exception werfen und auffangen *(beispiele/kap10/exc1.cpp)*

```
 1 #include <iostream>
 2 #include <stdexcept>                        // runtime_error
 3
 4 double bruchAlsDouble(long int zaehler,
 5                       long int nenner) {
 6   if(nenner == 0L) {   // ganzzahlige Division verhindern
 7     throw std::runtime_error("Nenner ist 0!");
 8   }
 9   return static_cast<double>(zaehler)/nenner;
10 }
11
12 int main() {
13   // Berechnung von Zähler und Nenner, hier der Einfachheit
14   // halber als Konstante festgelegt:
15   const long int zaehler = 910012356789L;
16   const long int nenner = 10L;
17   try {
18     double ergebnis = bruchAlsDouble(zaehler, nenner);
19     std::cout << ergebnis << '\n';
20   }
21   catch(const std::runtime_error& err) {
22     std::cerr << err.what()
23               << " Nicht behebbarer Fehler\n";
24   }
25 }
```

Übersetzen Sie das Programm mit

```
g++ -Wall -o exc1.exe exc1.cpp
```

Am besten probieren Sie das Programm aus, indem Sie den Nenner in der Zeile 16 variieren, insbesondere auch mal mit 0 initialisieren. Es wird angenommen, dass Zähler und Nenner irgendwie berechnet werden. Man könnte diese Werte natürlich zum Testen einfach per Dialog mit `cin` eingeben. Dann aber wäre ein Nenner gleich 0 kein Grund für eine Exception, weil er ja direkt geprüft und die Abfrage wiederholt werden könnte. Exceptions sind nicht als Hilfsmittel zur Kontrolle des Programmflusses gedacht, sondern für schwere Fehler. Falls sie im Programm behoben werden können, gehört die Fehlerbehandlung in die `catch`-Klausel. Die Methode `what()` gibt den String zurück, der dem Exception-Objekt in der `throw`-Anweisung mitgegeben wurde. Der String sollte einen Hinweis auf die Art des Fehlers und seinen Ort enthalten. Der Ort des Fehlers als Kombination von Dateiname und Zeile kann mit den Makros `__FILE__` und `__LINE__` ermittelt werden:

```
throw std::runtime_error(std::string(__FILE__ " Zeile ")
        + std::to_string(__LINE__) + ": Nenner ist 0!");
```

Die Makros werden vom Präprozessor ausgewertet. Der Text, der der `throw`-Anweisung übergeben wird, ist dann zum Beispiel

meinprogramm.cpp Zeile 9: Nenner ist 0!

Es kann in einem Programm verschiedene Arten von Fehlern geben, die unterschiedlich behandelt werden sollen. Das geht mit einer Folge von `catch`-Klauseln. Es wird jeweils die passende angesprungen, wie das folgende Testprogramm zum Ausprobieren zeigt.

Listing 10.2 Testprogramm *(beispiele/kap10/exc2.cpp)*

```
#include <iostream>
#include <exception>                            // exception
#include <stdexcept>                            // runtime_error

// Test verschiedener Exception-Arten

int main() {
  std::cout << "Bitte Exception-Art wählen:\n"
    "0 : exception\n"
    "1 : runtime_error\n"
```

```
11       "2 : const char*\n"
12       "3 : andere Art (int) :";
13     int art;
14     std::cin >> art;
15     try {
16       switch(art) {
17          case 0 : throw std::exception();
18          case 1 : throw std::runtime_error("RT-Fehler!");
19          case 2 : throw "char: Fehlermeldung!";
20          default : throw 42;
21       }
22     }
23     catch(const std::runtime_error& e) {
24       std::cout << "runtime_error: " << e.what() << '\n';
25     }
26     catch(const std::exception& e) {
27       std::cout << "exception aufgefangen.\n";
28     }
29     catch(const char* e) {
30       std::cout << "const char* : " << e << '\n';
31     }
32     catch(...) {
33       std::cout << "Andere Exception aufgefangen.\n";
34       throw;          // weiterleiten an die nächste Ebene
35     }
36 }
```

Übersetzen Sie das Programm mit

```
g++ -Wall -o exc2.exe exc2.cpp
```

Im Programm ist die Reihenfolge der `catch`-Anweisungen zu berücksichtigen, wenn eine Exception von einer anderen abgeleitet ist. So ist zum Beispiel die speziellere Exception `std::runtime_error` von der allgemeinen Exception `std::exception` abgeleitet. Die speziellen Exceptions müssen zuerst abgefangen werden. Sie können es ausprobieren, indem Sie im Programmcode oben die Zeilen 23-25 mit den Zeilen 26-28 vertauschen und das veränderte Programmverhalten beobachten.

> Wenn mit einer Exception aus einem Block herausgesprungen wird, werden automatisch die Destruktoren aller in diesem Block angelegten Objekte aufgerufen. Das bedeutet für ein Datei-Objekt, dass die Datei geschlossen wird.

10.3 Vordefinierte Exceptions

C++ stellt eine Menge vordefinierter Exception-Klassen zur Verfügung, wobei zwischen »logischen Fehlern« (Klasse `logic_error`) und »Laufzeitfehlern« (Klasse `runtime_error`) unterschieden wird. `logic_error`-Exceptions und die davon abgeleiteten Ausnahmen sind der internen Programmlogik geschuldet und damit theoretisch vermeidbar. Ein `runtime_error` hingegen hat seine Ursache außerhalb des Programms, zum Beispiel fehlerhafte Daten, die in das Programm eingespeist werden. Darüber hinaus gibt es weitere Exception-Arten für Fehler bei der Speicherbeschaffung, bei der Typumwandlung und viele andere. Die wichtigsten Exception-Klassen, unten aufgeführt, setzen das Einbinden des Headers `<stdexcept>` voraus, wenn nicht anders vermerkt. Die Konstruktoren der Klassen nehmen als Argument einen String. Damit kann dem Aufrufer einer Funktion, die eine Exception wirft, ein Hinweis auf die Art des Fehlers mitgegeben werden, wie oben in Listing 10.2 gezeigt.

`logic_error`: aufgrund der Programmlogik theoretisch vermeidbare Exception. Von `logic_error` abgeleitet sind:

- `invalid_argument`: ungültiges Argument bei Funktionen
- `length_error`: tritt auf, wenn ein Objekt mit Funktionen der Standardbibliothek erzeugt werden soll, das die maximal erlaubte Größe für dieses Objekt überschreitet
- `out_of_range`: Überschreitung des erlaubten Bereichs
- `domain_error`: anderer Fehler des Anwendungsbereichs

`runtime_error`: aufgrund außerhalb des Programms liegender Ursachen auftretende Exception. Von `runtime_error` abgeleitet sind:

- `range_error`: Bereichsüberschreitung
- `overflow_error`: arithmetischer Überlauf (Zahl wird zu groß)
- `underflow_error`: arithmetischer Unterlauf (Zahl wird zu klein)
- `regex_error`: Fehler bei regulären Ausdrücken. Im Unterschied zu den anderen Exceptions muss hier der Header `<regex>` eingebunden werden.

Eine `system_error`-Exception ist zwar auch von `runtime_error` abgeleitet, spielt aber eine Sonderrolle. Sie ist eine Fehlermeldung des Betriebssystems und liefert nicht nur einen String zur Fehlerursache, sondern auch einen Fehlercode. Für sie muss der Header `<system_error>` eingebunden werden. Für die vielen Fehlercodes gibt es erläuternde Kurztexte. Für ein `system_error`-Objekt namens `fehler` erhält man die mitgegebenen Informationen so:

```
cerr << fehler.what() << ": " << fehler.code().message();
```

10.4 Eigene Exception-Klasse

Mit den vordefinierten Klassen ist es einfach, eigene Exception-Klassen zu entwerfen. Das ist etwa dann sinnvoll, wenn man den Exception-Mechanismus gern nutzen würde, eine verwendete Bibliotheksfunktion aber nur einen Wahrheitswert `false` zurückgibt, wenn etwas nicht geklappt hat. Zum Beispiel soll die Funktion `loadFromFile(dateiname)` der SFML-Klasse `sf::Texture` eine Bilddatei laden. Wenn dabei ein Fehler auftritt, etwa weil die Datei nicht an der erwarteten Stelle gefunden wird, ist der Rückgabewert `false`. Ähnliches gilt für die schon bekannte Funktion `good()` der `iostream`-Bibliothek. Wenn diese Bilddatei wichtig für ein Spiel ist, soll das Programm mit einer Fehlermeldung abgebrochen werden. Mit einer Exception ist die Fehlerbehandlung zentral für alle Vorkommen von `loadFromFile()` leicht zu organisieren. Ohne Exception müsste es an *jeder* entsprechenden Stelle eine Ausgabe auf `cerr` und einen Abbruch des ganzen Programms mit `exit(fehlernummer)` geben.[1]

Beim Entwurf einer eigenen Exception erbt man am besten von einer der vordefinierten Exceptions. So ist eine eigene Exception `Dateifehler` klar ein `runtime_error`. Die Klasse sieht etwa wie folgt aus:

Listing 10.3 Eigene Exception-Klasse *(beispiele/kap10/Dateifehler.h)*

```
#ifndef DATEIFEHLER_H
#define DATEIFEHLER_H
#include <stdexcept>

class Dateifehler : public std::runtime_error {
public:
  // Konstruktor erben (Hilfsname basis: siehe Abschnitt 9.3)
  using basis = std::runtime_error;
  using basis::basis;
};
#endif
```

Der Konstruktor der Oberklasse wird der Einfachheit halber geerbt. Der Vorteil dieser Klasse besteht in ihrem speziellen Typ. Damit kann ein damit verknüpfter Fehler von anderen Laufzeitfehlern unterschieden werden, wie die folgende Anwendung zeigt:

Listing 10.4 Anwendung *(beispiele/kap10/dateitest.cpp)*

```
#include <fstream>
#include <iostream>
#include <string>
#include "Dateifehler.h"

void dateiverarbeiten(const std::string& name) {
  std::ifstream datei(name);
  if(datei.good()) {
    std::cout << name << " wird verarbeitet ...\n";
  }
```

[1] Ohne Exception-Mechanismus würde man das in einer Funktion kapseln.

```
  else {
    throw Dateifehler(name +
           " kann nicht geöffnet werden!\n");
  }
}

int main() {
  try {
    dateiverarbeiten("dateitest.cpp");
    dateiverarbeiten("dateiexistiertnicht.txt");
    // weitere weggelassen ...
  }
  catch(const Dateifehler& exc) {
    std::cerr << exc.what()
              << "Weiterverarbeitung zwecklos. Stop!\n";
  }
  catch(const std::runtime_error& rt) {
    std::cerr << rt.what()
              << "Anderer runtime_error. Stop!\n";
  }
}
```

Die Ausgabe des Programms ist:

dateitest.cpp wird verarbeitet ...
dateiexistiertnicht.txt kann nicht geöffnet werden!
Weiterverarbeitung zwecklos. Stop!

10.5 C++-Quiz

Anhand der folgenden Fragen können Sie Ihr Verständnis prüfen.

1. Welchen Vorteil hat die Ausnahmebehandlung mit Exceptions im Vergleich zu einer Fehlermeldung auf `cerr`?
   (a) Gar keinen. Letztlich wird immer nur ein Fehler gemeldet.
   (b) Es gibt mit `catch` die Chance, einen Fehler zu korrigieren.

(c) Gar keinen. Bei einem Rücksprung mit `return` nach der Ausgabe auf `cerr` werden ebenfalls die Destruktoren der in einer Funktion angelegten Objekte aufgerufen.

2. Spielt die Reihenfolge der `catch`-Anweisungen eine Rolle?

   (a) Unbedingt. (b) Nein. (c) Kommt darauf an.

3. Wo werden Exceptions eingesetzt?

   (a) Zur Steuerung des Programmflusses in Abhängigkeit von Bedingungen, etwa wie bei `if(...)..`

   (b) Zur Steuerung des Programmflusses bei unerwarteten Störungen, etwa dass eine zu lesende Datei nicht gefunden wird.

   (c) Zur Steuerung des Programmflusses bei ungültigen Daten wie etwa ein negatives Argument bei der Berechnung der Quadratwurzel.

   (d) Um schnell aus einer Funktion herauszuspringen, weil der Rest der Berechnung nicht benötigt wird.

Lösungen

1. (b) ist richtig. (c) Der zweite Satz ist richtig, der erste nicht, weil es nicht nur um die Destruktoren geht. So können Exceptions nicht nur bei dem direkten Aufrufer einer Funktion ausgewertet werden, sondern auch auf einer höheren Stelle der Aufrufhierarchie. Bei einem schlichten `return` wüsste die aufrufende Funktion nichts von dem Fehler, wenn nicht ein Fehlercode zurückgegeben würde.

2. (c) ist richtig, siehe Text nach Listing 10.2 (Seite 242f.).

3. Richtig sind (b) und (c). Anmerkung zu (c): Bei komplexen Zahlen sind negative Argumente möglich.

11 Interaktives Spiel mit Grafik und Sound

Fragen, die dieses Kapitel beantwortet:

- Wie ist ein interaktives Spiel aufgebaut?
- Wie werden Grafikdateien eingebunden?
- Wie können Geräusche erzeugt werden?
- Wie werden Schwerkraft und Gegenwind simuliert?
- Wie kann der Punktestand angezeigt werden?

In diesem Kapitel wird ein einfaches Spiel vorgestellt, in dem die bisher behandelten C++-Aspekte wie Vererbung, Exceptions, Polymorphismus, Zufallszahlen, »smarte« Zeiger und andere mit der SFML zusammenwirken. Neu im Vergleich zu bisher vorgestellten Spielen sind die Einbindung von Grafikdateien und Sound. Abbildung 11.1 zeigt das Szenario:

- Eine Kuh steht nachts auf der Weide. Der Mond scheint.
- Ein Vogel fliegt vorbei. Dabei schlägt er mit den Flügeln.
- Wenn die Leertaste gedrückt wird, lässt der Vogel etwas fallen, im Bild durch kleine helle Flecken erkennbar. Die Geschwindigkeit dieser Objekte nimmt in x-Richtung wegen des Luftwiderstandes mit der Zeit ab. Die Fallgeschwindigkeit nimmt dagegen zu.

- Was der Vogel fallen lässt, kann auf der Wiese (daneben!) oder auf der Kuh (getroffen!) landen. Horizontal- und Vertikalgeschwindigkeit werden null.
- Die Anzeige gibt an, wie oft die Kuh getroffen wurde und wie oft nicht.
- Wenn die Kuh getroffen wird, muht sie kurz mürrisch und wackelt mit dem Kopf.
- Wenn der Vogel nach rechts aus dem Bild fliegt, kommt links wieder ein Vogel herein. Dies geschieht sechs Mal (Runden), dann ist das Spiel vorbei und es wird »Game over« und der letzte Punktestand angezeigt.
- Während des ganzen Geschehens sinkt der Mond langsam und wird blasser. Der Himmel (Hintergrund) wird heller: Es wird Tag!

Bild 11.1 Screenshot

Die Gestaltung des Hintergrunds, das Zeichnen des Monds (als Kreis) und das Zeichnen der fallenden Objekte (als kleine Ellipse) sind im Prinzip bekannt. Neu in diesem Beispiel sind die eingebundenen Grafiken: die Wiese, die Kuh und der Vogel. Für solche Grafiken stellt SFML die Klasse `Sprite` zur Verfügung. Neu ist auch die Erzeugung von Sound.

> Dieses Spiel ist nicht anspruchsvoll. Ziel ist nicht, ein perfektes Spiel zu konstruieren, sondern zu zeigen, wie die unterschiedlichen Elemente des Spiels mit C++ realisiert werden. Dabei spielen die erlernten Konzepte zusammen: Vererbung, Exceptions, Polymorphismus und die Verwaltung der zu zeichnenden Objekte mit `shared_ptr`-Vektoren.

Zuerst werden die einzelnen Komponenten des Spiels erläutert, um anschließend auf ihre Einbindung in den Spielablauf einzugehen. Für Positionen und Geschwindigkeiten, die beide eine x- und eine y-Komponente haben, wird die SFML-Klasse `Vector2f` verwendet.

Hinweis: Die Fehlerbehandlung ist zweistufig. Wenn die Font- oder die Sound-Datei nicht gefunden wird, gibt es eine Fehlermeldung auf `cerr`. Das Programm läuft trotzdem, nur eben ohne Text- oder Geräuschausgabe. Wenn hingegen eine der Bilddateien fehlt, ist eine Fortsetzung des Programms nicht sinnvoll. Es wird mit einer entsprechenden Fehlermeldung abgebrochen.

11.1 Anzeige des Spielergebnisses

Wie Sie aus Abschnitt 7.2 wissen, muss zunächst ein Font definiert und aus einer Datei geladen werden, um einen Text schreiben zu können. Das wird im Konstruktor der Klasse `Anzeige` erledigt. Im Konstruktor werden auch die Position des Textes und seine Farbe (weiß) festgelegt. Die Klasse `Anzeige` erbt von der SFML-Klasse `sf::Text` und ist damit ein grafisch darstellbares Element:

Listing 11.1 Klasse `Anzeige` *(beispiele/kap11/Anzeige.h)*

```
#ifndef ANZEIGE_H
#define ANZEIGE_H
#include <SFML/Graphics.hpp>
#include <iostream>
#include "../kap7/fonts.h"

class Anzeige : public sf::Text {
public:
  Anzeige(sf::Vector2f position) {
    if (!font.loadFromFile(ArialFontDatei)) {
      std::cerr << "Font nicht gefunden\n";
    }
    setFont(font);
    setCharacterSize(20);
    updateText(false, 0, 0);       // siehe unten
    setColor(sf::Color::White);
    setPosition(position);
  }

  void updateText(bool gameover, unsigned int treffer,
                  unsigned int patzer) {
    std::string text = "getroffen: ";
    text += std::to_string(treffer);
    if (gameover) {
      text += "   Game over!";
      setColor(sf::Color::Red);
    }
    text += "\ndaneben : " + std::to_string(patzer);
    setString(text);
  }
private:
  sf::Font font;
};
#endif
```

Das wesentliche Element dieser Klasse ist die Funktion `updateText()`, die den eigentlichen Text zusammen mit Anzahl der Treffer und der Fehlschüsse (»Patzer«) zusammenbaut. `to_string()` wandelt eine Zahl in einen String um. Falls `gameover` gesetzt ist, wird der Text »Game over!« hinzugefügt und der gesamte Text wird rot gefärbt. Am Ende der Funktion wird die Oberklassenfunktion `setString()` aufgerufen. Danach kann das `Anzeige`-Objekt mit dem neuen Text gezeichnet werden (siehe unten).

11.2 Einfache grafische Komponenten

Die grafischen Komponenten dieses Abschnitts erben von der SFML-Klasse `CircleShape` und haben damit alle Eigenschaften dieser Klasse.

11.2.1 Der Mond

Der Mond ist ein `CircleShape` (Kreis), dessen Farbe in Zeile 9 festgelegt wird. Wie in Abschnitt 7.2 beschrieben, stehen die Zahlen im Bereich 0 bis 255 für die RGBA-Werte. Die Funktion `sinkt()` wird während des Spielverlaufs aufgerufen. Sie sorgt für das Sinken des »Monds« am »Himmel« und sein Verblassen. Weil in Zeile 13 die Transparenz, also das Gegenteil von Undurchsichtigkeit, übergeben wird, wird der Alpha-Wert für die Undurchsichtigkeit in Zeile 15 berechnet. `move()` bewirkt eine Positionsänderung um die übergebenen x- und y-Werte.

Listing 11.2 Klasse `Mond` *(beispiele/kap11/Mond.h)*

```
1  #ifndef MOND_H
2  #define MOND_H
3  #include <SFML/Graphics.hpp>
4
5  class Mond : public sf::CircleShape {
6  public:
7    Mond(float radius, sf::Vector2f position)
8    : sf::CircleShape(radius) {
9      setFillColor(sf::Color(255, 255, 150, 255));
10     setPosition(position);
11   }
```

```
  void sinkt(sf::Vector2f geschwindigkeit,
             unsigned char transparenz) {
    setFillColor(sf::Color(255, 255, 150,
                           255-transparenz));
    move(geschwindigkeit);
  }
};
#endif
```

11.2.2 Die fallenden Objekte

Die vom Himmel fallenden Objekte sind vom Datentyp `Vogelsch_ss`. Im Konstruktor wird ein `shared_ptr` auf den verursachenden Vogel übergeben, weil das Objekt anfangs dieselbe Geschwindigkeit wie der Vogel hat (Zeile 10). Es hat auch dieselbe Position, abgesehen von einer kleinen Korrektur (Zeilen 13 und 14). Die boolesche Variable `angehalten` sorgt dafür, dass das Objekt nach einer Kollision nicht weiterbewegt wird.

Listing 11.3 Auszug aus *beispiele/kap11/Vogelsch.h*

```
 6 class Vogelsch_ss : public sf::CircleShape {
 7 public:
 8   Vogelsch_ss(std::shared_ptr<Vogel> vogel)
 9   : sf::CircleShape(10.0f),
10     v(vogel->v()),     // anfangs dieselbe Geschwindigkeit
11     angehalten(false) {
12     scale(0.2f, .40f);
13     setPosition(vogel->getPosition());
14     move(10.0f, 30.0f); // Position relativ zum Vogel korrigieren
15   }
```

Während des Spielverlaufs wird die Position aktualisiert. Wie zu sehen, findet eine tatsächliche Änderung nur statt, wenn `angehalten` noch `false` ist. Die Horizontalgeschwindigkeit wird wegen des Gegenwinds langsam kleiner, aber die Fallgeschwindigkeit nimmt bei jedem Aufruf um einen bestimmten Wert zu. Beide Werte sind für den Bildschirm angepasst. Es gibt keinen Bezug zu einer tatsächlichen zu simulierenden physikalischen Realität.

```
17   void positionAktualisieren() {
18     if (!angehalten) {
19       v.x *= 0.99f;      // nimmt ab wegen Gegenwind
20       v.y += 0.4f;       // nimmt zu wegen Schwerkraft
21       move(v);
22     }
23   }
```

Der Rest des Listings zeigt die Funktion, die das Verhalten bei einer Kollision definiert, und den privaten Teil der Klasse mit den Attributen.

```
25   bool beiKollisionAnhalten(
26                   std::shared_ptr<MySprite> mysprite) {
27     bool getroffen = false;
28     if (!angehalten) {
29       getroffen = mysprite->getroffen(getPosition());
30       if (getroffen) {
31         angehalten = true;
32         setRadius(15.0f);   // Klecks vergrößern
33         std::random_device rd;
34         // um zufälligen Wert »nachrutschen«
35         move(0.0f, rd() % 30);
36       }
37     }
38     return getroffen;
39   }
40 private:
41   sf::Vector2f v;
42   bool angehalten;
43 };
```

Der Funktion wird ein `shared_ptr` auf ein Objekt der Klasse `MySprite` übergeben, die gleich unten in Abschnitt 11.3 erklärt wird. Sprites sind für Bilder des Formats JPG oder PNG. Wenn der Flug des Objekts noch nicht angehalten wurde, wird geprüft, ob eine Kollision mit der Sprite-Grafik vorliegt (Zeile 29, Einzelheiten folgen). Wenn ja, wird `angehalten` auf `true` gesetzt, damit diese Prüfung von nun an nicht mehr stattfindet. Außerdem wird das Objekt vergrößert und um einen zufälligen Betrag bewegt, damit nicht alle angehaltenen Objekte auf einer Linie liegen.

11.3 Sprites

Ein `Sprite` ist ein grafisches Objekt aus Einzelbildern. Wenn diese im Wechsel angezeigt werden, entsteht der Eindruck, dass der grafische Inhalt sich bewegt (animiert). Ein `Sprite` repräsentiert eine *Textur*. Damit ist der Inhalt einer Grafik gemeint, die von der Grafikkarte angezeigt wird. Ein `Sprite` hat außer der Textur eine Position und andere Eigenschaften. Um die Verwendung für das Spiel zu spezialisieren, wird die Klasse `MySprite` angelegt, die von `Sprite` erbt. In Abbildung 11.1 auf Seite 250 sind die folgenden Grafiken Sprites:

- Die Wiese, siehe Datei *wiese.png* im Verzeichnis *beispiele/kap11/* der von der Webseite zum Buch herunterladbaren Beispiele. Die Wiese ist ein Rechteck. Die Wiese wird als `MySprite`-Objekt realisiert.
- Die Kuh, siehe Datei *kuh.png*. Die Grafik ist ebenfalls rechteckig, wobei aber die Transparenz außerhalb des eigentlichen Kuh-Abbilds 100% ist. Wenn die Kuh nach der Wiese gezeichnet wird, scheint die Wiese zwischen den Beinen der Kuh durch. Die Kuh wird als `MySprite`-Objekt realisiert.
- Die Kuh bewegt scheinbar ihren Kopf bei einem Treffer. Das wird realisiert, indem einfach ein Bild desselben Kopfs (Datei *kuhkopfgedreht.png*) für kurze Zeit etwas verdreht an dieselbe Stelle gesetzt wird. Auch der verdrehte Kuhkopf wird als `MySprite`-Objekt realisiert.
- Der Vogel, siehe Datei *vogel.png*. Diese Bilddatei enthält zwei rechteckige Teile, die als sogenannte *Frames* verarbeitet werden. Der eine zeigt den Vogel mit abgesenkten Flügeln, der andere zeigt ihn mit angehobenen Flügeln. Die Abbildung 11.2 zeigt den Inhalt der Datei. Dabei ist der transparente Bereich gerastert dargestellt, um ihn von weiß zu unterscheiden.

  Weil der eine Frame abwechselnd mit dem anderen gezeigt wird, entsteht der Eindruck des Flügelschlagens beim Fliegen. Die Zuordnung eines Frames zu einem rechteckigen Bildinhalt geschieht per Programm. Wegen dieser und anderer Spezialitäten gibt es eine eigene Klasse `Vogel`, die von `sf::Sprite` erbt.

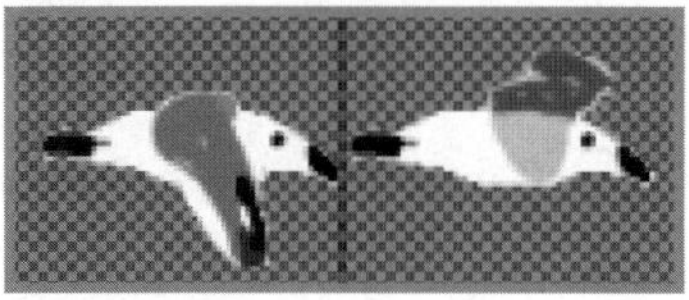

Bild 11.2 Vogelgrafik, vergrößert

Das folgende Listing zeigt die Klasse `MySprite`. Einzelheiten zu `texture` und `image` finden Sie in [SFML]. Das Attribut `image` stellt das Bild als zweidimensionales Pixel-Array dar. Es wird benutzt, um festzustellen, ob ein Treffer vorliegt (siehe unten).

Listing 11.4 Auszug aus *beispiele/kap11/MySprite.h*

```
 7 class MySprite : public sf::Sprite {
 8 public:
 9   MySprite(const char* datei, sf::Vector2f position) {
10     if (!texture.loadFromFile(datei)) {
11       throw Dateifehler(std::string(datei)
12                   + " kann nicht geöffnet werden!\n");
13     }
14     setTexture(texture);
15     // Positionskorrektur um Texturhöhe
16     position.y -= texture.getSize().y;
17     image = texture.copyToImage();
18     setPosition(position);
19   }
```

Der Konstruktor lädt das Bild und legt die Position anhand des übergebenen Parameters `position` fest. Der Bezugspunkt des Sprites ist die linke obere Ecke. Wenn der Sprite zum Beispiel ganz links unten platziert werden soll (Koordinaten `(0, window.getSize().y)`), wäre er nicht mehr sichtbar, weil unter der unteren Fensterkante liegend. Deswegen wird die Position in Zeile 16 um die Höhe des Bilds korrigiert. Der Wert wird abgezogen, weil die y-Koordinaten nach unten zunehmen.

```
21   bool getroffen(sf::Vector2f pos) {
22     if (getGlobalBounds().contains(pos)) {
```

```
23                                              // Sicherheitsabfrage
24          // Umrechnung auf Image-Koordinaten
25          pos.x -= getPosition().x;
26          pos.y -= getPosition().y;
27          // Kriterium: Pixel mit alpha != 0;
28          return image.getPixel(pos.x,pos.y).a != 0;
29        }
30      return false;
31    }
32  private:
33    sf::Texture texture;
34    sf::Image image;
35  };
```

Die Funktion `getroffen()` stellt fest, ob der übergebene Bildpunkt `pos` im Bild liegt, das Bild also getroffen wird. Jedes Bild ist letztlich ein Rechteck von Pixeln, von denen nur die nichttransparenten Pixel gesehen werden können. Bei den transparenten Pixeln scheint der Hintergrund durch. Die Abfrage `getGlobalBounds().contains(pos)` gibt zurück, ob `pos` überhaupt innerhalb des genannten Rechtecks liegt.

Wenn nicht, brauchen keine weiteren Prüfungen mehr erfolgen, auch wären die nachfolgend berechneten Image-Koordinaten falsch. `pos` wird per Wert übergeben und kann daher gefahrlos verändert werden. In den Zeilen 25 und 26 werden die Bildkoordinaten des Sprites abgezogen, um die Image-Koordinaten zu erhalten. Egal, wo der Sprite auf dem Bildschirm liegt – die Image-Koordinaten beginnen bei 0 und enden bei der jeweiligen Ausdehnung des Bilds in x- und y-Richtung.

`getPixel(x, y)` gibt die Farbe (Typ `Color`) an der Stelle (x, y) zurück. `Color` hat vier öffentliche Attribute für die Farbkomponenten und die Undurchsichtigkeit: `r`, `g`, `b` und `a`. Wenn `a != 0` gilt, ist das Bild an dieser Stelle nicht durchsichtig. Diese Information ist damit geeignet, um festzustellen, dass das eigentliche Bild getroffen wird. Wenn `pos` in einem transparenten Bereich liegt, d.h. `a == 0` gilt, gibt es keinen Treffer.

11.3.1 Der Vogel

Der Konstruktor der Klasse `Vogel` lädt das Bild. Position und Geschwindigkeit werden dem Konstruktor mitgegeben. Wie schon gesagt, besteht das Bild des Vogels aus zwei Teilen (Frames). In Zeile 16 wird zunächst der erste Frame gewählt.

Listing 11.5 Auszug aus *beispiele/kap11/Vogel.h*

```
6  class Vogel : public sf::Sprite {
7  public:
8    Vogel(sf::Vector2f position, sf::Vector2f geschw)
9      : geschwindigkeit(geschw) {
10     if (!texture.loadFromFile("vogel.png")) {
11       throw Dateifehler("vogel.png kann nicht "
12                         "geöffnet werden!\n");
13     }
14     setTexture(texture);
15     // vogel.png besteht aus zwei Bildern:
16     setTextureRect(frames[0]); // zunächst 1. Bild wählen
17     setPosition(position);
18   }
```

Das Attribut `anzahlBewegungen` wird bei jeder Bewegung des Vogels hochgezählt, das heißt bei jedem Aufruf der Funktion `move()`, die für die Bewegung sorgt (Zeile 21-22). Wenn `anzahlBewegungen` den hier fest eingestellten Wert 5 erreicht hat, wird der nächste Frame geladen und das Attribut wird wieder auf 0 gesetzt. Damit wird erreicht, dass das Flügelschlagen nicht allzu hektisch wirkt:

```
20   void flieg() {
21     move(geschwindigkeit);
22     ++anzahlBewegungen;
23     if (anzahlBewegungen == 5) {      // Flügelschlag alle 5 Male
24       anzahlBewegungen = 0;
25       frameNr = frameNr == 0 ? 1 : 0; // abwechselnd 0 und 1
26       setTextureRect(frames[frameNr]);
27     }
28   }
29
```

```
  sf::Vector2f v() const {
    return geschwindigkeit;
  }
```

Abschließend folgen die Attribute. `frames` ist ein Vektor von Rechtecken, der mit zwei Rechtecken initialisiert wird. Sie sind von den Maßen her auf die vorliegende Bilddatei angepasst.

```
private:
  sf::Vector2f geschwindigkeit;
  unsigned int anzahlBewegungen = 0;
  unsigned int frameNr = 0;
  sf::Texture texture;
  // Zwei Rechtecke, angepasst an vogel.png:
  const std::vector<sf::IntRect> frames {
        sf::IntRect(5, 0, 63, 60),   // Bild 1
        sf::IntRect(71, 0, 63, 60)   // Bild 2
        };
};
```

11.4 Spielablauf

Nach der Beschreibung der Komponenten fehlt noch das Wichtigste: der Spielablauf. Die `main()`-Funktion ist sehr einfach:

Listing 11.6 Hauptprogrammm *(beispiele/kap11/main.cpp)*

```
#include "Spiel.h"
#include "../kap10/Dateifehler.h"

int main() {
  try {
    Spiel spiel(1000, 750);  // Fenstermaße
    spiel.run(6);            // Anzahl der zu spielenden Runden
  }
  catch(const Dateifehler& exc) {
    std::cerr << exc.what()
```

```
              << "Wesentliche Datei fehlt. Abbruch!\n";
  }
}
```

Entscheidend ist, was bei der Konstruktion des Objekts und in der Methode `run()` geschieht. Der Konstruktor initialisiert die Daten des Objekts. Wie vorher schon wird auch hier aus Platzgründen die Klasse ohne die `#include`-Anweisungen gezeigt:

Listing 11.7 Auszug aus *beispiele/kap11/Spiel.h*

```
class Spiel {
public:
  Spiel(unsigned int sx, unsigned int sy)
  : window(sf::VideoMode(sx, sy), "Das Spiel"),
    periode(sf::milliseconds(25)) {
     window.setKeyRepeatEnabled(false);
     datenInitialisieren();
  }
  // Ablauf starten. Anzahl der Runden übergeben.
  void run(unsigned int anzahlDerRunden);
private:
  void datenInitialisieren();
  void ereignisseVerarbeiten();
  void vogelsch_aktualisieren();
  void hintergrundAktualisieren();
  sf::RenderWindow window;
  sf::Time periode;
  std::shared_ptr<Mond> mond;
  std::shared_ptr<MySprite> kuh;
  std::shared_ptr<MySprite> kuhkopfgedreht;
  std::shared_ptr<MySprite> wiese;
  std::shared_ptr<Anzeige> anzeige;
  std::shared_ptr<Vogel> vogel;
  unsigned int treffer = 0;
  // Mit der Hintergrundhelligkeit die Dämmerung simulieren
  float hintergrundhelligkeit = 0.0f;
  sf::SoundBuffer soundbuffer;
  sf::Sound sound;
};
```

Anmerkungen zu einigen der Zeilen:

15 Die Periode gibt an, nach welcher Zeit der Bildschirm neu gezeichnet wird.

16 Damit wird verhindert, dass ein längeres Drücken einer Taste, ohne loszulassen, mehrere Ereignisse produziert.

17 Die Initialisierung der Daten wird weiter unten beschrieben.

28-33 Dies sind die wichtigsten zu initialisierenden Daten: `shared_ptr`-Zeiger auf die zu zeichnenden Elemente.

37-38 Diese Attribute sind für das Geräusch notwendig (siehe unten).

Am Programmcode der Implementierungsdatei können die Schritte im Einzelnen nachvollzogen werden. Am Anfang findet sich ein anonymer Namespace, der den Vektor der zu zeichnenden Objekte aufnimmt. Zur Erinnerung: Daten und Funktionen eines anonymen Namespace sind nur in derselben Übersetzungseinheit sichtbar, also nicht global. Das Attribut `tastenDruecke` zählt, wie oft die Leertaste gedrückt wird. Wenn davon die Zahl der Treffer abgezogen wird, hat man die Anzahl der Patzer. Das Attribut `dauerFuerGedrehtenKuhkopf` wird bei einem Treffer auf einen bestimmten Wert gesetzt und dann nach und nach heruntergezählt. Wenn der Wert null erreicht, wird der bei einem Treffer hinzugefügte gedrehte Kuhkopf wieder entfernt.

Die Funktion `datenInitialisieren()` weist zunächst den `shared_ptr`-Attributen die entsprechenden Objekte zu. Den Konstruktoren werden dabei für das Spiel speziell angepasste Parameter übergeben.

Listing 11.8 Auszug aus *beispiele/kap11/Spiel.cpp*

```
namespace { // Datenbereich
  std::vector<std::shared_ptr<sf::Drawable>>
                                              zuzeichnen;
  unsigned int tastenDruecke = 0;
  unsigned int dauerFuerGedrehtenKuhkopf = 0;
}

void Spiel::datenInitialisieren() {
  mond = std::make_shared<Mond>(60.0,
                                sf::Vector2f(10.0, 40.0));
  wiese = std::make_shared<MySprite>("wiese.png",
```

```
18             sf::Vector2f(0.0f, window.getSize().y + 70));
19   kuh = std::make_shared<MySprite>("kuh.png",
20             sf::Vector2f(window.getSize().x * 0.7f,
21                          window.getSize().y));
22   kuhkopfgedreht = std::make_shared<MySprite>(
23                  "kuhkopfgedreht.png",
24                  sf::Vector2f(window.getSize().x * 0.75f,
25                  window.getSize().y -150));
26   anzeige = std::make_shared<Anzeige>(
27              sf::Vector2f(20, window.getSize().y - 170));
28   vogel = std::make_shared<Vogel>(
29                    sf::Vector2f(0.f, 200.f),     // x, y
30                    sf::Vector2f(2.50f, -0.4f)); // vx, vy
31   zuzeichnen.push_back(mond);
32   zuzeichnen.push_back(wiese);
33   zuzeichnen.push_back(kuh);
34   zuzeichnen.push_back(anzeige);
35   zuzeichnen.push_back(vogel);
36   if(!soundbuffer.loadFromFile("kuh.wav")) {
37     std::cerr << "Sound wurde nicht geladen!\n";
38   }
39   else {
40     sound.setBuffer(soundbuffer);
41   }
42 }
```

Im Anschluss daran werden diese Objekte in den Vektor `zuzeichnen` eingetragen. Zuletzt wird der Sound geladen.

Der eigentliche Ablauf ergibt sich aus der Funktion `run()`. Der Ablauf in den Zeilen 48-52 ist bereits aus Abschnitt 7.5 bekannt. Nur wenn die Periode noch nicht verstrichen und das Spiel nicht beendet ist, passiert noch etwas (Zeile 51). Der Vogel bewegt sich und wenn er am rechten Bildschirmrand angekommen ist, wird er wieder auf den linken Rand gesetzt – eine Runde ist vergangen (Zeilen 53-62).

```
44 void Spiel::run(unsigned int runde) {
45   bool gameover = false;
46   sf::Time dauer; // aktuell vergangene Zeit
47   sf::Clock stoppuhr; // um dauer zu ermitteln
```

```
  while (window.isOpen()) { // Hauptschleife
    dauer = stoppuhr.getElapsedTime();
    ereignisseVerarbeiten();
    if (dauer >= periode && !gameover) {
      stoppuhr.restart();
      vogel->flieg();
      // Position ggf. am Bildschirmrand zurücksetzen:
      if ( vogel->getPosition().x
           > window.getView().getSize().x) {
        vogel->setPosition(0.0f, 200.0f);
        --runde;     // Es bleibt eine Runde weniger zu spielen.
        if (runde == 0) {
          gameover = true;
        }
      }
      vogelsch_aktualisieren();
      anzeige->updateText(gameover, treffer,
                          tastenDruecke - treffer);
      hintergrundAktualisieren();
                                      // enthält window.clear();
      // Nun alles zeichnen:
      for (const auto& obj : zuzeichnen) {
        window.draw(*obj);
      }
      window.display();
      if(dauerFuerGedrehtenKuhkopf == 0) {
        // gedrehten Kuhkopf nach gegebener Zeit wieder löschen
        auto kuhkopfposition = std::find(
                zuzeichnen.begin(), zuzeichnen.end(),
                kuhkopfgedreht);
        if (kuhkopfposition != zuzeichnen.end()) {
          zuzeichnen.erase(kuhkopfposition);
        }
      }
      else {
        --dauerFuerGedrehtenKuhkopf;
      }
    }
  }
}
```

In den Zeilen 63-65 werden die fallenden Objekte, die Anzeige und der Hintergrund aktualisiert. Einzelheiten dazu finden Sie oben (Anzeige) und unten (fallende Objekte und Hintergrund). Im Anschluss daran wird alles gezeichnet (Zeilen 69-72) und gegebenenfalls der gedrehte Kuhkopf wieder gelöscht (Zeilen 73-84).

Ein Hinweis zu Zeile 56 oben: Das Fenster wird mit bestimmten Maßen angelegt. SFML definiert eine *Sicht* auf dieses Fenster, die genau diese Maße hat. Eine Sicht wird von der Klasse `sf::View` repräsentiert. Durch Ziehen mit der Maus an einer Ecke ändert sich die Fenstergröße, abfragbar mit `window.getSize()`. Die Sicht, also der abgebildete Bereich, ändert sich vom Inhalt nicht – er wird nur kleiner oder größer. Anders formuliert: Wenn die Fensterbreite von 1000 Pixel auf 500 Pixel schrumpft, wird der Sichtbereich von 0 bis 1000 auf den Bereich 0-500 Pixel abgebildet statt auf 0-1000. Die `View`-Koordinaten bleiben also dieselben, d.h. `window.getView().getSize().x` hat denselben Wert wie am Anfang! Das bedeutet: Wenn es um die Fenstergröße geht, kann `window.getSize()` so lange verwendet werden, wie sie sich nicht ändert, etwa bei der Initialisierung aller Daten. Danach beziehen sich alle Positionsabfragen sinnvollerweise auf die *Sicht* (vgl. Zeilen 55 und 56). Der Vorteil: Im Programm kann man sich Berechnungen zur Anpassung an die geänderten Fenstermaße sparen!

In Zeile 70 werden die Objekte der Funktion `draw()` übergeben. Die Funktion benötigt Objekte des Typs `Drawable` und das ist bei allen infrage kommenden Objekten der Fall: Alle haben `Drawable` als oberste Basisklasse, weil sie von SFML-Klassen mit dieser Eigenschaft erben, wie aus Abschnitt 9.7 bekannt.

Was noch fehlt ...

Nun kommen wir zu den noch nicht behandelten Funktionen für die Verarbeitung der Ereignisse und die Aktualisierung der fallenden Objekte und des Hintergrunds. Wie Ereignisse verarbeitet werden, ist bereits bekannt. Das für dieses Spiel Wichtige ist nur das Hinzufügen eines `Vogelsch_ss`-Objekts zu den zu zeichnenden Objekten, wenn die Leertaste gedrückt wird.

```
void Spiel::ereignisseVerarbeiten() {
  sf::Event event;
  while (window.pollEvent(event)) {
    switch (event.type) {
      case sf::Event::Closed: window.close();
        break;
      case sf::Event::KeyPressed:
        if (event.key.code == sf::Keyboard::Space) {
          // Vogelsch_ss hinzufügen
          zuzeichnen.push_back(
                 std::make_shared<Vogelsch_ss>(vogel));
          ++tastenDruecke;
        }
        break;
      default:  ; // nichts tun
    }
  }
}
```

Die folgende Funktion soll die Position aller `Vogelsch_ss`-Objekte aktualisieren. In Zeile 110 werden aber *alle* Objekte abgefragt. Um die anderen Objekte auszublenden, kommt in Zeile 111 der aus Abschnitt 9.4.4 bekannte `dynamic_pointer_cast` zur Anwendung. Nur wenn das Ergebnis zu `true` ausgewertet wird, handelt es sich um ein `Vogelsch_ss`-Objekt. Dessen Position wird in Zeile 114 aktualisiert. In Zeile 115 wird das Objekt bei einer Kollision mit der Wiese angehalten. Der Rückgabewert wird ignoriert. Anders in Zeile 116: Der Rückgabewert spielt hier eine Rolle, weil bei einem Treffer verschiedene Aktionen folgen (Zeilen 117-121).

```
108 void Spiel::vogelsch_aktualisieren() {
109   // Position nur bei den Vogelsch_ss-Objekten aktualisieren
110   for (auto& obj : zuzeichnen) {
111     auto vs = std::dynamic_pointer_cast
112                                     <Vogelsch_ss>(obj);
113     if (vs) {
114       vs->positionAktualisieren();
115       vs->beiKollisionAnhalten(wiese);
116       if (vs->beiKollisionAnhalten(kuh)) {
```

```
        ++treffer;
        sound.play();
        zuzeichnen.push_back(kuhkopfgedreht);
        dauerFuerGedrehtenKuhkopf = 25;
      }
    }
  }
}
```

Abschließend folgt die Aktualisierung des Hintergrunds. Die Helligkeit nimmt zu und der Mond geht langsam unter und verblasst:

```
void Spiel::hintergrundAktualisieren() {
  auto h = static_cast<unsigned char>
                           (hintergrundhelligkeit);
  window.clear(sf::Color(h, h, h, 255));
  if (hintergrundhelligkeit < 255.0f) {
    // Die Nacht geht, der Tag kommt:
    hintergrundhelligkeit += 0.1f;
  }
  // der Mond geht langsam unter und verblasst:
  mond->sinkt(sf::Vector2f(0.1f, 0.15f), h);
}
```

12 Überladen von Operatoren

Fragen, die dieses Kapitel beantwortet:

- Was bedeutet »Überladen von Operatoren«?
- Welche Operatoren können überladen werden?
- Wie konstruiert man einen »schlauen Zeiger« (smart pointer)?
- Kann mit Objekten eigener Klassen gerechnet werden?
- Wie unterscheidet der Compiler ++x von x++?
- Wie wird der Ausgabeoperator für eigene Klassen überladen?
- Wie funktioniert der Indexoperator?
- Wie funktionieren arithmetische Operatoren?

Das Überladen von Operatoren ist ein Konzept, das es in manchen Programmiersprachen nicht gibt (Java) und von anderen wegen seiner Leistungsfähigkeit übernommen wurde (C#). Den vordefinierten Operatorsymbolen in C++ kann man für Klassen neue Bedeutungen zuordnen. Damit können Operationen mit Objekten auf sehr einfache Weise ausgedrückt werden. Es ist viel einfacher, in einem Programm mit Matrizen `a`, `b` und `c`

```
Matrix a = b + c/2;
```

zu schreiben, anstelle verschachtelter Schleifen unter genauer Beachtung der Randbedingungen wie Zeilen- und Spaltenzahlen! Um dieses Ziel zu erreichen, können in C++ Operatoren *überladen* werden. Im obigen Fall würde der Operator `+` für eine Klasse `Matrix` die Bedeutung bekommen, die Addition für alle Elemente der Matrix durchzuführen. In der C++-Standardbibliothek wird dieses Prinzip genutzt. So ist der Operator << mehrfach überladen. Er dient nicht nur zum Verschieben von Bits, sondern wird in Verbindung mit `cout` zur Ausgabe von Daten verschiedenen Typs verwendet, sei es `char*`, `int`, `double` oder was sonst noch in Frage kommt. Das Überladen von Operatoren funktioniert ähnlich wie das Überladen von Funktionen, wie es bereits in Abschnitt 4.1.2 beschrieben wurde. Tatsächlich ist ein überladener Operator nichts anderes als eine Funktion mit einem besonderen Namen! Er hat einen Rückgabetyp und eine Parameterliste, die leer sein kann. Der Name ist `operator⊗`, wobei ⊗ für das Operatorsymbol steht, also `+`, `-`, `=` usw.

Es können die üblichen C++-Operatoren wie `=`, `==`, `+=` usw. überladen werden, nicht jedoch `.` `.*` `::` `?:` und andere Zeichen wie $ usw. Eine Definition von neuen Operatoren ist *nicht* möglich, auch nicht durch Kombination von Zeichen. Wenigstens ein Argument der Operatorfunktion muss ein Klassen-Objekt sein oder die Operatorfunktion muss eine Elementfunktion sein. Auf diese Weise wird sichergestellt, dass niemand die vorgegebene Bedeutung von Operatoren für Grunddatentypen umdefinieren kann.

Es ist nicht möglich, die Priorität zu ändern. In `(b + c/2)` wird die Operation `/` zuerst ausgeführt, egal wie sie definiert ist. Deswegen ist es nicht sinnvoll, den `^`-Operator für die Exponentiation zu überladen, um etwa $(x^2 y)$ als `(x^2 * y)` zu formulieren: `*` bindet stärker als `^`, sodass tatsächlich `(x^(2 * y))` berechnet wird.

Die Tabelle 12.1 zeigt die wichtigsten Operatoren und wie der Compiler die Syntax in einen Funktionsaufruf übersetzt. Manche der Zeilen werden weiter unten eine Erklärung finden.

Für eine eigene Klasse (oder eine Klasse der C++-Standardbibliothek), geht der Compiler so vor, wenn er zum Beispiel auf eine Anweisung `ergebnis = x1 + x2;` trifft (`x1` und `x2` seien Objekte der eigenen Klasse `X`): Er prüft, ob es eine Operatorfunktion `operator+(const X& a,`

Tabelle 12.1 Operator als Funktionsaufruf (Auswahl)

Syntax	Ersetzung	Beispiele / Erklärung
freie Funktion (⊗ ist ein Platzhalter, siehe Vorseite):		
x ⊗ y	operator⊗(x,y)	x + y, x == y, x * y
⊗x	operator⊗(x)	-x
Elementfunktion:		
x ⊗ y	x.operator⊗(y)	x += y
⊗x	x.operator⊗()	++x, --x * (Dereferenzierung)
x⊗	x.operator⊗(0)	x++, x--
x = y	x.operator=(y)	Zuweisung
x(y)	x.operator()(y)	Objekt wie eine Funktion aufrufen
x[y]	x.operator[](y)	Zugriff wie auf ein Array
x->	(x.operator->())->	-> auf den zurückgegebenen Zeiger anwenden
static_cast<T>(x)	x.operator T()	static_cast<bool>(ptr)

const X& b) gibt. Wenn ja, wandelt er den Ausdruck in ergebnis = operator+(x1, x2); um. Es ist also dasselbe, ob man selbst ergebnis = x1 + x2; oder ergebnis = operator+(x1, x2); in einem Programm schreibt.

Die obige Operatorfunktion gibt ein temporäres Ergebnis zurück, das der Variablen ergebnis zugewiesen wird. Die Argumente x1 und x2 werden nicht verändert. Deswegen wird so eine Operatorfunktion als freie Funktion geschrieben, also nicht als Elementfunktion. Es gibt aber auch den Fall, dass ein Operator ein Objekt verändert, zum Beispiel in den Anweisungen x1 += x2; oder ++d;. In solchen Fällen wird die Operatorfunktion als Elementfunktion geschrieben, die auf die internen Daten eines Objekts zugreift.

Manche Operatoren müssen als Elementfunktion implementiert werden, weil C++ es so vorschreibt, etwa [], () und ->. Andere lassen sich auf die eine oder die andere Art implementieren. Es gilt die Empfehlung:

> Alle symmetrischen Operationen und diejenigen, die ein Objekt nicht verändern und ein temporäres Objekt zurückgeben, sollen als freie Funktionen geschrieben werden, wenn es C++ erlaubt. Alle anderen sollen Elementfunktionen sein.

Symmetrische Operationen hängen nicht von der Reihenfolge der Operatoren ab. So ist `(a == b)` dasselbe wie `(b == a)`. Auch die Addition ist symmetrisch: Es gilt `(x + y) == (y + x)`. Die Subtraktion hingegen ist unsymmetrisch. Es gilt im Allgemeinen `(x - y) != (y - x)`. Die Operation ändert weder `x` noch `y` und liefert ein temporäres Objekt desselben Typs zurück, das einem anderen zugewiesen werden kann, etwa `ergebnis = a - b;`

12.1 Zeiger als Beobachter: Operatoren -> und *

Von Seite 209 kennen Sie die Idee eines Datentyps, der wie ein Zeiger benutzt, auf den aber kein `delete` angewendet werden kann. Er »beobachtet« das Objekt nur. In diesem Abschnitt wird die Konstruktion eines solchen »schlauen« Zeigers gezeigt. Er entspricht dem C++-Datentyp `observer_ptr` (ab C++17). Um Namensverwirrung zu vermeiden, heißt der Datentyp hier `ObserverPtr`. Außerdem prüft diese Klasse im Gegensatz zu `observer_ptr`, ob der Zeiger vor dem Dereferenzieren ungleich `nullptr` ist. Der Konstruktor nimmt einen Zeiger auf ein Objekt als Parameter. Um für viele Datentypen geeignet zu sein, könnte man die Klasse als Template ausführen. Weil Templates aber erst in Abschnitt 13.1 behandelt werden, wird hier darauf verzichtet.

Listing 12.1 Klasse `ObserverPtr` mit Operatoren -> und *

```
// Auszug aus beispiele/kap12/observerptr.h
class Wuerfel;           // Vorwärtsdeklaration, siehe Text

class ObserverPtr {
public:
  ObserverPtr(Wuerfel* bptr = nullptr)
    : bp(bptr) {
  }

  Wuerfel* operator->() const {
    check();
    return bp;   // rohen Zeiger geprüft zurückgeben
  }

  Wuerfel& operator*() const {
    check();
    return *bp;
  }

  Wuerfel* release()  { // freigeben und alten Wert zurückgeben
    Wuerfel* temp = bp;
    bp = nullptr;
    return temp;
  }
private:
  Wuerfel* bp;
  void check() const {
    if(bp == nullptr) {
      throw std::runtime_error("Nullpointer exception!");
    }
  }
};
```

`release()` gibt den vorherigen Wert zurück, damit er nicht verlorengeht, falls ihn der Aufrufer noch brauchen sollte. Eine Vorwärtsdeklaration erspart das Inkludieren der Datei *Wuerfel.h*. Sie ist immer dann möglich, wenn die Größe eines Objekts und die Mitgliedsfunktionen nicht bekannt sein müssen, also nur Zeiger oder Referenzen verwendet werden.

Das ist hier der Fall. Das Beispiel von Seite 210 sieht mit dieser Klasse so aus:

Listing 12.2 Anwendung von `ObserverPtr`

```
// Auszug aus beispiele/kap12/wuerfelanw.cpp
int main() {
  Wuerfel w1;
  Wuerfel w2;
  Wuerfel w3;
  std::vector<ObserverPtr> dieWuerfel { &w1, &w2, &w3};
  for(auto ptr : dieWuerfel) {
    ptr->rollen();                          // operator->()
    std::cout << (*ptr).punktzahl()         // operator*()
              << '\n';
  }
}
```

Übersetzen Sie das Programm mit

```
g++ -Wall -std=c++14 -o wuerfelanw.exe wuerfelanw.cpp
```

Eine `delete`-Anweisung würde der Compiler zurückweisen, sodass `ObserverPtr` sicher ist. Falls ein `ObserverPtr` keinen gültigen Zeiger enthält, gibt es kein Objekt dazu. Eine Dereferenzierung wäre sinnlos:

```
ptr.release();              // Freigeben
ptr->rollen();              // Exception!
```

12.2 ++, ==, << und weitere

Die genannten Operatoren sind in vielen Klassen denkbar. Zum Beispiel könnte ++ in einer Datumsklasse das Umschalten auf den nächsten Tag bewirken, unter Berücksichtigung von Monat und Schaltjahr. Im Folgenden werden sie für eine Klasse `CStringIterator` beschrieben. Objekte dieser Klasse sollen sich wie ein Zeiger verhalten, über den auf einen C-String zugegriffen werden kann. `delete` soll natürlich nicht möglich sein, sehr wohl aber die genannten Operatoren. Im Namen steckt das Wort »iterieren«, also schrittweise eine Liste von Objekten durchgehen (++-Operation!). Damit kann die Klasse deutlich mehr als die obige Klasse `ObserverPtr`.

Natürlich kann man einwenden: Wozu der ganze Aufwand, wenn dasselbe (`delete` ignoriere ich jetzt) auch mit einem einfachen `const char*`-Zeiger erledigt werden kann? Es gibt zwei Gründe:

1. An dieser Klasse können gleich mehrere überladene Operatoren gezeigt werden:

   `++` zum Weiterschalten auf das nächste Zeichen.

   `--` für das Rückwärtsgehen.

   `==` und `!=` zum Vergleich.

   `-` für die Subtraktion zur Bestimmung des Abstands zweier Zeigerpositionen.

   `bool` für die Umwandlung in einen Wahrheitswert. Das Ergebnis ist `false`, wenn der interne Zeiger = `nullptr` ist, andernfalls `true`.

   `<<` für die Ausgabe des C-Strings.

   Dazu kommen natürlich die von oben bekannten Operationen `->` und `*`.

2. Das Iteratorkonzept wird auf ähnliche Weise an sehr vielen Stellen der C++-Bibliothek verwendet, sodass dazu ein eigener Abschnitt folgt (13.4). Die Klasse `CStringIterator` ist insofern ein guter vorbereitender Einstieg in das Konzept.

Das `main`-Programm zeigt mögliche Anwendungen, einschließlich der Berechnung der Länge eines C-Strings.

Listing 12.3 C-String iterieren *(beispiele/kap12/iteratormain.cpp)*

```
#include "cstringiterator.h"  // enthält #include <iostream>

int main() {
  CStringIterator text("read-only-Text");
  CStringIterator str(text);              // Arbeitskopie
  std::cout << "zeichenweise ausgeben, Präfix ++: ";
```

```
  while(*str) {                              // operator*()
    std::cout << *str << ' ';
    ++str;
  }
  str = text;                                // auf Anfang zurücksetzen
  std::cout << "\nzeichenweise ausgeben, Postfix ++: ";
  while(*str) {
    std::cout << *str++ << '.';              // Operatoren * und ++
  }
  std::cout << "\nzeichenweise rückwärts ausgeben, "
               "Präfix --: ";
  while(str != text) {                       // operator!=()
    std::cout << *--str << ' ';              // Operatoren * und --
  }
  std::cout << "\nStringlänge berechnen: ";
  str = text;                                // auf Anfang zurücksetzen
  while(*str++);
  auto laenge = str - text - 1;              // operator-()
  std::cout << laenge << '\n';
  if(str) {                                  // operator bool()
    std::cout << "Iterator ist gültig.\n";
  }
  std::cout << "Ausgabe mit <<: "
            << text << '\n';                 // operator<<()
}
```

Übersetzen Sie das Programm mit

```
g++ -Wall -std=c++14 -o iteratormain.exe iteratormain.cpp
```

Zunächst gebe ich einen Überblick über die Klasse `CStringIterator`. Die folgenden Abschnitte gehen dann vertiefend auf die einzelnen, bisher noch nicht besprochenen Operatoren ein. Weil alle Operationen möglicherweise schon vom Compiler ausgewertet werden können, sind sie `constexpr`. Es können nicht nur Konstanten, sondern auch Funktionen zur Compilierzeit ausgewertet werden! Eine Voraussetzung unter anderem ist, dass die Funktionsparameter zur selben Zeit bekannt sind. Wegen der vielen Ausgaben, die nur zur Laufzeit des Programms erfolgen, bringt `constexpr` in diesem speziellen Beispiel nicht viel. Wenn allerdings das `main`-Programm auf die reine Stringlängenberechnung reduziert wird, ist der Unterschied an der Größe der ausführbaren Datei gut zu sehen.

Listing 12.4 Iterator *(beispiele/kap12/cstringiterator.h)*

```
#ifndef CSTRINGITERATOR_H
#define CSTRINGITERATOR_H
#include <iostream>
using Beobachtet = const char; // neuer Name in Anlehnung an
                               // den beobachtenden Zeiger.
class CStringIterator {
public:
  constexpr CStringIterator(Beobachtet* cptr = nullptr)
    : cp(cptr) {
  }

  constexpr explicit operator bool() const {
    return cp != nullptr;
  }

  constexpr Beobachtet* get() const {
    return cp;   // rohen Zeiger zurückgeben
  }

  // dito mit Operator
  constexpr Beobachtet* operator->() const {
    return cp;   // rohen Zeiger zurückgeben
  }

  constexpr Beobachtet& operator*() const {
    return *cp;
  }

  constexpr CStringIterator& operator++() {
    ++cp;
    return *this;
  }

  constexpr CStringIterator operator++(int) {
    CStringIterator temp(*this);
```

```
    ++*this;
    return temp;
  }

  constexpr CStringIterator& operator--() {
    --cp;
    return *this;
  }

  constexpr CStringIterator operator--(int) {
    CStringIterator temp(*this);
    --*this;
    return temp;
  }
private:
  Beobachtet* cp;
};

// globale Funktionen
constexpr bool operator==(CStringIterator a,
                          CStringIterator b) {
   return a.get() == b.get();
}

constexpr bool operator!=(CStringIterator a,
                          CStringIterator b) {
  return !(a == b);
}

constexpr auto operator-(CStringIterator a,
                         CStringIterator b) {
  return a.get() - b.get();
}

inline std::ostream& operator<<(std::ostream& ausgabe,
                                CStringIterator cstri) {
  return ausgabe << cstri.get();
}
#endif
```

12.2.1 Typumwandlung

Der Name eines Typumwandlungsoperators besteht aus dem Wort `operator` gefolgt von dem Namen des gewünschten Datentyps. Hier ist der Datentyp `bool` gefragt. Das Schlüsselwort `explicit` verhindert ungewollte Konvertierungen. Zurückgegeben wird das Ergebnis des Vergleichs des internen Zeigers mit `nullptr`.

Listing 12.5 Typumwandlung nach `bool`

```
constexpr explicit operator bool() const {
  return cp != nullptr;
}
```

Dabei sorgt der Compiler ausnahmsweise dafür, dass an den Stellen, an denen wirklich `bool` gefragt ist, eine explizite Typumwandlung nicht notwendig ist:

```
// ci ist ein CStringIterator
if(ci) ....                          // genügt
if(static_cast<bool>(ci)) ...        // nicht notwendig
```

12.2.2 ++ vorangestellt (Präfix)

Hier wird einfach der interne Zeiger inkrementiert. Neu ist der Rückgabewert `*this`. Das Schlüsselwort `this` bezeichnet in der Klasse einen Zeiger auf das aktuelle Objekt. `*this` ist der dereferenzierte Zeiger, also das Objekt selbst, das per Referenz zurückgegeben wird (beachten Sie das & im Rückgabetyp).

Listing 12.6 Präfix-Inkrementoperator

```
constexpr CStringIterator& operator++() {
  ++cp;
  return *this;
}
```

Für eine Anweisung `++x;` würde `void` als Rückgabetyp reichen. Sie wissen, dass bei einem Funktionsaufruf das Ergebnis an die Stelle des Aufrufs tritt. So tritt bei der Berechnung

```
double x = sqrt(4.0);                // Quadratwurzel
```

der berechnete Wert 2.0 an die Stelle des Funktionsaufrufs und wird dann der Variablen `x` zugewiesen. Bei der Rückgabe von `*this` tritt das (veränderte) Objekt selbst an die Stelle des Funktions- bzw. Operatoraufrufs. Damit kann direkt mit diesem Objekt weitergearbeitet werden. In der folgenden Anweisung sei x̲ das Objekt `x` nach der ++-Operation. Auf das veränderte Objekt soll der Dereferenzierungsoperator `*` angewendet werden. Die Anweisung

```
char c = *++x;
```

wird zu

```
char c =  *x̲;
```

Dabei ist zu beachten, dass die ++-Operation stärker bindet als die Dereferenzierung, das heißt, `*++x` entspricht `*(++x)`. Wenn das Resultat der ++-Operation vom Typ `void` wäre, gäbe es eine Fehlermeldung des Compilers, weil der `*`-Operator zwar auf ein Objekt des Typs `CStringIterator`, aber keinesfalls auf `void` angewendet werden kann.

> **!** Wenn bei Aufruf einer Elementfunktion das (ggf. veränderte) Objekt selbst an die Stelle des Aufrufs treten soll, wird es mit `return *this;` zurückgegeben. Der Rückgabetyp ist eine Referenz, damit die nachfolgenden Operationen nicht mit einer Kopie arbeiten. So wird die Verkettung von Operationen für das Objekt möglich. ■

Wenn eine Klasse `X` drei Funktionen `f1()`, `f2()` und `f3()` hat und alle das betreffende Objekt (`x`) per Referenz zurückgeben, können die ersten drei Zeilen durch die verkettete Schreibweise ersetzt werden:

```
x.f1();
x.f2();
```

```
x.f3();
// gleichwertig ist:
x.f1().f2().f3();                  // Verkettung
```

Hier wird vorausgesetzt, dass der Ausdruck von links nach rechts abgearbeitet wird. Das ist bei Operatoren nicht immer der Fall. So wird der Zuweisungsoperator von rechts nach links abgearbeitet.

```
a = b = c;          // ist gleichbedeutend mit den zwei Anweisungen
b = c;
a = b;
```

Die obige Anweisung `char c = *++x;` kann so umgeschrieben werden, wie es der Compiler macht (siehe Tabelle 12.1 oben). Auf das Ergebnis der ++-Operation (Vorrang vor *) wird * angewendet:

```
char c = x.operator++().operator*();
```

12.2.3 ++ nachgestellt (Postfix)

Der Compiler muss unterscheiden, ob ++ vor- oder nachgestellt ist. Das geschieht gemäß Tabelle 12.1 dadurch, dass der Compiler `++x` durch `x.operator++()` ersetzt, `x++` jedoch durch `x.operator++(0)`. Damit ist die Unterscheidung klar. Für den nachgestellten Operator sucht der Compiler nach einer Funktion `operator++(int)`, auch wenn der `int`-Parameter sonst nicht gebraucht wird. Das nachgestellte ++ bewirkt, dass das Objekt zuerst verwendet und dann inkrementiert wird, wie schon in Abschnitt 1.8.1 erläutert. Das bedeutet, dass der aktuelle Wert vor der Änderung gerettet werden muss, um ihn am Ende zurückzugeben:

Listing 12.7 Postfix-Inkrementoperator

```
constexpr CStringIterator operator++(int) {
  CStringIterator temp(*this);          // Objekt kopieren
  ++*this;        // ändern; dasselbe wie (*this).operator++()
  return temp;                          // Kopie zurückgeben
}
```

Statt `++*this` hätte man `++cp` schreiben können. Die erste Schreibweise hat aber den Vorteil, dass sie nicht vom Attribut `cp` abhängig ist. Sie stellt daher ein für jeden Datentyp verwendbares Schema dar. `CStringIterator` ist nur durch den entsprechenden Datentyp zu ersetzen.

> Der nachgestellte ++-Operator kann stets wie gezeigt mithilfe des vorangestellten ++-Operators realisiert werden, ohne auf Attribute zuzugreifen. Der Rückgabetyp muss eine *Kopie* sein (d.h. kein &). ■

Der Grund ist klar: Eine Referenz auf eine lokal erzeugte Variable zurückzugeben, ist ein grober Fehler. So eine Variable existiert nach Verlassen der Funktion nicht mehr.

> Der nachgestellte ++-Operator benötigt intern ein temporäres Objekt. Wenn es von der Bedeutung her egal ist, ob Sie ++x oder x++ nehmen (etwa bei der Anweisung `++x;`), ziehen Sie ++x vor, weil es effizienter ist. ■

Für den `--`-Operator in der Präfix- oder Postfix-Form gilt alles, was oben zum ++-Operator gesagt wird, nur dass ++ durch `--` zu ersetzen ist.

12.2.4 Gleichheitsoperator

Dieser Operator ist symmetrisch und daher keine Elementfunktion – obwohl er als eine solche realisierbar wäre. Zur Feststellung der Gleichheit werden die internen Attribute (rohe Zeiger) mit Hilfe von `get()` verglichen:

Listing 12.8 Gleichheitsoperator als freie Funktion

```
constexpr bool operator==(CStringIterator a,
                          CStringIterator b) {
  return a.get() == b.get();
}
```

Oben wird auf die Funktion `get()` zugegriffen. Was ist zu tun, wenn kein `public`-Zugriff auf die Attribute existiert? Dann kann man `operator==()` als Mitgliedsfunktion schreiben:

Listing 12.9 Gleichheitsoperator als Mitgliedsfunktion

```
constexpr bool operator==(CStringIterator b) {
  return cp == b.cp;
}
```

Es gibt nur *einen* Parameter, weil mit dem aufrufenden Objekt verglichen wird. Der Aufruf ist `x.operator==(b)`, wobei `x` für das aktuelle Objekt steht. Eine Alternative ist, der Klasse mit `friend` mitzuteilen, dass die freie Funktion auf die privaten Attribute zugreifen darf.

Listing 12.10 Gleichheitsoperator mit Zugriff auf private Daten

```
// Im public-Bereich der Klasse:
friend constexpr bool operator==(CStringIterator a,
                                 CStringIterator b);
// Außerhalb der Klasse
constexpr bool operator==(CStringIterator a,
                          CStringIterator b) {
  return a.cp == b.cp;   // Zugriff auf private Variable
}
```

Zur Feststellung der Ungleichheit könnte man wieder auf die internen Attribute zurückgreifen. Hier wird jedoch der Weg gewählt, das Ergebnis ohne Kenntnis der Elementfunktionen zu berechnen. Das ist leicht möglich, wenn der ==-Operator existiert. Das Ergebnis muss nur noch mit `!` negiert werden. Damit liefert dieser Operator ein Schema für beliebige Klassen anstelle von `CStringIterator`. Wenn die zu vergleichenden Objekte allerdings nicht klein sind, sollten sie per `const&` übergeben werden, um die Kopie zu sparen.

Listing 12.11 Ungleichheitsoperator

```
constexpr bool operator!=(CStringIterator a,
                          CStringIterator b) {
```

```
  return !(a == b);             // entspricht !operator==(a, b)
}
```

12.2.5 Subtraktion

In dieser Klasse dient die Subtraktion zur Ermittlung des Abstands zweier Adressen. Die Subtraktion wird bei der Berechnung der Stringlänge eingesetzt. Es wird das mit normaler Zeigerarithmetik berechnete Ergebnis zurückgegeben.

Listing 12.12 Subtraktionsoperator

```
constexpr auto operator-(CStringIterator a,
                         CStringIterator b) {
  return a.get() - b.get();
}
```

12.2.6 Ausgabeoperator <<

Der Ausgabeoperator ist nicht `constexpr`, weil alles zur Laufzeit geschieht. Mit `inline` kann die Definition der Funktion in der Header-Datei stehen. Eine Aufteilung in Schnittstelle und Implementierung ist dann nicht erforderlich. `inline` ist eine Empfehlung an den Compiler, den Funktionsaufruf direkt durch den Programmcode der Funktion zu ersetzen. Der Compiler muss sich nicht an diese Empfehlung halten. Dieser Operator muss eine freie Funktion sein, weil wir die Klasse `ostream`, von der `cout` ein Objekt ist, nicht ändern können. `ostream` hat Funktionen zur Ausgabe der Grunddatentypen, die wir aufrufen können. Der <<-Operator erlaubt Verkettungen, weil das veränderte `ostream`-Objekt, zum Beispiel `cout`, von der Funktion zurückgegeben wird. Wegen der Änderung darf es nicht als Referenz auf `const` übergeben werden.

Listing 12.13 Ausgabeoperator

```
inline std::ostream& operator<<(std::ostream& ausgabe,
                                CStringIterator cstri) {
  return ausgabe << cstri.get();
}
```

Die letzte Zeile könnte auch so geschrieben werden, wenn der Rückgabewert des Operators ignoriert und `ausgabe` direkt zurückgegeben wird:

```
operator<<(ausgabe, cstri.get());
// ist dasselbe wie ausgabe << cstri.get();
return ausgabe;
```

Verkettung von Ausgaben

Bei der Verkettung von Ausgaben sucht der Compiler nach den passenden Operatorfunktionen. Für `double`-Werte ist das eine Mitgliedsfunktion der Klasse `ostream`, zu der `cout` gehört. Für ein Zeichen des Typs `char` ist das eine freie Funktion `operator<<(ostream&, char)`, die im `std`-Namensraum angesiedelt ist. Um die Auflösung der Verkettung zu zeigen, wird die Zeile

```
cout << 3.14 << '\n';
```

mit Klammern geschrieben:

```
(cout << 3.14) << '\n';
```

In der Klammer wird die Mitgliedsfunktion `cout.operator<<(double)` aufgerufen. Das Ergebnis des Klammerausdrucks ist das veränderte `cout`-Objekt, hier durch Fettdruck gekennzeichnet:

```
cout << '\n';
```

Für `char` gibt es keine Mitgliedsfunktion, aber eine freie Operatorfunktion. Der Compiler formt die Zeile entsprechend um:

```
operator<<(cout, '\n');
```

Das veränderte Objekt **`cout`** wird eingesetzt. Insgesamt wird aus dem Aufruf `cout << 3.14 << '\n';` also:

```
operator<<(cout.operator<<(3.14), '\n');
```

12.2.7 Eingabeoperator >>

Mit dem Eingabeoperator kann ein existierendes Objekt einer beliebigen Klasse eingelesen werden, wenn sie eine `set()`-Funktion zum Setzen der Attribute hat. Eine Anwendung für eine Klasse `X` sieht etwa so aus:

```
int main () {
  X x;
  std::cin >> x;                          // Objekt x einlesen
  // Objekt hier benutzen ...
}
```

Die angesprochene `set()`-Funktion setzt die eingelesenen Daten in der Operatorfunktion:

Listing 12.14 Eingabeoperator

```
// Auszug aus beispiele/kap12/eingabeoperator.cpp
std::istream& operator>>(std::istream& eingabe,
                         X& einX) {
  int i;                    // Annahme: X hat nur ein int-Attribut
  eingabe >> i;             // Wert des Attribut s einlesen
  einX.set(i);              // Daten in Objekt eintragen
  return eingabe;
}
```

Normalerweise gehört zum Einlesen auch eine Fehlererkennung und -behandlung, die hier der Einfachheit halber weggelassen wird. Weil eine Referenz auf den `istream` zurückgegeben wird, ist eine Verkettung möglich, etwa

```
cin >> x1 >> x2;
```

12.2.8 Objekte als Funktion

Wenn der `operator()()` überladen wird, können Objekte wie eine Funktion benutzt werden. Dieser Operator wird im Kapitel zur C++-Standardbibliothek beschrieben (Abschnitt 13.2.1), weil er dort inhaltlich besser passt.

12.2.9 Indexoperator []

Dazu betrachten wir eine Klasse `Folge`, die eine Menge ganzer Zahlen aufnimmt. Sie soll wie ein Vektor initialisiert (Seite 160) werden. Auf die einzelnen Elemente soll wie auf einen Vektor mit dem Indexoperator zugegriffen werden. Eine Anwendung:

Listing 12.15 Anwendung des Indexoperators

```
Folge f1{ 99, 8, 42, 111};                    // Initialisierung
for(size_t i = 0; i < f1.size(); ++i) {
  cout << "Element Nr. " << i << " = "
       << f1[i] <<'\n';                       // Indexoperator
}
// Element ändern
f1[0] = 199;                                  // Indexoperator
```

Der Indexoperator in der Schleife kann auch auf eine `const`-Folge angewendet werden. Der am Ende des Beispiels jedoch nicht, weil er das Objekt modifiziert. Er muss eine nichtkonstante Referenz auf das Element zurückgeben – andernfalls könnte es nicht geändert werden. Deswegen gibt es üblicherweise zwei Indexoperatoren:

Listing 12.16 Klasse `Folge`

```
// Auszug aus beispiele/kap12/Folge.h
class Folge {
public:
  Folge() {}                                  // Standardkonstruktor
  // Konstruktor für die Initialisierung mit geschweiften Klammern:
  Folge(std::initializer_list<int> il)
```

```
    : folge(il) {
  }
  std::size_t size() const {
    return folge.size();
  }
  // Indexoperator
  int& operator[](std::size_t index) {
    check(index);
    return folge[index];
  }
  // const-Indexoperator
  const int& operator[](std::size_t index) const {
    check(index);
    return folge[index];
  }
private:
  void check(std::size_t ind) const {
    if(ind >= size()) {
      throw std::range_error("Index zu groß!");
    }
  }
  std::vector<int> folge;
};
```

Die Zahlen werden in einem Vektor abgelegt, der praktischerweise auch einen Konstruktor mit `initializer_list`-Parameter hat. Der Standardkonstruktor dient der Erzeugung einer leeren Folge. Er muss mit angegeben werden, weil er vom System nur erzeugt wird, wenn wir selbst *keinen* Konstruktor definieren. Die entsprechende Zeile könnte auch so geschrieben werden:

```
Folge() = default;        // dasselbe wie Folge() {}
```

Die Funktion `check()` prüft, ob der erlaubte Bereich eingehalten wird. Zur Erinnerung: Bei den Standardcontainern wie `vector` gibt es beim Indexoperator *keine* Überprüfung. Dafür ist der Zugriff mit `at()` vorgesehen.

12.2.10 Arithmetische Operatoren += und +

Der Subtraktionsoperator in Abschnitt 12.2.5 liefert eine Zahl als Differenz zweier `CStringIterator`en zurück, also einen anderen Datentyp. Arithmetische Operatoren wie + liefern typischerweise denselben Typ zurück: Die Summe zweier ganzer Zahlen ist ebenfalls eine ganze Zahl. Um solche Operatoren geht es hier. Um ein nicht mathematisches Beispiel zu nehmen, werden die Operatoren += und + für die obige Klasse `Folge` so konstruiert, dass sie Folgen aneinanderhängen:

```
Folge f1{ 99, 8, 42, 111};
Folge f2{ 1000, 1001, 1002};
f1 += f2;              // 99, 8, 42, 111, 1000, 1001, 1002
```

Das Objekt `f1` wird geändert – also muss der Operator eine Mitgliedsfunktion sein:

Listing 12.17 Operator +=

```
// Auszug aus beispiele/kap12/Folge.h
Folge& operator+=(const Folge& f) {
  for(std::size_t i  = 0; i < f.size(); ++i) {
    // Werte der Folge f an den Vektor hängen
    folge.push_back(f[i]);
  }
  return *this;
}
```

Natürlich kann zusätzlich der Operator so überladen werden, dass die Folge nur um eine Zahl verlängert wird:

Listing 12.18 Überladener Operator +=

```
Folge& operator+=(int t) {
  folge.push_back(t);
  return *this;
}
```

Was noch fehlt, ist ein binärer Operator, also einer mit zwei Parametern, der zwei Folgen nimmt und die Verkettung der beiden zurückgibt, etwa für Anweisungen wie `f3 = f1 + f2;`. Eine dafür passende Operatorfunktion könnte so aussehen:

Listing 12.19 Operator +, erster Versuch

```
Folge operator+(const Folge& f1, const Folge& f2) {
  Folge temp = f1;                    // f1 kopieren
  f1 += f2;                           // Kopie verlängern
  return f1;                          // und zurückgeben
}
```

Wenn `f1` nicht per Referenz, sondern per Wert übergeben wird, ist `f1` eine lokale Kopie innerhalb der Funktion, sodass `temp` nicht benötigt wird. Um Code-Duplikation zu vermeiden, wird der Operator `+=` eingesetzt. Weiterer Vorteil: Es müssen keine Details über die Innereien der Klasse `Folge` bekannt sein. Weil an die Stelle des Ausdrucks das Ergebnis, nämlich das veränderte Objekt `f1` tritt, kann die ganze Funktion weiter verkürzt werden zu

Listing 12.20 Binärer Operator +

```
// Auszug aus beispiele/kap12/Folge.h
inline
Folge operator+(Folge f1, const Folge& f2) { // f1 per Wert!
  return f1 += f2;
}
```

> **!** Sämtliche binären, als freie Funktion zu schreibenden arithmetischen Operatoren können ohne Kenntnis der Klasseninterna mit Hilfe der entsprechenden Kurzformoperatoren implementiert werden.

Das heißt, wenn `*=`, `-=`, `/=` usw. vorliegen, können `*`, `-`, `/` usw. leicht nach obigem Schema geschrieben werden. Bitte beachten Sie, dass die Kurzformoperatoren stets eine Referenz auf das Objekt zurückgeben, die binären Operatoren jedoch eine Kopie.

12.2.11 Zuweisungsoperator

Der Zuweisungsoperator wird vom System erzeugt, falls kein eigener benötigt wird. Im Falle der Klasse `Folge` kopiert er nur das Attribut `folge`, das den Typ `vector<int>` hat. Dabei wird der Zuweisungsoperator der Klasse `vector` aufgerufen:

Listing 12.21 `MiniString`-Anwendung

```
// mögliche Form des systemerzeugten Zuweisungsoperators
Folge& operator=(const Folge& f) {
  folge = f.folge;          // operator=(const vector<int>&)
  return *this;
}
```

Bei der Zuweisung wird eine Kopie erzeugt:

```
Kopie = Original;
```

Es kann sein, dass das `Original` einen Zeiger auf ein anderes Objekt enthält (hier ist das nicht der Fall). Der systemerzeugte Zuweisungsoperator würde bei der Erzeugung der Kopie den Zeiger mitkopieren. Das Ergebnis wäre, dass der Zeiger in `Kopie` auf dasselbe Objekt verweist (linke Seite der Abbildung 12.1).

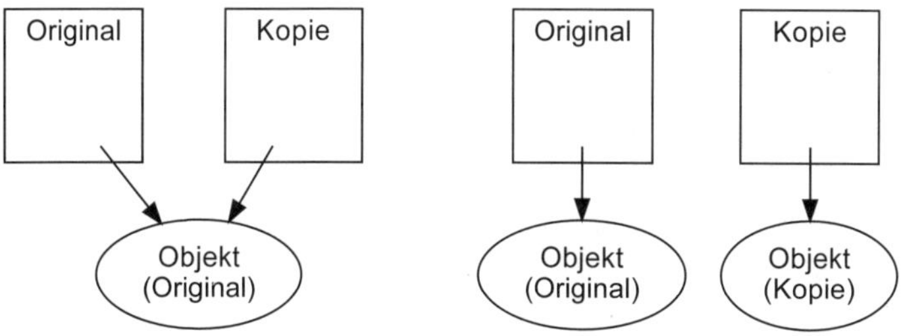

Bild 12.1 Flache Kopie (links) und tiefe Kopie (rechts)

Das Kopieren eines Zeigers führt nicht zur Kopie des Objekts, auf das der Zeiger verweist. So eine Kopie heißt »flache Kopie«. Im Gegensatz dazu sorgt eine »tiefe Kopie« dafür, dass auch das referenzierte Objekt kopiert wird (rechte Seite der Abbildung 12.1). Wenn das Original Zeigerattribute hat und eine tiefe Kopie gewünscht wird, muss der Zuweisungsoperator überladen werden. Das Problem in C++ formuliert:

Flache Kopie

Gegeben sei eine Klasse `Flach`. Sie wird als `struct` geschrieben. Das neue Schlüsselwort `struct` bedeutet nichts anderes als eine Klasse, in der alles `public` ist. Damit ist ein direkter Zugriff auf das Attribut möglich ist (der Kürze wegen).

Listing 12.22 Struktur `Flach`

```
struct Flach {
   // fehlerhaft, weil unvollständig! (siehe unten)
   Flach(int a = 0)
      : ptr(new int) { *ptr = a; }
   int* ptr;
};
```

In einem `main`-Programm werden zwei Objekte erzeugt. Anschließend wird das erste Objekt dem zweiten zugewiesen:

```
Flach originalF(1000);
Flach flacheKopie;
flacheKopie = originalF;          // originalF wird kopiert
```

Der systemgenerierte Zuweisungsoperator kopiert das Attribut, sodass `flacheKopie.ptr` denselben Wert wie `originalF.ptr` hat. Damit zeigt `flacheKopie.ptr` *auf dieselbe Speicherstelle* wie `originalF.ptr`! Die nachfolgenden Anweisungen

```
*originalF.ptr = 17;
cout << *originalF.ptr << ' ' << *flacheKopie.ptr << '\n';
```

bewirken, dass zweimal 17 ausgegeben wird. Die Anweisung `*originalF.ptr = 17;` wirkt sich auf `flacheKopie` aus.

Die Struktur ist unvollständig und damit fehlerhaft, weil der Kopierkonstruktor, der Zuweisungsoperator und der Destruktor fehlen (siehe Kasten auf Seite 294).

Tiefe Kopie

Gegeben sei eine entsprechende Struktur `Tief`. Sie unterscheidet sich von `Flach` durch einen selbstgeschriebenen Zuweisungsoperator.

Listing 12.23 Struktur `Tief`

```
struct Tief {
  // fehlerhaft, weil unvollständig! (siehe unten)
  Tief(int a = 0)
    : ptr(new int) { *ptr = a; }
  Tief& operator=(const Tief& orig) {  // neu
    *ptr = *orig.ptr;
    return *this;
  }
  int* ptr;
};
```

In einem `main`-Programm werden zwei Objekte erzeugt. Anschließend wird das erste Objekt dem zweiten zugewiesen:

```
Tief original(1000);
Tief tiefeKopie;
tiefeKopie = original;          // original wird kopiert
```

Der eigene Zuweisungsoperator kopiert das Attribut nicht. `ptr` zeigt also weiterhin auf die bei der Erzeugung des Objekts angelegte Speicherstelle. Aber er weist dem Attribut den Wert des Originals zu. Im Ergebnis sind die Adressen `tiefeKopie.ptr` und `original.ptr` verschieden, aber die referenzierten Werte `*tiefeKopie.ptr` und `*original.ptr` sind gleich. Die nachfolgenden Anweisungen

```
*original.ptr = 17;
cout << *original.ptr << ' ' << *tiefeKopie.ptr << '\n';
```

bewirken, dass 17 und 1000 ausgegeben wird. Die Anweisung `*original.ptr = 17;` wirkt sich auf `tiefeKopie` also *nicht* aus! Die Objekte können unabhängig voneinander geändert werden.

Die Struktur ist unvollständig und damit fehlerhaft, weil der Kopierkonstruktor und der Destruktor fehlen (siehe Kasten unten).

Schreiben Sie keinen eigenen Zuweisungsoperator, wenn Sie nicht gute Gründe dafür haben. In den meisten Fällen genügt der vom System erzeugte. Aber *wenn* Sie einen eigenen Zuweisungsoperator benötigen, müssen Sie in der Regel auch den Destruktor und den Kopierkonstruktor schreiben (die großen Drei[1]).

12.2.12 new, delete und die großen Drei

Dieser Abschnitt soll am Beispiel einer Klasse `MiniString` zeigen, warum die »großen Drei« notwendig sind, wenn eine Klasse Zeigerattribute hat und eine tiefe Kopie gewünscht ist. `MiniString` soll zur Fokussierung auf die Zeigerproblematik nur die folgenden Eigenschaften haben, die auch die Klasse `string` besitzt: Konstruktor, Kopierkonstruktor, Zuweisungsoperator und eine Funktion `c_str()`, die den String als C-String des Typs `const char*` zurückgibt. Die Anwendung ist ganz einfach:

Listing 12.24 `MiniString`-Anwendung

```
// Auszug aus beispiele/kap12/mstringmain.cpp
MiniString m0("Spielverlauf");
cout << "als C-String: " << m0.c_str();
cout << "\nKopierkonstruktor: ";
MiniString m1(m0);
cout << m1.c_str();
MiniString m2;
cout << "\nleerer MiniString: " << m2.c_str();
```

1 Tatsächlich gibt es seit C++11 »die großen Fünf«, siehe Kapitel 14.

```
m2 = m0;
cout << "\nnach Zuweisung: " << m2.c_str() << '\n';
```

In der Klasse `MiniString` wird Speicher mit `new []` beschafft und mit `delete []` freigegeben, wie ab Seite 201 beschrieben. Im Anschluss erfahren Sie, wie man dieselbe Funktionalität ohne `new` und `delete` mit erheblich weniger Code-Zeilen erreicht und dabei eine einfachere und sichere Klasse erhält. Dann wird klar, warum die Überschrift des Abschnitts 8.3.2 *new und delete – tun Sie es nicht!* lautet.

Listing 12.25 Klasse `MiniString` *(beispiele/kap12/ministring.h)*

```
#ifndef MINISTRING_H
#define MINISTRING_H
#include <cstring>              // strlen(), strcpy()
#include <utility>              // swap()

class MiniString {
public:
  MiniString(const char* str = "")     // Konstruktor
    : anzahl(std::strlen(str)),
      ptr(new char[anzahl+1]) {
    strcpy(ptr, str);
  }
  MiniString(const MiniString& m)      // Kopierkonstruktor
    : anzahl(m.anzahl),
      ptr(new char[anzahl+1]) {
    strcpy(ptr, m.ptr);
  }
  ~MiniString() {  delete [] ptr;  }      // Destruktor
  MiniString& operator=(MiniString m) { // Zuweisungsop.
    swap(m);
    return *this;
  }
  void swap(MiniString& m) {
    std::swap(anzahl, m.anzahl);
    std::swap(ptr, m.ptr);
  }
  const char* c_str() const {  return ptr;  }
private:
```

```
29     std::size_t anzahl;
30     char* ptr;
31 };
32 #endif
```

Anmerkungen zu einigen Zeilen:

8-12 Diese Zeilen definieren den Konstruktor. Die private Variable `anzahl` (Zeile 29) wird mithilfe der C-Funktion `strlen()` initialisiert. Die Variable `ptr` (Zeile 30) ist ein Zeiger auf den Speicherbereich mit den Zeichen. Der Speicher hat einen Platz mehr als `anzahl` vorgibt, um das abschließende Nullbyte unterzubringen. Die C-String-Funktion `strcpy()` kopiert alle Zeichen des Parameters `str` in den beschafften Speicher.

13-17 Der Kopierkonstruktor kopiert zunächst die Variable `anzahl` des Parameters `m`. Es wäre aber falsch, auch `ptr` zu kopieren, weil eine tiefe Kopie gewünscht ist. Also wird der Speicher beschafft und dann erst mit `strcpy()` kopiert.

18 Der Destruktor ist einfach! Die eckigen Klammern dürfen nicht vergessen werden.

19-22 Man könnte für eine Zuweisung die folgenden Schritte vorsehen: 1. Speicher beschaffen, 2. Werte kopieren, 3. alten Speicher freigeben, 4. `anzahl` und `ptr` aktualisieren, 5. auf Selbstzuweisung achten, damit bei (versehentlichen) Anweisungen wie `str = str;` das Objekt sich nicht selbst den Speicher zerschießt. Das klingt so umständlich wie es ist.

Einfacher und sicherer geht es so: Der Parameter `m` wird per Wert übergeben (Zeile 19). Damit entsteht eine lokale Kopie – die Speicherbeschaffung wird durch den Kopierkonstruktor geregelt. Der Aufruf `swap(m);` vertauscht die Daten des aktuellen Objekts mit denen von `m`. Danach ist, wie gewünscht, das aktuelle Objekt eine Kopie des ursprünglichen Objekts `m` vor dem Tausch. Der Destruktor von `m` sorgt für die Speicherfreigabe der (nunmehr) alten Daten. Ein großer Vorteil dieser Methode ist die Einfachheit. Nicht einmal die Kenntnis der Attribute ist erforderlich. Es muss nur eine `swap()`-Methode geben. Ein zweiter Vorteil ist die Exception-Sicherheit. Wenn es im Kopierkonstruktor eine Exception geben sollte, weil nicht genug Speicher beschafft werden kann, ändert sich der Zustand des Objekts durch die Zuweisung nicht! `swap()` kann als bloße Vertauschungsoperation von Referenzen keine Exception auslösen.

23-26 Die Funktion `swap()` benutzt der Einfachheit halber die gleichnamige Standardfunktion für die beiden Attribute. Natürlich könnte man so eine Funktion leicht selbst schreiben, aber so ist es kürzer.

27 Der Rückgabetyp ist `const char*`, damit der Inhalt des Objekts nicht über den zurückgegebenen Zeiger verändert werden kann.

Das hat zur Abschreckung hoffentlich gereicht! Und nun sehen Sie eine Klasse, die *genau dasselbe* leistet, aber ohne Zuweisungsoperator, Destruktor und Kopierkonstruktor! Die Speicherbeschaffung wird an die Klasse `vector` delegiert.

Listing 12.26 Ohne new geht's auch *(beispiele/kap12/ministringvec.h)*

```
 1 #ifndef MINISTRING_H
 2 #define MINISTRING_H
 3 #include <cstring>
 4 #include <vector>
 5
 6 class MiniString {
 7 public:
 8   MiniString(const char* str = "")
 9     : v(str, str + std::strlen(str) + 1) {
10   }
11   const char* c_str() const { return &v[0]; }
12 private:
13   std::vector<char> v;
14 };
15 #endif
```

Anmerkungen:

9 Die Klasse `vector` hat einen Konstruktor, dem man einen Bereich übergeben kann. Hier sind es die Zeiger auf den Beginn und auf das Ende des C-Strings.

11 `&v[0]` ist die Adresse des ersten Elements im Vektor, also vom Typ `char*`. Alle Elemente im Vektor liegen nacheinander im Speicher, sodass das Rückgabeergebnis wie ein normaler C-String benutzt werden kann.

12.3 Empfehlungen

- Unter welchen Umständen sollte man die Operatoren einer selbstgeschriebenen Klasse überladen? Die Antwort ist: Wenn der Benutzer dieser Klasse die entsprechende Operation erwartet. Das heißt, bei einer mathematischen Klasse wie `Matrix` sollten die mathematischen Operatoren existieren. Dabei ist es am besten, wenn zuerst die Kurzformoperatoren wie `operator+=()` geschrieben werden. Dann können die binären, als freie Funktionen implementierten Operatoren mit Hilfe der Kurzformoperatoren implementiert werden.[2] Das vermeidet die Duplikation von Code und damit auch von Fehlern.
- Wenn der Benutzer zwei Objekte vergleichen möchte, ist es besser, die Funktionen `operator==()` und `operator!=()` zu schreiben als eine Funktion `isEqual()`, damit die gewohnte Schreibweise beibehalten werden kann. Implementieren Sie `operator!=()` mit Hilfe von `operator==()`. Natürlich können auch die relationalen Operatoren wie < überladen werden. Wenn `operator<()` geschrieben wird, sollte man auch die verwandten Operatoren wie > oder <= schreiben, wobei dabei auf < zugegriffen werden kann.
- Der Zuweisungsoperator wird vom System erzeugt, wenn er nicht überladen, also selbst definiert wird. Er soll nur überladen werden, wenn der systemerzeugte Zuweisungsoperator seiner Aufgabe nicht gerecht werden kann, weil etwa Zeiger im Spiel sind. Dann müssen auch der Kopierkonstruktor und der Destruktor geschrieben werden.
- Typumwandlungsoperatoren sollen als `explicit` deklariert werden.

---

[2] Das heißt nicht, dass Sie eine Klasse `Matrix` implementieren sollen, außer zu Übungszwecken. Es gibt dafür Bibliotheken mit sehr effizienten Implementierungen.

- Operatoren sollen immer getreu ihrer üblichen Bedeutung formuliert werden. Dem Operator ^ (Exklusiv-Oder) die Exponentiation zuzuweisen, funktioniert nicht, wie auf Seite 270 gesehen.
- Operationen, die ein Objekt verändern, werden als Mitgliedsfunktionen geschrieben.
- Binäre Operatoren, die ein Objekt nicht verändern und als Mitgliedsfunktion oder als freie Funktion geschrieben werden können, sollen als freie Funktion geschrieben werden.

12.4 C++-Quiz

Anhand der folgenden Fragen können Sie Ihr Verständnis des Überladens von Operatoren prüfen.

1. Welche der folgenden überladenen Operatoren *müssen* als Mitgliedsfunktion implementiert werden?

   `+    ==    ++    [ ]    /    +=    <<    ->`

2. Welche der folgenden überladenen Operatoren *sollen* als Mitgliedsfunktion implementiert werden?

   `+    ==    ++    [ ]    /    +=    <<    ->`

3. Welche der folgenden überladenen Operatoren können bei Befolgung der Empfehlungen dieses Kapitels ohne Kenntnis der Attribute formuliert werden?

   `+    ->    --    !=    =    -    [ ]`

Lösungen

1. Richtige Antwort: Der vierte und der achte Operator.
2. Richtige Antwort: Der dritte, vierte, sechste und achte Operator.
3. `+` Wenn der Kurzformoperator += implementiert wurde.
   `-` Wenn der Kurzformoperator `-=` implementiert wurde.
   `--` Als Postfix-Operator, wenn die entsprechende Präfix-Form existiert.
   `!=` Wenn das Gegenstück == existiert.
   `=` Wenn eine Mitgliedsfunktion `swap(obj)` existiert, die `*this` mit `obj` vertauscht.

13 Die C++-Standardbibliothek

Fragen, die dieses Kapitel beantwortet:

- Was sind Templates?
- Wie funktioniert die Verwendung eines Objekts als Funktion?
- Welche Klasse brauche ich für die Kapselung eines Wertepaars?
- Was sind Iteratoren und wozu sind sie gut?
- Welche vordefinierten Algorithmen gibt es? Wie funktionieren sie?
- Was sind Container und welche gibt es?

Die C++-Standardbibliothek ist eine vielseitige Werkzeugsammlung. In den vorherigen Kapiteln wird einiges mit `std::` gekennzeichnet oder es wird `using namespace std;` geschrieben. Die C++-Standardbibliothek ist im Namespace `std`. Die Themen der wichtigsten Teilbibliotheken sind

- *Ein-/Ausgabe-Bibliothek.* Einige Teile der Bibliothek kennen Sie bereits von Kapitel 3.
- *String-Bibliothek.* Hier wird die schon bekannte Klasse `string` mitsamt ihren Methoden definiert. In diesem Buch beschränke ich mich auf ASCII, aber die Bibliothek kann auch andere Zeichenkodierungen verarbeiten. Strings kennen Sie von Abschnitt 1.9.

- *Container-Bibliothek.* Container dienen zum Speichern gleichartiger Elemente. `array` und `vector` sind bereits bekannt. Es gibt auch `list`, `stack`, `deque`, `set` und `map` und weitere. Mehr dazu finden Sie unten in Abschnitt 13.6.
- *Iterator-Bibliothek.* Ein Iterator verweist auf ein Element im Container oder auf sein Ende. Über einen Iterator kann auf ein Element zugegriffen werden. Ein großer Vorteil von Iteratoren ist, dass mit ihnen Container-unabhängige Algorithmen entworfen werden können. Eine genauere Beschreibung finden Sie unten in Abschnitt 13.4.
- *Algorithmen-Bibliothek.* Die C++-Standardbibliothek stellt eine große Zahl von Algorithmen bereit. Darunter sind Algorithmen zum Sortieren, zum Finden eines Elements in einem Container, zum Finden des maximalen oder minimalen Werts einer Folge und viele andere. Mehr dazu siehe unten, Abschnitt 13.5.
- *Bibliothek für Reguläre Ausdrücke.* Reguläre Ausdrücke sind spezielle grammatische Beschreibungen, die bei der Analyse von Text helfen.
- *Thread-Bibliothek.* Die Bausteine dieser Bibliothek helfen bei der Konstruktion von Programmen, die parallel mehrere Aufgaben gleichzeitig lösen.

Im Rahmen dieses Buchs beschreibe ich die Bausteine der Bibliothek aus Platzgründen nur in Grundzügen, aber auf jeden Fall so weit, wie es für das Verständnis der Programmierung der Beispiele notwendig ist. Mehr erfahren Sie in [Br], [Str], [cppref] und [ISOC++].

13.1 Templates

In Abschnitt 6.7.1 haben Sie die Klasse `vector` kennengelernt. Der Datentyp der abzulegenden Elemente ist in spitzen Klammern anzugeben:

```
std::vector<Spieler> spielerTabelle; // Tabelle für Spieler
std::vector<int> intTabelle;         // Tabelle für ganze Zahlen
std::vector<std::string> stringTabelle; // Tabelle für Strings
```

Im Gegensatz zu der Klasse `Spieler` aus Abschnitt 6.2 ist die Klasse `vector` für mehrere Datentypen geeignet. Wenn Datentypen als Parameter eingesetzt werden, spricht man von »generischer Programmierung«. Entsprechend unterscheidet sich auch die Deklaration, in der es einen Platzhalter für den Datentyp gibt. Eine solche Deklaration ist eine *Template*-Deklaration. Der Platzhalter wird dann bei der Deklaration eines `vector`-Objekts vom Compiler durch den zu verwendenden Datentyp ersetzt (`Spieler`, `int` usw.). Dasselbe Prinzip gilt für Funktionen. Nahezu die ganze C++-Standardbibliothek ist Template-basiert.

13.1.1 Funktions-Template

Die Funktion `kleiner(a, b)` soll `true` zurückgeben, wenn `a < b` ist, andernfalls `false`. Diese Funktion soll nicht nur für ganze Zahlen funktionieren, sondern auch für `double`-Zahlen, Strings oder sogar Vektoren. Um nicht für jeden der in Frage kommenden Datentypen eine eigene Funktion schreiben zu müssen, wird sie als Template formuliert:

Listing 13.1 Funktions-Template

```
template<typename T>                          // neu!
bool kleiner(const T& a, const T& b) {
  return a < b;                               // Vergleich
}
```

`T` ist der Platzhalter für den Datentyp. Statt `T` kann ein anderer Name gewählt werden. Die Argumente werden hier als Referenz auf `const` übergeben, um erstens Kopien großer Objekte zu vermeiden, und zweitens, um sicherzustellen, dass sie in der Funktion nicht geändert werden. Natürlich kann man in vielen Fällen direkt `a < b` schreiben, anstatt `kleiner(a, b)` aufzurufen. Hier geht es aber darum, eine möglichst einfache Funktion zur Erläuterung der Templates zu wählen. Darüber hinaus ist es möglich, den Vergleich für bestimmte Datentypen besonders zu gestalten, wie unten im Abschnitt zur Spezialisierung von Templates gezeigt wird.

Anstatt `typename` kann `class` geschrieben werden. Erst wenn der Compiler auf einen Aufruf trifft, wird von ihm aus diesem Template, das eine Art Schablone darstellt, die konkrete Funktion erzeugt! Im folgenden Beispiel markieren drei Sterne *** die entsprechenden Stellen:

Listing 13.2 Template *(beispiele/kap13/funktionstemplate.cpp)*

```
#include <iostream>
#include <string>
#include <vector>

template<typename T>                                // Template!
bool kleiner(const T& a, const T& b)    {
  return a < b;                                     // Vergleich
}

int main() {
  int a = 42;
  int b = 43;
  if(kleiner(a, b)) {                        // ***
    std::cout << a << " ist kleiner als " << b << '\n';
  }
  else {
    std::cout << a << " ist >= " << b << '\n';
  }
  std::string stra = "abc";
  std::string strb = "abd";
  if(kleiner(stra, strb)) {                  // ***
    std::cout << stra << " ist < als " << strb << '\n';
  }
  else {
    std::cout << stra << " ist >= " << strb << '\n';
  }
  std::vector<int> va {1, 2, 3, 4};
  std::vector<int> vb {1, 2, 3, 4, 5};
  if(kleiner(va, vb)) {                      // ***
    std::cout << "va ist kleiner als vb\n";
  }
  else {
```

```
    std::cout << "va ist gleich oder größer als vb\n";
  }
}
```

An den mit *** markierten Stellen werden die Funktionen `kleiner(int, int)`, `kleiner(string, string)` und `kleiner(vector, vector)` erzeugt. Das Template ist hier nur der Kürze wegen in den Zeilen über `main()` aufgeführt worden. Ein Template gehört in eine Header-Datei, und zwar inklusive Funktionskörper. Der Grund: Bei einer Nicht-Template-Funktion kommt der Funktionskörper in eine *cpp*-Datei. Den gibt es bei Templates aber nicht von vornherein, weil die Funktion für einen bestimmten Typ vom Compiler erst an der Stelle des Aufrufs erzeugt wird.

Das obige Template funktioniert für alle Datentypen, die den <-Operator bereitstellen. Der Stringvergleich arbeitet so, dass elementweise verglichen wird. Die erste Nichtübereinstimmung entscheidet über das Ergebnis. Falls alle Zeichen bis zum Ende des kürzeren Strings gleich sind, gilt der kürzere String als kleiner. Damit können Strings sortiert werden. Der Vergleich von Vektoren funktioniert nach demselben Muster.

13.1.2 Template-Spezialisierung

Der von der Funktion von Listing 13.1 ausgeführte Vergleich funktioniert auch mit Wahrheitswerten, also etwa

```
// f1() und f1() liefern je einen bool-Wert zurück
if(kleiner(f1(), f2())) {
  // ...
}
```

Beim Vergleich wird `true` als 1 und `false` als 0 interpretiert, um ihn zu bewerkstelligen. Nun kann man zu Recht einen Vergleich von booleschen Werten für unsinnig halten, wenn es sich nicht um die Prüfung auf Gleichheit oder Ungleichheit handelt. Solche Vergleiche kann man mit einer Spezialisierung des Templates verhindern:

Listing 13.3 Für `bool` spezialisiertes Template

```
template<bool>
bool kleiner(bool a, bool b)   {
  static_assert(false, "sinnloser bool-Vergleich!");
  return false;
}
```

Dieses Template muss *nach* dem allgemeinen Template (Listing 13.1) aufgeführt werden. Sie kennen das Makro `assert(Bedingung)`, das zur *Laufzeit* zum Abbruch des Programms führt, wenn die Bedingung nicht erfüllt ist. Das hier eingesetzte `static_assert` wird hingegen schon zur *Compilationszeit* überprüft, sodass gar nicht erst ein ausführbares Programm entsteht. `static_assert` hat als erstes Argument die Bedingung und als zweites Argument einen beschreibenden Text.

Ein zweiter Fall für die Spezialisierung des Templates ist der Vergleich von C-Strings, zum Beispiel:

```
const char* c = "alpha";
const char* d = "omega";
if(kleiner(c, d)) {                       // Fehler
   // ...
}
```

Das Template von Listing 13.1 liefert im Allgemeinen ein *falsches* Ergebnis, weil die *Zeiger* `c` und `d`, also Adressen, verglichen werden. Die folgende Spezialisierung korrigiert diesen Fehler:

Listing 13.4 Für C-Strings spezialisiertes Template

```
template<const char*>
bool kleiner(const char* a, const char* b)   {
  return std::strcmp(a,b) < 0;
}
```

`strcmp()` ist eine C-Funktion, die den Header `<cstring>` voraussetzt. Diese Funktion ist effizienter als der Vergleich nach Umwandlung in einen String, etwa `std::string(a) < std::string(b)`.

13.1.3 Klassen-Template

Die C++-Standardbibliothek enthält ein Klassen-Template `stack`, mit dem Stacks für verschiedene Datentypen angelegt werden können. So ein Klassen-Template lässt sich leicht konstruieren, um zu zeigen, wie es geht. Wir müssen nur überlegen, welche Operationen wir von einem Stack erwarten. Der Einfachheit halber nehme ich dieselben Namen wie in der `stack`-Klasse der -Standardbibliothek.

- `push(x)` ist eine Mitgliedsfunktion (Methode), die das Argument `x` auf dem Stack ablegt.
- `top()` gibt das oberste Element zurück.
- `pop()` entfernt das oberste Element.
- `size()` gibt die Anzahl der auf dem Stack befindlichen Elemente zurück.
- `empty()` gibt zurück, ob der Stack leer ist.
- `clear()` leert den Stack.

Mehr braucht man nicht zur Demonstration eines Klassen-Templates. Die abzulegenden Elemente müssen irgendwo gespeichert werden. Dazu eignet sich ein `vector`-Objekt sehr gut. Die Klasse `vector` stellt die letzten drei genannten Methoden ebenfalls bereit, mit der entsprechenden Bedeutung. Es gibt aber (unter anderem) auch die folgenden, die für unsere Zwecke sehr praktisch sind:

- `push_back(x)` erweitert den Vektor am Ende um einen Platz und legt dort das Argument `x` ab.
- `pop_back()` entfernt das letzte Element.
- `back()` gibt eine Referenz auf das letzte Element zurück.

Damit können wir die Aufgaben des Stacks an ein `vector`-Objekt, das Attribut der Klasse ist, delegieren, indem einfach die entsprechenden `vector`-Methoden aufgerufen werden.

Die Klasse `MeinStack` ist im Grunde eine Anpassung der Klasse `vector` an die Anforderungen eines Stacks. `MeinStack` ist ein sogenannter *Container-Adapter* (adaptieren = anpassen). Das Ende des Vektors (»back«) entspricht dem Oben des Stacks (»top«).

Listing 13.5 Klassen-Template `MeinStack` *(beispiele/kap13/meinstack.h)*

```
#ifndef MEINSTACK_H
#define MEINSTACK_H
#include <stdexcept>
#include <vector>

template<typename T>
class MeinStack {
public:
  auto empty() const { return vec.empty(); }
  auto size() const { return vec.size(); }
  void clear() { vec.clear(); }  // Stack leeren

  void push(const T &x) {          // x auf den Stack legen
    vec.push_back(x);
  }

  const T& top() const {         // letztes Element zurückgeben
    check();                     // Vorbedingung: Stack ist nicht leer
    return vec.back();
  }

  void pop() {                   // Element entfernen
    check();                     // Vorbedingung: Stack ist nicht leer
    vec.pop_back();
  }
private:
  void check() const {
    if(vec.empty()) {
      throw std::runtime_error("Stack ist leer!");
    }
  }
  std::vector<T> vec;              // Speicher
};
#endif
```

Der Compiler kennt die Rückgabetypen der Methoden `empty()` und `size()` und trägt sie ein. Weil `auto` sowohl die `const`- als auch die Referenzeigenschaft ignoriert, wird es bei `top()` nicht verwendet (natürlich wäre `const auto&` möglich). Im folgenden Programm ist `MeinStack<double>` eine Template-Klasse, also eine Klasse, die für einen konkreten Datentyp aus dem Klassen-Template erzeugt wird.

Listing 13.6 Stack-Anwendung *(beispiele/kap13/klassentemplate.cpp)*

```
#include <iostream>
#include "meinstack.h"
using std::cout;

int main() {
  MeinStack<double> dStack;        // Stack für double-Zahlen
  double d = 1.00234;
  cout << "\n10 Elemente auf den Stack legen:\n";
  for(unsigned int i = 0; i < 10; ++i) {
    d = 1.1 * d;                   // mit (beliebigen) Werten
    dStack.push(d);                // füllen
    cout << dStack.top() << '\t'; // anzeigen
  }
  cout << "\n4 Elemente entnehmen:\n";
  for (unsigned int i = 0; i < 4; ++i) {
    cout << dStack.top() << '\t'; // anzeigen
    dStack.pop();                  // ... und entnehmen
  }
  cout << "\nRestliche Anzahl= " << dStack.size();
  dStack.clear();
  cout << "\nclear: Anzahl= " << dStack.size() << '\n';
}
```

13.2 Funktionsobjekte und Lambda-Funktionen

In einem Ausdruck wird der Aufruf einer Funktion durch das von der Funktion zurückgegebene Ergebnis ersetzt. Die Aufgabe der Funktion kann von einem Objekt übernommen werden, eine Technik, die in den

Algorithmen und Klassen der C++-Standardbibliothek häufig eingesetzt wird. Ein Objekt kann dann wie eine Funktion aufgerufen werden. Eine Funktion wird geschrieben und kann mehrfach verwendet werden.

Wenn eine Funktion nur *einmal* benötigt wird, genügt es, sie direkt an der Stelle der Verwendung zu definieren, ohne vorherige Deklaration. Was nicht deklariert wird, hat keinen Namen. Deswegen heißen solche Funktionen *anonym*. Ein anderer Name ist *Lambda*-Funktion. Er ist aus dem Lambda-Kalkül der mathematischen Logik abgeleitet. Beide Funktionsarten – mit oder ohne Namen – werden auf ähnliche Art eingesetzt.

13.2.1 Funktionsobjekte

Ein Objekt, das wie eine Funktion eigesetzt werden kann, wird *Funktionsobjekt* oder *Funktor* genannt. Dazu wird der Funktionsoperator `()` mit der Operatorfunktion überladen. Eine Funktion wird mit runden Klammern aufgerufen, daher ist der Name `operator()`. Dazu kommt noch ein Klammernpaar für die Argumente. Damit ist die Deklaration einer Funktion, die den Funktionsoperator `()` überlädt: `operator()(ggf. Parameter)`. Mit dieser Funktion ist es möglich, ein Objekt wie eine Funktion aufzurufen.

Funktoren sind Objekte, die sich wie Funktionen verhalten, aber alle Eigenschaften von Objekten haben. Sie können erzeugt, als Parameter übergeben oder in ihrem Zustand verändert werden. Die Zustandsänderung erlaubt einen flexiblen Einsatz, der mit Funktionen nur über zusätzliche Parameter möglich wäre. Im Folgenden wird die Wirkungsweise eines Funktors `Kleiner` gezeigt, der den <-Operator überlädt. Dabei soll je nach Initialisierung des Funktionsobjekts auch der Vergleich nach dem Absolutwert der zu vergleichenden Elemente möglich sein. Die Klasse wird als Template ausgelegt, sodass es für den Typ der zu vergleichenden Zahlen mehrere Möglichkeiten geben kann.

Listing 13.7 Funktor-Klasse `Kleiner` *(beispiele/kap13/kleiner.h)*

```
#ifndef KLEINER_H
#define KLEINER_H
#include <cmath>                    // abs()
```

```
4
5 template<typename T>
6 class Kleiner {
7 public:
8   Kleiner() = default;                    // siehe Text
9   Kleiner(bool absbetr)
10    : absolutbetrag(absbetr) {
11  }
12  bool operator()(const T& a, const T& b) const {
13    if(absolutbetrag) {
14      return std::abs(a) < std::abs(b);
15    }
16    else {
17      return a < b;
18    }
19  }
20 private:
21   bool absolutbetrag = false;
22 };
23 #endif
```

Wenn der Standardkonstruktor verwendet wird, soll es den normalen Vergleich geben. Wenn dem zweiten Konstruktor `true` mitgegeben wird, soll der Vergleich nach dem Absolutbetrag erfolgen. Außer der Operatorfunktion gibt es noch weitere, bisher nicht besprochene C++-Elemente, daher wieder die zeilenweise Erläuterung:

21 Das Attribut kann direkt an der Stelle der Definition initialisiert werden. Damit kann die Initialisierung im Standardkonstruktor entfallen.

8 Der Standardkonstruktor hat wegen Zeile 21 nichts zu tun. Er muss dennoch hingeschrieben werden, weil er wegen des zweiten Konstruktors nicht vom System erzeugt wird. Neu ist die Schreibweise. Sie entspricht exakt der Zeile `Kleiner() {}`.

9-11 Allgemeiner Konstruktor

12-19 Der überladene `()`-Operator. Je nach Wert des booleschen Attributs `absolutbetrag` wird der eine oder der andere Vergleich ausgewählt. Weil das Objekt durch den Aufruf nicht verändert wird, ist der Operator `const`.

Boolesche Werte werden normalerweise als 0 bzw. 1 ausgegeben. Damit stattdessen `false` bzw. `true` angezeigt wird, muss die Ausgabe umgeschaltet werden (im nächsten Beispiel unten: Zeile 5 der Anwendung). In den Zeilen 6 und 7 werden die Funktionsobjekte angelegt, die in den Zeilen 10 und 13 wie eine Funktion aufgerufen werden.

Listing 13.8 Einfache Funktoranwendung *(beispiele/kap13/funktor1.cpp)*

```
1  #include <iostream>
2  #include "kleiner.h"
3
4  int main() {
5    std::cout << std::boolalpha;
6    Kleiner<double> vergleich;
7    Kleiner<double> betragsvergleich(true);
8    std::cout << "Einfacher Vergleich              : "
9                 "-7.1 < 4.2 = "
10             << vergleich(-7.1, 4.2) << '\n';
11   std::cout << "Vergleich nach dem Absolutbetrag: "
12                "-7.1 < 4.2 = "
13             << betragsvergleich(-7.1, 4.2) << '\n';
14 }
```

In diesem Beispiel spielt der Funktor seine Stärke noch nicht aus. Wichtiger ist die Möglichkeit, ihn als Parameter zu übergeben, um damit das Verhalten einer Funktion zu steuern. Im Folgenden sehen Sie, wie eine schlichte Sortierfunktion durch Übergabe eines temporären Funktorobjekts gesteuert wird.

> **!** Es gibt deutlich schnellere Sortieralgorithmen, die aber komplexer sind. Dieser Sortieralgorithmus soll nur zeigen, wie der Funktor innerhalb einer Funktion eingesetzt wird. Sonst nehmen Sie besser den Sortieralgorithmus der C++-Standardbibliothek (Beispiel siehe unten).

Das Funktionsobjekt ist temporär, weil der Standardkonstruktor im ersten und der Allgemeine Konstruktor im zweiten Fall direkt in der Parameterliste aufgerufen werden.

Listing 13.9 Funktor als Parameter *(beispiele/kap13/funktor2.cpp)*

```
#include <iostream>
#include <vector>
#include "kleiner.h"

template<typename T, typename Funktor>
void sortieren(std::vector<T>& v,
               const Funktor& vergleich) {
   bool vertauscht;
   do {
      vertauscht = false;
      for(std::size_t j = 1; j < v.size(); j++) {
        if(vergleich(v[j], v[j-1])) {  // ggf. vertauschen
            int temp     = v[j-1];
            v[j-1] = v[j];
            v[j]   = temp;
            vertauscht = true;
         }
      }
   } while(vertauscht);   // false = keine Vertauschung mehr
}
using namespace std;

int main() {
  vector<int> vec {9, -7, -5, -9, 6, 5, 1};
  cout << "Einfaches Sortieren                : ";
  sortieren(vec, Kleiner<int>());
  for(auto wert : vec) {
    cout << wert << ' ';
  }
  cout << "\nSortieren nach dem Absolutbetrag  : ";
  sortieren(vec, Kleiner<int>(true));
  for(auto wert : vec) {
    cout << wert << ' ';
  }
  cout << '\n';
}
```

Einige Anmerkungen zu den Programmzeilen:

5-7 Beachten Sie, dass es zwei Template-Parameter gibt. Dadurch kann ein Funktor beliebigen Typs verwendet werden, wenn er einen passenden `operator()(..)` bereitstellt. Man kann auch mit einem Template-Parameter auskommen, etwa

```
template<typename T>
void sortieren(std::vector<T>& v,
               const Kleiner<T>& vergleich) {
  // ...
}
```

verliert dann aber die Flexibilität (die wir unten noch nutzen werden).

12 Hier ist der entscheidende Einsatz des Funktors, indem `if(v[j] < v[j-1])` ersetzt wird.

26, 31 Hier wird der gewünschte Funktor übergeben.

Dieses Beispiel zeigt die Verwendung eines Funktors, wie sie häufig in der C++-Standardbibliothek vorkommt, wie weiter unten noch zu sehen. Die Standardfunktion zum Sortieren ist `sort`. Ihr kann ebenfalls bei Bedarf ein Funktor übergeben werden:

Listing 13.10 Sortieren mit `std::sort()` und Funktor

```
#include <algorithm>                    // nicht vergessen
// ...
sort(vec.begin(), vec.end(), Kleiner<int>());
// Weil Kleiner<int>() nur den <-Operator nachbildet,
// ist die nächste Anweisung gleichwertig:
sort(vec.begin(), vec.end());
// Sortieren nach dem Absolutbetrag:
sort(vec.begin(), vec.end(), Kleiner<int>(true));
```

13.2.2 Lambda-Funktionen

Zur Erinnerung: Eine Lambda-Funktion ist eine Funktion ohne Namen, die direkt an der Stelle des Aufrufs definiert wird. Die Syntax einer Lambda-Funktion ist etwas gewöhnungsbedürftig. Sie beginnt mit dem Symbol `[]` am Anfang, dann folgen die Parameterliste in runden Klammern und abschließend ein durch geschweifte Klammern begrenzter Bereich, innerhalb dessen es mehrere Anweisungen geben kann. Statt den Funktor `Kleiner` zu benutzen, kann das Sortieren mit einer Lambda-Funktion bewirkt werden, die die Vergleichslogik enthält:

Listing 13.11 Sortieren nach dem Absolutbetrag mit Lambda-Funktion

```
sortieren(vec,
          [](auto a, auto b){ return abs(a) < abs(b);});
```

`auto` statt `double` veranlasst den Compiler, den Typ aus dem Typ der Vektorelemente zu ermitteln. In Listing 13.11 wird der zweite Template-Parameter des obigen Listings 13.9 wirksam. Mit nur einem Template-Parameter `T` würde Listing 13.11 nicht funktionieren, weil der Typ der Lambda-Funktion nicht `Kleiner` ist. Das folgende Listing zeigt den Einsatz der Lambda-Funktion, wenn der Vektor mit der Standardfunktion `sort()` sortiert werden soll:

Listing 13.12 `std::sort()` und Lambda-Funktion

```
sort(vec.begin(), vec.end(),
      [](auto a, auto b){ return abs(a) < abs(b);});
```

13.3 Paare

Das Klassen-Template `pair` (engl. für Paar) erlaubt die Kombination zweier Werte verschiedenen (oder gleichen) Typs. Ein `pair`-Objekt kapselt genau zwei Werte. Die Klasse wird hier aufgeführt, weil viele Funktionen der Standardbibliothek ein `pair`-Objekt zurückgeben. Bei der Verwendung muss `#include <utility>` angegeben werden. Die Deklaration sieht so aus (gekürzt):

Listing 13.13 Template pair (vereinfachter Auszug)

```
template<class T1, class T2>
struct pair {                          // struct: siehe Seite 216
  T1 first;                            // erstes Element
  T2 second;                           // zweites Element
  // erzeugt ein Paar aus x und y:
  pair(const T1& x, const T2& y);
  // erzeugt eine Kopie des Paars p:
  template<class U, class V> pair(const pair< U, V>& p);
  void swap(pair& p);
  // ...
};
```

Der (nicht aufgeführte) Standardkonstruktor initialisiert die Bestandteile mit ihrem jeweiligen Standardkonstruktor. Gleichheit und Vergleiche mit den Operatoren == und < usw. sind ebenfalls definiert. Die Hilfsfunktion

```
template<class T1, class T2>
pair<T1, T2> make_pair(const T1& x, const T2& y);
```

erzeugt ein Paar aus den Parametern. Die beteiligten Typen werden aus den Parametern abgeleitet. Zum Beispiel gibt der Aufruf

```
auto einpaar = make_pair(1, 2.782);
```

ein `pair<int, double>`-Objekt zurück. Alternativ kann der gewünschte Typ angegeben werden:

```
auto einpaar = make_pair<int, double>(1, 2.782);
```

Das ist etwa bei Zeichenketten-Literalen sinnvoll, wie bei `p2` zu sehen:

```
auto p1 = make_pair(string("Donald"), 100);
auto p2 = make_pair<string, int>("Donald", 100);
auto p3 = make_pair("Donald", 100);
```

`p1` und `p2` sind vom Typ `pair<string, int>` und exakt gleich. `p3` hingegen ist vom Typ `pair<const char*, int>`. Auf die einzelnen Bestandteile wird mit den Attributen `first` und `second` zugegriffen:

```
auto name = p1.first;                    //string
auto gehalt = p1.second;                 //int
```

13.4 Iteratoren

Ein Iterator ist ein zeigerähnliches Objekt, das heißt, er verweist auf ein Element eines Containers (Vektor, Liste usw.). Jeder Container hat eine Methode `begin()`, die einen Iterator auf das erste Element des Containers zurückgibt. Auch gibt es eine Methode `end()`. Sie gibt einen Iterator zurück, der auf die Position *nach* dem letzten Element zeigt. Die Skizze veranschaulicht dies mit einem Vektor `vec`, der drei Strings enthält. Ganz rechts ist der Index angegeben.

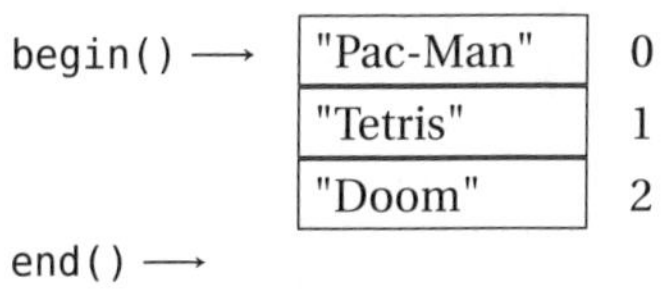

Bild 13.1 Iteratorpositionen

Die Position, auf die `end()` zeigt, ist außerhalb des für den Vektor definierten Bereichs. Auf diese Position darf nicht zugegriffen werden. Falls der Container leer ist, gilt `begin() = end()`. Für den Iterator sind die nachfolgend beschriebenen Operationen möglich. Dabei wird angenommen, dass `iter` ein Iterator auf den Anfang des String-Vektors `vec` (wie in der Skizze) sei, ermittelt mit `auto iter = vec.begin()`.

- Iteratoren können mit `==` und `!=` verglichen werden.
- `*` gibt eine Referenz auf das Objekt zurück, auf das der Iterator verweist. `cout << (*iter);` gibt »Pac-Man« aus. `*` darf nicht auf einen Iterator angewendet werden, der = `end()` ist.
- Mit dem Pfeiloperator `->` kann direkt auf das Element zugegriffen werden. So ruft `iter->size()` die Methode `size()` des Objekts auf, auf

das `iter` zeigt. Im Beispiel würde die Anzahl der Buchstaben im String »Pac-Man« zurückgegeben werden. -> darf nicht auf einen Iterator angewendet werden, der = `end()` ist.

- ++ bewirkt bei einem Iterator das Weiterschalten auf die nächste Position. `++iter` lässt `iter` auf den nächsten Eintrag verweisen. Wie bei einer ganzen Zahl kann ++ vor oder nach dem Iterator geschrieben werden. Bei einem Vektor ist ++ eine einfache interne Operation, bei einem Set ist sie etwas komplizierter. Als Programmierer muss man sich aber nicht um die Interna des Weiterschaltens kümmern.
- -- bewirkt, dass der Iterator auf die *vorherige* Position zeigt. Voraussetzung ist, dass der Container diese Operation unterstützt. Kein Problem bei einem Vektor oder einer doppelt verketteten Liste[1]. Bei einer einfach verketteten Liste ist diese Operation nicht möglich.

> Gäbe es die Iteratoren nicht, müssten die Algorithmen der Standardbibliothek eigens für jeden Container geschrieben werden. Den Algorithmen wird als Argument nur je ein Iterator auf den Anfang und auf das Ende des zu bearbeitenden Bereichs mitgegeben. Der Algorithmus hat keine Kenntnis über den Container, es müssen nur die in ihm verwendeten Operationen für den Container erlaubt sein. Es gilt stets die Konvention, dass das angegebene Ende des Bereichs einer Position *nach* der des letzten Elements entspricht! ■

Im folgenden Beispiel werden Iteratoren angewendet. Als Algorithmus wird `find()` genommen. `find(anfang, ende, gesucht)` findet das erste Vorkommen eines gesuchten Elements innerhalb des angegebenen Bereichs. Zur Abwechslung wird eine doppelt verkettete Liste (`list`) als Container genommen. Ein Vektor wäre ebenso möglich.

Listing 13.14 Iterator *(beispiele/kap13/iterator.cpp)*

```
#include <algorithm>                        // enthält find()
#include <iostream>
```

1 Siehe Glossar.

```
3 #include <list>
4 using namespace std;
5
6 int main() {
7   list<string> container { "Pac-Man", "Tetris",
8                            "Doom"};
9   auto iter = container.begin();
10  while(iter != container.end()) {
11    cout << *iter << ".  iter->size()= "
12         << iter->size()
13         << " (iter*).size()= "
14         << (*iter).size() << '\n';
15    ++iter;
16  }
17  const string gesucht = "Doom";
18  auto position = find(container.begin(),
19                       container.end(), gesucht);
20  if(position != container.end()) {
21    cout << *position << " gefunden! Position "
22         << distance(position, container.begin())
23         << '\n';
24  }
25  else {
26    cout << gesucht << " wurde nicht gefunden\n";
27  }
28 }
```

Erläuterungen zu einigen Programmzeilen:

3, 7 `list` ist eine doppelt verkettete Liste.

9 Der Typ eines Iterators wird in der Klasse des zugehörigen Containers definiert. Hier ist er `list<string>::iterator`. Bequemer ist es, die Typermittlung dem Compiler zu überlassen und `auto` zu schreiben.

10 Eine typische Iterator-Schleife. Sie bricht ab, wenn `end()` erreicht ist. Das Weiterschalten nicht vergessen (Zeile 12)!

11-14 Der jeweilige String und die Anzahl der Buchstaben werden ausgegeben. Die Operatoren * und `->` werden benutzt.

15 Der Iterator rückt auf die nächste Position vor.

17 Der zu suchende String.

18-19 Aufruf des `find()`-Algorithmus. Der gesuchte String kann in Zeile 19 nicht direkt als `"Doom"` eingetragen werden, weil ein mit Anführungszeichen begrenztes Literal kein `string` ist (siehe dazu die Textbox auf Seite 41).

20 `find()` gibt einen Iterator auf die Stelle zurück, an der der gesuchte String gefunden wird, bzw. `end()`, wenn nichts gefunden wird.

21 `*position` ist eine Referenz auf das gefundene Objekt.

22 Die Funktion `distance()` gibt die Differenz zweier Iteratoren zurück. Sie entspricht der laufenden Nummer des Elements, wenn `begin()` subtrahiert wird. Bei einer Liste ist kein wahlfreier Zugriff möglich, das heißt, es gibt keinen Index-Operator `[index]` und keine Funktion `at(index)`. Für solche Container ist der Aufruf von `distance()` zur Berechnung des Abstands notwendig. Bei einem Vektor jedoch gibt es den wahlfreien Zugriff. Dann kann mit Iteratoren sogar gerechnet werden, das heißt, der Aufruf von `distance()` kann durch den Ausdruck `(position - container.begin())` ersetzt werden. `distance()` ermittelt den Abstand zweier Iteratoren einer Liste durch Abzählen der Schritte. Bei einem Vektor benutzt `distance()` direkt die Differenz.

> Für Bereiche wird die in der Mathematik übliche Notation für Intervalle verwendet. Eckige Klammern bezeichnen dabei Intervalle einschließlich der Grenzwerte, runde Klammern Intervalle ausschließlich der Grenzwerte, `[i, j)` also ein Intervall einschließlich `i` und ausschließlich `j`. Diese Schreibweise passt sehr gut für die Angabe eines Bereichs mit Iteratoren. So decken die Iteratoren `i = container.begin()` und `j = container.end()` den gesamten Bereich eines Containers ab, und zwar *einschließlich* `i` und *ausschließlich* `j`, entsprechend der oben genannten Konvention für `end()`. ■

13.4.1 Iterator-Kategorien

Nicht jeder Iterator unterstützt alle am Anfang dieses Abschnitts unterstützten Operationen. So kann ein Iterator einer einfach verketteten Liste nicht rückwärts gehen (Operation --). Iteratoren sind deshalb in fünf Kategorien eingeteilt:

- *Input-Iterator*: Ein Input-Iterator ist zum sequenziellen Lesen von Daten gedacht, zum Beispiel aus einem Container oder aus einer Datei. Ein Zurückspringen an eine schon gelesene Stelle ist nicht möglich (der ---Operator ist nicht definiert).
- *Output-Iterator*: Ein Output-Iterator kann sequenziell in einen Container oder in eine Datei schreiben, wobei der Dereferenzierungsoperator verwendet wird. Eine Anwendung finden Sie im Listing 13.19 auf Seite 329.
- *Forward-Iterator*: Wie Input- und Output-Iterator kann der Forward-Iterator sich vorwärts bewegen. Im Unterschied zu den vorgenannten Iteratoren können jedoch Werte des Iterators gespeichert werden, um ein Element des Containers wiederzufinden. Damit ist ein mehrfacher Durchlauf in eine Richtung möglich, zum Beispiel durch eine einfach verkettete Liste, wenn man sich den Anfang gemerkt hat.
- *Bidirectional-Iterator*: Ein Bidirectional-Iterator kann all das, was ein Forward-Iterator kann. Darüber hinaus kann er noch mit dem ---Operator *rückwärts* gehen, sodass er zum Beispiel für eine doppelt verkettete Liste geeignet ist.
- *Random-Access-Iterator*: Ein Random-Access-Iterator kann alles, was ein Bidirectional-Iterator kann. Zusätzlich ist ein wahlfreier Zugriff möglich, wie er für einen Vektor benötigt wird.

Der wahlfreie Zugriff wird durch den Indexoperator `[]` realisiert. Siehe auch Anmerkung zur Funktion `distance()` in den Erläuterungen zum obigen Listing 13.14.

13.5 Algorithmen

Der C++-Standard unterteilt die Algorithmen in die Bereiche:

- *Nichtverändernde Algorithmen.* Diese Algorithmen lassen die Elemente eines Containers unverändert (z.B. suchen).
- *Verändernde Algorithmen.* Diese Algorithmen ändern die Elemente eines Containers (z.B. Container mit Werten füllen).
- *Sortieren und verwandte Algorithmen.* Dazu gehören auch die binäre Suche, Algorithmen für Mengen, Heap-Algorithmen und andere.
- *Algorithmen der C-Bibliothek.* Damit sind die im Header `<cstdlib>` deklarierten C-Algorithmen `qsort()` (Quicksort) und `bsearch()` (binäre Suche) gemeint.
- *Verallgemeinerte numerische Algorithmen* für verschiedene Rechenoperationen (Header `<numeric>`).

> Wenn bei den folgenden Algorithmen kein Header angegeben wird, muss der Header `<algorithm>` eingebunden werden. Alle Algorithmen sind im Namespace `std`.

http://www.cplusplus.com/reference/algorithm/ oder [Br, Abschnitt 29.2] bieten eine Übersicht. Nach Erläuterung der Funktionsweise folgt eine kleine Auswahl von Algorithmen, grob geschätzt etwa ein Zehntel der Gesamtzahl.

13.5.1 Funktionsweise

In diesem Abschnitt geht es darum, wie Algorithmen mit Iteratoren überhaupt funktionieren. Dazu stelle ich den Algorithmus `finde()` vor, der dasselbe wie `find()` von Seite 319 leistet. Der Algorithmus durchsucht einen Bereich, der ihm übergeben wird. Weil der Algorithmus mit verschiedensten Iteratoren arbeiten können soll, wird er als Template formuliert:

Listing 13.15 Demo-Algorithmus `finde()`

```
template<typename Iterator, typename T>
Iterator finde(Iterator anfang, Iterator ende,
               const T& gesucht) {
  while(anfang != ende) {
    if(*anfang == gesucht) {
      return anfang;
    }
    ++anfang;
  }
  return ende;
}
```

Der Typname `Iterator` deutet natürlich auf die Eigenschaft, die `anfang` und `ende` haben müssen. Tatsächlich kann ein beliebiger Name gewählt werden. Innerhalb des Algorithmus werden nur die vier Operatoren `!=`, `==`, `*` und `++` verwendet. Wenn Sie diese Zeilen im obigen Programm vor `main()` einfügen, die Zeile `#include <algorithm>` streichen und `find()` durch `finde()` ersetzen, funktioniert es wie vorher. An der Stelle des Aufrufs von `finde()` analysiert der Compiler die Datentypen der Argumente und erzeugt aus dem Template die Funktion

Listing 13.16 Aus dem Template erzeugte Funktion

```
std::list<std::string>::iterator finde(
      std::list<std::string>::iterator anfang,
      std::list<std::string>::iterator ende,
      const std::string& gesucht) {
  // ... Rest siehe oben
}
```

Diese Funktion wird aufgerufen. Nicht nur `auto`, auch Templates sparen eine Menge Schreibarbeit!

13.5.2 sort

Der Algorithmus `sort()` sortiert zwischen den Iteratoren `anfang` und ende. Er ist nur für Container mit Random-Access-Iteratoren (siehe Seite 321) geeignet, wie zum Beispiel `vector`.

```
template<typename Iterator>
void sort(Iterator anfang, Iterator ende);
```

Es gibt eine Variante, der ein Objekt für das Sortierkriterium, hier `comp` genannt, übergeben wird. Wenn Ihnen das bekannt vorkommt, haben Sie recht!

```
template<typename Iterator, class Compare>
void sort(Iterator anfang, Iterator ende, Compare comp);
```

Der Algorithmus funktioniert exakt so, wie im Listing 13.9 auf Seite 313 gezeigt. Sie können ein Funktionsobjekt übergeben oder eine Lambda-Funktion. Damit erreichen Sie eine hohe Flexibilität: Sie können aufsteigend oder absteigend sortieren, nach Absolutbetrag oder nach Postleitzahl, wenn die Elemente des Vektors Adressen darstellen.

Ein wahlfreier Zugriff auf eine Liste ist nicht möglich, weswegen `std::sort()` nicht genommen werden kann. Die Klasse `list` hat aus diesem Grund eigene Mitgliedsfunktionen zum Sortieren (siehe Seite 343). ■

13.5.3 find

`find(anfang, ende, gesucht)` sucht das Element `gesucht` im Bereich `[anfang, ende)`. Der Algorithmus ist von Abschnitt 13.4 und Listing 13.14 bekannt. Der Prototyp (Funktionsdeklaration) ist

```
template<class Iterator, class T>
Iterator find(Iterator anfang, Iterator ende,
              const T& gesucht);
```

Der Algorithmus tritt als `find_if()` in einer Variante auf, die ein sogenanntes Prädikat verlangt:

```
template<class Iterator, class Predicate>
Iterator find_if(Iterator anfang, Iterator ende,
                 Predicate pred);
```

Ein Prädikat ist nichts anderes als ein Funktor (oder eine Lambda-Funktion), der hilft, ein Element mit einer bestimmten Eigenschaft zu finden. Hat das Element diese Eigenschaft, gibt der Funktor `true` zurück. Das folgende Beispiel zeigt, wie die erste ungerade Zahl in einer Folge mit einer Lambda-Funktion gefunden wird:

Listing 13.17 Algorithmus `find_if` *(beispiele/kap13/findif.cpp)*

```
#include<algorithm>
#include<vector>
#include<iostream>

int main() {
  // Vektor enthält ungerade Zahl 99
  std::vector<int> v { 2, 4, 6, 8, 99, 12, 14};
  // nach ungerader Zahl suchen:
  auto iter = std::find_if(v.begin(), v.end(),
                  [](int x) { return x % 2 != 0;});
  if(iter != v.end()) {
    std::cout << "Die erste ungerade Zahl ("  << *iter
         << ") wurde an Position " << (iter - v.begin())
         << " gefunden.\n";
  }
  else {
    std::cout << "Keine ungerade Zahl gefunden.\n";
  }
}
```

13.5.4 binary_search und lower_bound

Die binäre Suche[2] kann auf eine *sortierte* Folge angewendet werden. Sie findet das gesuchte Element sehr schnell, wenn ein wahlfreier Zugriff mit dem Indexoperator `[]` möglich ist. Das trifft für die Container-Klassen `array`, `vector` und `deque` zu. So sind bei einem Vektor mit 1.000.000 Elementen nur etwa 20 Suchschritte notwendig – eine erhebliche Zeitersparnis. Die Prototypen sind

```
template<typename Iterator, typename T>
bool binary_search(Iterator anfang, Iterator ende,
                   const T& gesucht);
```

```
template<typename Iterator, typename T, typename Compare>
bool binary_search(Iterator anfang, Iterator ende,
                   const T& gesucht, Compare comp);
```

Im zweiten Fall muss mit `comp` das Sortierkriterium angegeben werden, falls der Container nicht mit dem <-Operator sortiert wurde. Die Funktion gibt `true` zurück, falls der Wert `gesucht` gefunden wird. *beispiele/kap13/binarysearch.cpp* zeigt ein vollständiges Beispiel. Manchmal möchte man nicht wissen, ob ein Element existiert, sondern *wo* es ist. Dafür eignet sich der Algorithmus `lower_bound()`. Er funktioniert nach demselben Prinzip wie `binary_search()`, gibt aber einen Iterator auf die erste Stelle zurück, an der ein Einfügen möglich ist, ohne die Sortierung zu stören. Wenn das gesuchte Element überhaupt vorhanden ist, dann an dieser Stelle. Das folgende Beispiel zeigt, wie es geht:

Listing 13.18 `lower_bound` *(beispiele/kap13/lowerbound.cpp)*

```
#include <algorithm>
#include <iostream>
#include <vector>
#include <string>
using namespace std;

```

[2] Funktionsweise siehe Glossar.

```
7 int main() {
8   vector<string> personen {"Jeor", "Manke", "Dorea",
9                            "Sandor"};
10  // Wichtige Vorbedingung: Der Vektor muss sortiert sein.
11  sort(personen.begin(), personen.end());
12  for(const string& person : personen) {
13    cout << person << ' ';
14  }
15  cout << ". Wen suchen? ";
16  string person;
17  cin >> person;
18  auto iter = lower_bound(personen.begin(),
19                          personen.end(), person);
20  if(iter != personen.end() && *iter == person) {
21    cout << *iter << " ist an Position ";
22    cout << (iter - personen.begin()) << '\n';
23  } else {
24    cout << person << " existiert nicht.\n";
25  }
26 }
```

Die Abfrage `iter != personen.end()` in Zeile 20 ist notwendig, weil der Zugriff auf das Objekt `*iter` nur dann erlaubt ist. Es kann ja sein, dass die Stelle zum Einfügen am Ende liegt, aber das Objekt nicht existiert. Die Abfrage `*iter == person` ist notwendig, weil eine gefundene Stelle, die zum Einfügen geeignet ist, nicht bedeutet, dass das Element dort tatsächlich schon vorliegt.

Falls mit einem Funktor sortiert wurde, ist dieser als vierter Parameter beim Aufruf von `lower_bound()` zu übergeben. In einer Folge können dieselben Elemente mehrfach auftreten. Der Algorithmus `upper_bound()` hat dieselbe Parameterliste wie `lower_bound()`. Er gibt einen Iterator auf die *letzte* Stelle zurück, an der ohne Störung der Sortierung eingefügt werden kann.

13.5.5 copy

Der Algorithmus copy() kopiert die Elemente eines Quellbereichs in den Zielbereich. Am einfachsten ist es, wenn sich Ziel- und Quellbereich nicht überlappen. Es ist aber auch möglich, dass der Anfang des Quellbereichs im Zielbereich liegt, etwa wenn innerhalb eines Vektors Werte von hinten nach vorne kopiert werden sollen. Zur Verdeutlichung der Wirkungsweise ist hier ausnahmsweise nicht der Prototyp, sondern die vollständige Definition gezeigt:

```
template<class InputIterator, class OutputIterator>
OutputIterator copy(InputIterator anfang,
                    InputIterator ende,
                    OutputIterator ziel) {
    while (anfang != ende) {
       *ziel++ = *anfang++;      // siehe Text
    }
    return ziel;
}
```

ziel muss anfangs auf den Anfang des Zielbereichs zeigen und darf niemals zwischen anfang und ende liegen. Die sehr kompakte Schreibweise *ziel++ = *anfang++; kennen Sie aus Abschnitt 8.1.2. Zum Verständnis der Anweisung denken Sie bitte daran, dass ein *nachgestelltes* ++ bedeutet, dass ein Operand *zuerst* benutzt und erst *danach* inkrementiert wird. Die Anweisung ist gleichbedeutend mit den folgenden drei Schritten:

- Das Objekt, auf das anfang zeigt, wird an die Stelle kopiert, auf die ziel verweist, also

  ```
  *ziel = *anfang;
  ```

- Der Iterator anfang wird um eine Position weitergeschaltet:

  ```
  ++anfang;
  ```

- Der Iterator ziel wird um eine Position weitergeschaltet:

  ```
  ++ziel;
  ```

Die Iteratortypen können verschieden sein. Insbesondere kann für die Standardausgabe ein Output-Iterator erzeugt werden, sodass ein Container mit `copy()` ausgegeben werden kann. Ein Beispiel folgt im nächsten Abschnitt.

13.5.6 remove und erase

Der Algorithmus verschiebt alle Elemente aus einer Sequenz, die gleich einem Wert `wert` sind beziehungsweise einem Prädikat `pred` genügen, ans Ende. Hier sind die Prototypen aufgeführt:

```
template<typename Iterator, typename T>
Iterator remove(Iterator anfang, Iterator ende,
                const T& wert);
```

```
template<typename Iterator, typename Praedikat>
Iterator remove_if(Iterator anfang, Iterator ende,
                   Praedikat pred);
```

Das Wort »remove« heißt eigentlich »entfernen«. Es bedeutet hier nur, dass die zu löschenden Elemente an das Ende geschoben werden. `remove()` gibt einen Iterator auf den Anfang des Teilbereichs mit den gelöschten Elementen zurück. Dabei ist zu beachten, dass die gesamte Länge der Sequenz sich nicht ändert! Der Bereich zwischen dem zurückgegebenen Iterator und `ende` enthält nur die bedeutungslos gewordenen Elemente. Wenn diese beseitigt werden sollen, sind sie mit `erase()`[3] zu entfernen, wie das Beispielprogramm unten zeigt. Es verwendet auch den oben beschriebenen Algorithmus `copy()`, der die Elemente eines Vektors mit Hilfe eines Output-Iterators ausgibt.

Listing 13.19 Algorithmus `remove` *(beispiele/kap13/remove.cpp)*

```
#include <algorithm>
#include <iostream>
```

[3] `erase()` ist eine Mitgliedsfunktion des jeweiligen Containers.

```
#include <iterator>
#include <vector>
#include <string>
using namespace std;

int main() {
  vector<string> alle {"Jeor", "Manke", "Dorea",
                       "Manke", "Sandor", "Robert"};
  // ostream_iterator ist ein Output-Iterator
  ostream_iterator<string> ausgabe(cout," ");
  copy(alle.begin(), alle.end(), ausgabe);
  auto rest = remove(alle.begin(), alle.end(),
                     string("Manke"));
  cout << "\nNach remove(Manke): ";
  copy(alle.begin(), alle.end(), ausgabe);
  alle.erase(rest, alle.end());
  cout << "\nNach erase()      : ";
  copy(alle.begin(), alle.end(), ausgabe);
  cout << '\n';
}
```

Der zweite Parameter des `ostream_iterator`-Konstruktors ist ein String, der zur Trennung der auszugebenden Elemente dient. Hier genügt ein Leerzeichen. Weil `remove()` einen Iterator zurückgibt, kann der Löschvorgang in einer einzigen Anweisung zusammengefasst werden:

```
alle.erase(remove(alle.begin(), alle.end(),
                  string("Manke")), alle.end());
```

13.5.7 fill

Wenn eine Sequenz mit immer gleichen Werten, nämlich Kopien von `t`, vorbesetzt werden soll, eignet sich der Algorithmus `fill()`:

```
template<typename Iterator, typename T>
void fill(Iterator anfang, Iterator ende, const T& t);
```

Im Beispiel werden alle Werte eines Vektors v mit 0.45 besetzt:

```
fill(v.begin(), v.end(), 0.45);
```

13.5.8 Folge mit fortlaufenden Werten füllen

Der Algorithmus `iota` (Header `<numeric>`!) füllt eine Sequenz mit fortlaufenden Werten. Seine Deklaration ist:

```
template<typename Iterator, typename T>
void iota(Iterator anfang, Iterator ende, T anfangswert);
```

Das folgende kleine Programm gibt *abcdefghijklmnopqrstuvwxyz* aus:

Listing 13.20 Folge fortlaufend füllen *(beispiele/kap13/iota.cpp)*

```
#include <iostream>
#include <numeric>
#include <vector>
using namespace std;

int main() {
  vector<char> vstr(26);
  // Vektor fortlaufend mit Buchstaben füllen:
  iota(vstr.begin(), vstr.end(), 'a');
  for(auto wert : vstr) {
    cout << wert;
  }
  cout << '\n';
}
```

13.5.9 generate

Ein Generator im Algorithmus `generate()` ist ein Funktionsobjekt oder eine Funktion, die ohne Parameter aufgerufen und deren Ergebnis den Elementen der Sequenz der Reihe nach zugewiesen wird.

```
template<typename Iterator, typename Generator>
void generate(Iterator anfang, Iterator ende,
              Generator gen);
```

So kann man einen Vektor mit (Pseudo-)Zufallszahlen initialisieren:

```
mt19937 generator;
vector<int> v(10);
generate(v.begin(), v.end(), generator);
```

Wenn die Zufallszahlen innerhalb eines bestimmten Bereichs liegen sollen, etwa von 1 bis 49, eignet sich eine Lambda-Funktion besonders gut:

```
generate(v.begin(), v.end(),
         [&generator]() { uniform_int_distribution<>
                                   verteilung(1, 49);
           return verteilung(generator);});
```

Neu ist dabei die Übergabe des Generators per Referenz in den eckigen Klammern `[]`, die eine Lambda-Funktion einleiten. Andernfalls hätte der Funktionskörper der Lambda-Funktion keine Kenntnis über den Generator.

13.5.10 min und max

Diese Algorithmen geben den jeweils kleineren bzw. größeren von zwei Werten zurück. Beispiel:

```
cout << max(42, 43) << '\n';
```

gibt 43 aus. Wenn mehr Werte geprüft werden sollen, sind sie in geschweiften Klammern anzugeben, etwa `max({1, 99, 42, 55})`. Falls nicht der normale <-Operator zum Vergleich genommen werden soll, ist als letztes Argument ein entsprechendes Funktionsobjekt oder eine Lambda-Funktion zu übergeben.

13.5.11 min_element und max_element

Die Algorithmen `min_element()` und `max_element()` geben jeweils einen Iterator auf das kleinste (bzw. das größte) Element in einem Intervall `[first, last)` zurück. Bei Gleichheit wird der erste zurückgegeben. Wie bei `min()` und `max()` kann ein Funktor zum Vergleich übergeben werden. Ein Beispiel für einen Vektor `v` mit ganzen Zahlen:

```
int minimum = *min_element(v.begin(), v.end());
```

Weil ein Iterator zurückgegeben wird, muss er mit einem * versehen werden, um den Wert zu erhalten, auf den er verweist (Dereferenzierung).

13.5.12 accumulate

Der Algorithmus `accumulate()` (Header `<numeric>`) wendet auf alle Werte einer Folge `first` bis `last` den Plus-Operator an, sodass sie auf einen Anfangswert addiert werden. Falls stattdessen eine andere Operation eingesetzt werden soll, existiert eine überladene Variante, der die Operation als letzter Parameter übergeben wird. Die Operation muss binär sein, also eine Funktion mit zwei Parametern. Die Deklarationen sind:

```
template<class Iterator, class T>
T accumulate(Iterator first, Iterator last, T anfangswert);
```

```
template<class Iterator, class T, class Function>
T accumulate(Iterator first, Iterator last, T anfangswert,
             Function binFunc);
```

Das folgende Beispiel zeigt zuerst die Addition der Zahlen 1 bis 10 auf den Anfangswert 0. Wenn eine binäre Funktion übergeben wird, wird diese statt des Plus-Operators wirksam. Das wird mit der übergebenen Lambda-Funktion realisiert. Sie bewirkt statt der Addition eine Multiplikation und hat dieselbe Wirkung wie der Standardfunktor `multiplies`:

Listing 13.21 accumulate *(beispiele/kap13/accumulate.cpp)*

```
#include <vector>
#include <numeric>
#include <iostream>
using namespace std;

int main() {
  vector<int> v(10);
  iota(v.begin(), v.end(), 1); // Mit Zahlen 1 bis 10 füllen
  cout << "Summe = "
       << accumulate(v.begin(), v.end(), 0) << '\n';

  cout << "Produkt = "
       << accumulate(v.begin(), v.end(), 1L,
                     [](auto x, auto y){ return x*y;})
       << '\n';
  // ist dasselbe wie:
  cout << "Produkt = "
       << accumulate(v.begin(), v.end(), 1L,
                     multiplies<long>()) << '\n';
}
```

Das Ergebnis des Algorithmus `accumulate()` für eine Folge f mit n Elementen ist (anfangswert$\otimes f_0 \otimes f_1 ... \otimes f_{n-1}$). Dabei ist $\otimes$ die Plus-Operation, sofern keine andere übergeben wurde. Im Fall des Produkts und des Anfangswerts 1 ist das Ergebnis bei der gegebenen Folge 10! (die Fakultät von 10).

Der Compiler bestimmt den Datentyp T des Templates aus dem Anfangswert! Wenn zum Beispiel die Summe von `double`-Zahlen berechnet werden soll, muss der Anfangswert 0.0 lauten. Wäre er nur 0 (ohne Dezimalpunkt), würde das Ergebnis vom Typ `int` sein – vermutlich nicht das, was man für eine `double`-Folge erwartet.

13.5.13 Skalarprodukt

Der Algorithmus `inner_product()` (Header <numeric>) addiert das Skalarprodukt zweier Container *u* und *v*, die meistens Vektoren sein werden und die je n Elemente enthalten, auf den Anfangswert:

Ergebnis = `anfangswert + v[0]*u[0] + ... + v[n-1]*u[n-1]`

Das Skalarprodukt kann zur Berechnung des Abstands zweier Punkte im n-dimensionalen Raum benutzt werden – aber keine Sorge, das Beispiel unten bezieht sich nur auf Bildschirmkoordinaten, d.h. n=2. Anstelle der Addition und Multiplikation können auch andere Operationen gewählt werden. Die Deklarationen sind:

```
template<class Iterator1, class Iterator2, class T>
T inner_product(Iterator1 first1, Iterator1 last1,
                Iterator2 first2, T anfangswert);
```

```
template<class Iterator1, class Iterator2, class T,
         class Function1, class Function2>
T inner_product(Iterator1 first1, Iterator1 last1,
                Iterator2 first2, T anfangswert,
                Function1 binFunc1, Function2 binFunc2);
```

Beide Formen finden Sie im Programmbeispiel. Mit der ersten wird der Abstand vom Nullpunkt berechnet, mit der zweiten der Abstand zwischen zwei Punkten.

Listing 13.22 Skalarprodukt *(beispiele/kap13/innerproduct.cpp)*

```
#include <numeric>
#include <vector>
#include <cmath>                    // wegen Quadratwurzel sqrt()
#include <iostream>
using namespace std;

int main() {
  vector<float> punkt1 {800.0f, 600.0f};
  cout << "Entfernung vom Nullpunkt = "
       << sqrt(inner_product(punkt1.begin(),
```

```
                  punkt1.end(), punkt1.begin(), 0.0))
         << '\n';
    // Um die Anwendung anderer mathematischer Operatoren zu zeigen,
    // wird im Folgenden die Entfernung zwischen punkt1 und einem
    // weiteren Punkt punkt2 berechnet.
    vector<float> punkt2  {400.0f, 300.0f};
    cout << "Entfernung zwischen punkt1 und punkt2 = "
                                   // Die Entfernung ist die Quadratwurzel ...
         << sqrt(inner_product(punkt1.begin(),
                 punkt1.end(), punkt2.begin(), 0.0,
                 plus<float>(), // ... der Summe
                                // ... der Quadrate der Differenzen.
                 [](auto x, auto y) { // Lambda-Funktion
                        auto d = x - y;
                        return d * d; })) << '\n';
}
```

13.6 Container

Ein Container ist ein Objekt, das der Verwaltung anderer Objekte dient, die hier Elemente des Containers genannt werden. Die mit Containern arbeitenden Algorithmen verlassen sich auf eine definierte Schnittstelle von Datentypen und Methoden. In diesem Abschnitt lernen Sie die wichtigsten Container mit einer Auswahl der wichtigsten Funktionen kennen.

13.6.1 Gemeinsame Eigenschaften

Vor den einzelnen Container-Klassen werden hier zunächst gemeinsame Eigenschaften beschrieben. Tabelle 13.1 zeigt die von den Containern der C++-Standardbibliothek zur Verfügung gestellten und von selbst gebauten Containern zu fordernden Datentypen eines Containers.

Dabei ist `X` der Datentyp des Containers, zum Beispiel `vector<int>`, und `T` der Datentyp eines Container-Elements, zum Beispiel `int`. Der Typ `vector<int>::value_type` ist dann identisch mit `int`. Diese Datentypen

Tabelle 13.1 Container-Datentypen

Datentyp	Bedeutung
`X::value_type`	Typ der gespeicherten Elemente
`X::reference`	Referenz auf Container-Element
`X::const_reference`	dito, aber nur lesend verwendbar
`X::iterator`	Iterator
`X::const_iterator`	nur lesend verwendbarer Iterator
`X::difference_type`	vorzeichenbehafteter integraler Typ
`X::size_type`	integraler Typ ohne Vorzeichen für Größenangaben

sind in allen Container-Klassen der Standardbibliothek enthalten. Mit `const_reference` und `const_iterator` können Container-Elemente nicht verändert werden, nur ein lesender Zugriff ist möglich. Falls notwendig, kann ein Container-Datentyp wie folgt verwendet werden:

```
std::vector<int> vec;
// hier Vektor füllen
std::vector<int>::size_type anzahl = vec.size();
```

`std::vector<int>::size_type` ist in aller Regel dasselbe wie `std::size_t`. Noch bequemer zu schreiben ist `auto`, das dem Compiler die Typermittlung überlässt:

```
auto anzahl = vec.size();
```

Tabelle 13.2 zeigt die von den Containern der C++-Standardbibliothek zur Verfügung gestellten und von selbst gebauten Containern zu fordernden Methoden eines Containers.

Einheitliche Initialisierung

Sie kennen die einheitliche Initialisierung von Objekten mit geschweiften Klammern von Abschnitt 6.4.4. Diese Initialisierung gibt es auch für Container, bei denen es sich anbietet, sie mit einer Sequenz (Folge) von

Tabelle 13.2 Ausgewählte Container-Methoden

Rückgabetyp Methode	Bedeutung
`X()`	Standardkonstruktor, erzeugt leeren Container
`X(initializer_list)`	Sequenzkonstruktor (siehe Text)
`X(const X&)`	Kopierkonstruktor
`~X()`	Destruktor
`iterator begin()`	gibt Iterator zurück, der auf das erste Element des Containers verweist, falls vorhanden; andernfalls `end()`
`iterator end()`	Position *nach* dem letzten Element
`const_iterator cbegin()`	wie `begin()`, liefert aber einen `const_iterator` zurück
`const_iterator cend()`	wie `end()`, liefert aber einen `const_iterator` zurück
`size_type size()`	Anzahl der aktuell gespeicherten Elemente
`bool empty()`	`true`, falls `size() == 0`, sonst `false`
`void clear()`	Elemente löschen
`void swap(X&)`	Vertauschen mit Argument-Container X

Werten zu initialisieren. Für diese Art der Initialisierung ist der Konstruktor in Zeile 2 der Tabelle 13.2 zuständig, Sequenzkonstruktor genannt. Die Klasse `initializer_list` ist vordefiniert. So kann ein Vektor etwa wie folgt initialisiert werden:

```
std::vector<std::string> vec {"Wolfenstein", "Minecraft"};
```

> **!** Der Sequenzkonstruktor wird bevorzugt eingesetzt. Das kann zur Verwirrung führen, wenn ein anderer Konstruktor mit einer ebenfalls passenden Parameterzahl existiert (siehe Beispiele unten). Empfehlung: Die Initialisierung von Containern mit geschweiften Klammern nur verwenden, falls es für die betreffende Anzahl von

Argumenten keinen anderen Konstruktor gibt oder man sich sicher über die Wirkung ist.

Runde Klammern rufen den Konstruktor `vector<int>(size_t, int)` auf. Es werden zehn Elemente angelegt, alle haben den Wert 3:

```
vector<int> v1(10, 3);
```

Geschweifte Klammern rufen `vector<int>(initializer_list<int>)` auf. Der Vektor besteht aus den zwei Elementen 10 und 3:

```
vector<int> v2{10, 3};
```

Tücken gibt es auch bei nur einem Parameter, wenn die einheitliche Initialisierung mit geschweiften Klammern gewählt wird. Zwei ähnlich aussehende Deklarationen ergeben unterschiedliche Vektorgrößen.

Erzeugung eines Vektors mit nur *einem* Element mit dem Konstruktor `vector<int>(initializer_list)`:

```
vector<int> v3 {7};
```

Erzeugung eines Vektors mit sieben Elementen mit dem Konstruktor: `vector<string>(size_t)`:

```
vector<string> v4 {7};
```

Ein Sequenzkonstruktor für einen Container erwartet eine Folge von Argumenten mit dem Typ der Elemente des Containers. Der Unterschied zwischen `v3` und `v4` besteht darin, dass für einen `vector<string>` nur ein Sequenzkonstruktor existiert, der `string`-Objekte nimmt, aber keiner für `int`-Zahlen. Für `v4` wird `vector<string>(size_t)` als Konstruktor aufgerufen.

13.6.2 Sequentielle Container

In diesen Containern sind die Elemente der Reihe nach (sequentiell) angeordnet. Allen gemeinsam sind die Funktionen der Tabellen 13.2 und

13.3. In der Tabelle bedeuten `i` und `j` Iteratoren außerhalb des Containers, weil aus ihnen der Container erst erzeugt werden soll. `p` und `q` hingegen sind Iteratoren, die auf Elemente des Containers verweisen. `X` ist ein Platzhalter für den Typ des Containers (`vector`, `list`, ...).

Tabelle 13.3 Ausgewählte Funktionen sequentieller Container

Rückgabetyp Methode	Bedeutung
`X(n, t)`	Erzeugt eine Sequenz mit n Kopien von `t`.
`X(i, j)`	Erzeugt eine Sequenz aus den Elementen des Intervalls `[i,j)`.
`iterator insert(p, t)`	Fügt eine Kopie von `t` vor p ein. Der zurückgegebene Iterator zeigt auf die eingefügte Kopie.
`iterator insert(p, n, t)`	Fügt n Kopien von `t` vor p ein. Der zurückgegebene Iterator zeigt auf die Kopie des ersten eingefügten Elements bzw. ist p bei n `== 0`.
`iterator insert(p, i, j)`	Fügt Kopie des Bereichs `[i,j)` vor p ein. Der zurückgegebene Iterator zeigt auf die Kopie des ersten eingefügten Elements bzw. ist p bei `i == j`.
`iterator erase(q)`	Löscht das Element, auf das q zeigt. Der zurückgegebene Iterator zeigt anschließend auf das q folgende Element, wenn es existiert, ansonsten wird ein End-Iterator (`end()`) zurückgegeben.
`iterator erase(p, q)`	Löscht die Elemente des Bereichs `[p,q)`. Der zurückgegebene Iterator zeigt anschließend auf das q folgende Element, wenn es existiert, ansonsten wird ein End-Iterator zurückgegeben.
`void assign(i, j)`	Elemente löschen, danach Kopie von `[i,j)` einfügen.
`void assign(n, t)`	Elemente löschen, danach n Kopien von `t` einfügen. Dabei darf `t` keine Referenz auf ein Element des Containers sein.

Nicht in der Tabelle aufgeführt sind die Operatoren ==, !=, <, <=, > und >=, mit denen Container verglichen werden können (vgl. Funktion kleiner() in Abschnitt 13.1.1).

13.6.3 array

Die Klasse array kennen Sie bereits von Abschnitt 5.1.1. Die Verwendung als zweidimensionales Feld finden Sie in Abschnitt 5.2. array-Objekte eignen sich gut, wenn die Anzahl der enthaltenen Elemente konstant und schon zur Compilationszeit bekannt ist.

13.6.4 vector

Ein Vektor hat ähnliche Eigenschaften wie ein Array, ist aber um einiges flexibler, weil seine Größe zur Laufzeit des Programms verändert werden kann. Er wird mit #include <vector> eingebunden. Sie kennen ihn teilweise von Abschnitt 6.7.1, Seite 157. Einem Vektor stehen die Funktionen der obigen Tabellen zur Verfügung sowie die folgenden (Auswahl):

- vector<T>(size_t n) erzeugt einen Vektor mit n Elementen des Typs T. Wenn T eine Klasse ist, muss T einen Standardkonstruktor besitzen.
- push_back(x) erweitert den Vektor am Ende um einen Platz und legt dort das Argument x ab.
- pop_back() entfernt das letzte Element.
- front() gibt eine Referenz auf das erste Element zurück.
- back() gibt eine Referenz auf das letzte Element zurück.
- at(i) gibt eine Referenz auf das i-te Element zurück (mit Bereichsüberprüfung).
- [i] gibt eine Referenz auf das i-te Element zurück (ohne Bereichsüberprüfung).
- void resize(size_t n) und void resize(size_t n, const T& t) ändern die Vektorgröße. Dabei werden n - size() Elemente T()

(bzw. `t`) am Ende hinzugefügt, wenn `n` größer als die aktuelle Größe ist. Wenn `n` kleiner als die aktuelle Größe ist, werden `size() - n` Elemente am Ende gelöscht.

13.6.5 list

Eine Liste ist besonders gut geeignet, wenn oft Elemente an verschiedenen Stellen eingefügt werden müssen. Dafür ist der Zugriff auf ein bestimmtes Element langsamer, weil die Liste bis zu diesem Element durchlaufen werden muss. Meistens ist die Klasse `vector` besser geeignet[4]. Ein Anwendungsbeispiel für eine Liste finden Sie in Abschnitt 13.4, Listing 13.14. Sie wird mit `#include <list>` eingebunden. Dem Datentyp `list` stehen die Funktionen der Tabelle 13.3 zur Verfügung sowie die folgenden (Auswahl):

- `list<T>(size_t n)` erzeugt eine Liste mit `n` Elementen des Typs `T`. Wenn `T` eine Klasse ist, muss `T` einen Standardkonstruktor besitzen.
- `front()` gibt eine Referenz auf das erste Element zurück.
- `back()` gibt eine Referenz auf das letzte Element zurück.
- `push_front(x)` fügt das Argument `x` am Anfang ein.
- `pop_front()` entfernt das erste Element.
- `push_back(x)` fügt das Argument `x` am Ende ein.
- `pop_back()` entfernt das letzte Element.
- `void remove(const T& t)` entfernt alle Elemente, die gleich dem übergebenen Element `t` sind. Im Gegensatz zum Algorithmus `remove()` von Seite 329 werden die Elemente entfernt, ohne dass ein anschließendes `erase()` notwendig ist.
- ```
  template<typename Praedikat>
  void remove_if(Praedikat P)
  ```
  entfernt alle Elemente, auf die das Prädikat zutrifft.
- `void reverse()` kehrt die Reihenfolge der Elemente in der Liste um.

---

[4] *https://isocpp.org/blog/2014/06/stroustrup-lists*
  ```

- `void sort()`

  sortiert die Elemente in der Liste. Sortierkriterium ist der für die Elemente definierte Operator <.

-
  ```
  template<typename Compare>
  void sort(Compare cmp)
  ```

  wie `sort()`, aber mit dem Sortierkriterium des Compare-Objekts `cmp`. Das Compare-Objekt ist ein Funktionsobjekt (siehe Seite 310).

- `void unique()`

  löscht gleiche aufeinanderfolgende Elemente bis auf das erste. Anwendung auf eine sortierte Liste bedeutet, dass danach kein Element mehrfach auftritt.

- `void merge(list& L)`

  Verschmelzen zweier sortierter Listen. Die aufgerufene Liste `L` ist anschließend leer, die aufrufende enthält nachher alle Elemente.

-
  ```
  template<typename Compare>
  void merge(list& L, Compare cmp)
  ```

  wie vorher, aber für den Vergleich von Elementen wird ein Compare-Objekt genommen.

- `void splice(const_iterator pos, list& x)`

  fügt den Inhalt von Liste `x` vor `pos` ein. `x` ist anschließend leer.

13.6.6 deque

Ein `deque`-Objekt bildet eine Warteschlange (englisch *queue*) mit zwei Enden ab (deque = double ended queue). Das ist ein Container, bei dem das Einfügen und Entnehmen von Elementen nur am Anfang oder am Ende möglich ist[5]. Die Klasse `deque` hat die gleichen Mitgliedsfunktionen wie die Klasse `vector` (siehe Seite 341) und zusätzlich noch die folgenden:

---

[5] Soweit die reine Lehre. C++ erlaubt mit `insert()` und `erase()` Einfügen und Löschen an anderen Stellen.

- `push_front(x)` erweitert die Warteschlange am Anfang um einen Platz und legt dort das Argument `x` ab.
- `pop_front()` entfernt das erste Element.

13.6.7 stack

Das Wesen eines Stacks (dt. für Stapel) wird auf Seite 150 kurz beschrieben. Ein Stack wirkt wie eine Liste, bei der das Einfügen und Entnehmen von Elementen nur am Anfang möglich ist (LIFO = last in, first out). Mit dieser Klasse kann man eigene Stacks bauen und nutzen. Die Klasse `stack` wird intern mit einem `deque`-Objekt realisiert (wobei auch ein `vector` gewählt werden kann). Sie ist damit ein Container-Adapter, wie er von Seite 307 bekannt ist. Die Klasse `stack` hat die gleichen Methoden wie die Klasse `MeinStack` (siehe Seite 307), die deswegen hier nicht wiederholt werden.

13.6.8 Assoziative Container

Assoziative Container erlauben den schnellen Zugriff auf Daten anhand eines Schlüssels[6]. Es gibt zwei verschiedene Konzepte:

1. Eine *Abbildung* (englisch *map*) beschreibt eine Beziehung zwischen Elementen zweier Mengen. `map`-Container unterstützen dieses Konzept. Es wird also eine Menge von Schlüsseln auf eine Menge von zugeordneten Daten (Werten) abgebildet. Die Elemente des Containers sind Paare von Schlüsseln und Werten. Der Typ `map` kennzeichnet eine eindeutige Abbildung, weil ein Schlüssel genau *einem* Wert zugeordnet ist (Ausnahme: `multimap`). So ein Container bietet die Möglichkeit, direkt durch Angabe des Schlüssels den zugehörigen Wert zu erhalten: Wenn dem Schlüssel »Spiel« der Wert »game« zugeordnet ist, würde die (beispielhafte) Abfrage `mapcontainer.at("Spiel")` den String `"game"` liefern.

---

[6] Schlüssel = Kriterium zum Einfügen in den Container an der richtigen Stelle, gleichzeitig Kriterium zum Suchen (Suchbegriff).

2. Eine *Menge* (englisch *set*) ist eine Ansammlung unterscheidbarer Objekte, Elemente genannt, die gemeinsame Eigenschaften haben. $\{0, 1, 2, 3, ...\}$ bezeichnet zum Beispiel die Menge der natürlichen Zahlen. `set`-Container unterstützen die Umsetzung dieses Konzepts im Computer. Weil die Elemente unterscheidbar sein müssen, kann es keine zwei gleichen Elemente in einer Menge geben (Ausnahme: `multiset`).

C++ unterscheidet zusätzlich – je nach den zugrunde liegenden Datenstrukturen – zwei verschiedene Arten:

- *Sortierte Assoziative Container*
  In der zugrunde liegenden Datenstruktur liegen die Elemente sortiert vor, weil sie bereits beim Einfügen richtig einsortiert werden. Um die interne Datenstruktur müssen wir uns nicht kümmern. Wesentlich ist aber, dass das Einfügen und das Suchen sehr schnell geht. Die notwendige Zeigt hängt vom Logarithmus der Anzahl der im Container befindlichen Elemente ab. So werden bei 1.000.000 Einträgen nur etwa 20 interne Schritte benötigt, um ein Element zu finden oder festzustellen, dass es nicht vorhanden ist. Die C++-Klassen für diese Art von Containern heißen `set` und `map`.
- *Ungeordnete Assoziative Container*
  Diese Art von Containern bietet sich an, wenn eine Sortierung nicht erforderlich ist. Besonderes Merkmal: Die Zugriffszeit zu einem Element ist bei geeigneter Auslegung konstant, also *unabhängig* von der Anzahl der gespeicherten Elemente. Dafür wird etwas mehr Speicher als bei den sortierten assoziativen Containern benötigt. Die C++-Klassen für diese Art von Containern heißen `unordered_set` und `unordered_map`.

13.6.9 map

Die Klasse `map<Key, T>`, eingebunden durch den Header `<map>`, speichert *Paare* von Schlüsseln und zugehörigen Daten. Dabei ist der Schlüssel eindeutig, es kann also keine zwei Datensätze zu demselben Schlüssel geben. `map` ist ein assoziativer Container: Die Daten werden durch direkte Angabe des Schlüssels gefunden.

Damit ist ein map-Objekt eine Abbildung der enthaltenen Schlüssel auf die zugehörigen Daten. Obwohl die Schlüssel für einen assoziativen Zugriff nicht sortiert sein müssen, liegen sie in der Klasse map sortiert vor. Das ergibt den Vorteil der sortierten Ausgabe zum Beispiel beim Durchwandern vom ersten bis zum letzten Element. Der Typ eines map-Elements ist pair<const Key, T>. Die Klasse pair ist von Seite 315 bekannt. Die Konstanz des Schlüssels ist notwendig, damit ein Schlüssel, der ja dank der Sortierung einer Position im Container entspricht, nicht geändert werden kann – dies würde die Sortierung zerstören. Die Deklaration der Klasse ist

```
template<class Key,                         // Typ der Schlüssel
         class T,                           // Typ der Daten
         class Compare = less<Key> >        // Vergleich für Sortierung
class map;
```

Wenn bei der Konstruktion eines map-Objekts kein Funktor für die Sortierung angegeben wird, kommt automatisch less<Key> zum Zuge, was der Sortierung mit dem <-Operator entspricht. Andernfalls wird ein entsprechender Funktor übergeben:

```
// Funktionsobjekt einVergleich der Klasse Vergleich:
map<string, string, Vergleich> woerterbuch(einVergleich);
```

Mit der map-Klasse lässt sich leicht ein Wörterbuch realisieren:

Listing 13.23 Wörterbuch *(beispiele/kap13/map.cpp)*

```
#include <iostream>
#include <map>
#include <string>
using namespace std;

int main() {
  map<string, string> woerterbuch;
  woerterbuch.insert(make_pair("Spiel", "game"));
  woerterbuch.insert(make_pair("Raum", "space"));
  woerterbuch.insert(make_pair("Gewinner", "winner"));
```

```
  cout << "'Spiel' ist auf Englisch: "
       << woerterbuch["Spiel"] << '\n'; // assoziativer Zugriff
  // Alphabetische Ausgabe deutsch : englisch
  for (const auto &paar : woerterbuch) {
    cout << paar.first << " : " << paar.second << '\n';
  }
}
```

Ein map-Container stellt unter anderem die folgenden öffentlichen Datentypen und Methoden bereit (ohne Varianten mit Vergleichsfunktor):

- Datentypen der Tabelle 13.1 (Seite 337). `value_type` entspricht dabei einem `pair<const Key, T>`. Der zusätzliche Typ `key_type` entspricht `Key` und `mapped_type` entspricht `T`.
- Konstruktoren und Methoden der Tabelle 13.2 (Seite 338)
- die relationalen Operatoren ==, !=, <, <=, > und >=

Dazu kommen noch die folgenden Methoden (Auszug):

- ```
  template<class Iterator>
  map(Iterator first, Iterator last,
      const Compare& cmp = Compare())
  ```
  Eine Map kann mit Daten initialisiert werden, wenn dem Konstruktor ein Bereich von Schlüssel/Wert-Paaren in Form von Iteratoren übergeben wird.
- `T& operator[](const key_type& k)`

  gibt eine Referenz auf die zum Schlüssel `k` gehörenden Daten zurück. Falls der Schlüssel nicht existiert, wird zu diesem Schlüssel ein Objekt mit dem Konstruktor `T()` für den Wertteil angelegt!

Aus diesem Grund sollte der Index-Operator `[]` nur verwendet werden, wenn der Eintrag mit Sicherheit existiert. Andernfalls ist `at()` (siehe unten) vorzuziehen. Oder die `map` ist `const` – dann geht ohnehin nur `at()`.
  ```

- `const T& at(const key_type& k) const` und
  `T& at(const key_type& k)`

  geben eine Referenz auf die zum Schlüssel `k` gehörenden Daten zurück. Falls der Schlüssel nicht existiert, wird eine `out_of_range`-Exception geworfen. Man kann die Exception vermeiden, wenn `at()` nur dann aufgerufen wird, wenn `find()` (siehe unten) einen Iterator zurückgibt, der nicht gleich `end()` ist.

- `pair<iterator, bool> insert(const value_type& x)`

  fügt das Schlüssel/Daten-Paar `x` ein, sofern noch kein Element mit dem entsprechenden Schlüssel vorhanden ist. Der Iterator des zurückgegebenen Paars zeigt auf das eingefügte Element bzw. auf das Element mit demselben Schlüssel wie `x`. Der Wahrheitswert zeigt, ob überhaupt ein Einfügen stattgefunden hat – es könnte ja sein, dass der Schlüssel bereits existiert.

- `void insert(Iterator i, Iteratorj)`

  fügt die Elemente aus dem Bereich `[i, j)` ein.

- `size_type erase(const key_type& k)`

  alle Elemente mit einem Schlüssel gleich `k` löschen. Es wird die Anzahl *N* der gelöschten Elemente (hier: 0 oder 1, bei einer `multimap` auch mehr) zurückgegeben.

- `iterator erase(const_iterator p)`

  das Element löschen, auf das der Iterator `p` zeigt. Der zurückgegebene Iterator zeigt anschließend auf das `p` folgende Element, wenn es existiert, ansonsten wird ein End-Iterator (`end()`) zurückgegeben.

- `iterator erase(const_iterator p, const_iterator q)`

  alle Elemente im Iteratorbereich `[p, q)` löschen. Der zurückgegebene Iterator zeigt anschließend auf das `q` folgende Element, wenn es existiert, ansonsten wird ein End-Iterator (`end()`) zurückgegeben.

- `const_iterator find(const key_type& k) const` und
  `iterator find(const key_type& k)`

  geben einen Iterator auf ein Element mit dem Schlüssel `k` zurück, falls vorhanden. Andernfalls wird `end()` zurückgegeben.

13.6.10 set

Ein Set entspricht in etwa einer Menge im mathematischen Sinn. Das heißt, dass kein Element doppelt auftritt. C++ speichert die Elemente sortiert ab. Ein Set entspricht der Klasse `map`, nur dass Schlüssel und Daten zusammenfallen. Es werden also nur Schlüssel gespeichert.

Ein `set`-Container stellt unter anderem die folgenden öffentlichen Datentypen und Methoden bereit (ohne Varianten mit Vergleichsfunktor):

- Datentypen der Tabelle 13.1 (Seite 337). `key_type` hat dieselbe Bedeutung wie bei `map`. `value_type` entspricht ebenfalls `Key`, dem Typ des Schlüssels – im Gegensatz zur Map.
- Konstruktoren und Methoden der Tabelle 13.2 (Seite 338)
- die relationalen Operatoren ==, !=, <, <=, > und >=

Dazu kommen noch die folgenden Methoden (Auszug):

- ```
  template<class Iterator>
  set(Iterator first, Iterator last,
      const Compare& cmp = Compare())
  ```

  Ein Set kann mit Daten initialisiert werden, wenn dem Konstruktor ein Bereich von Schlüssel/Wert-Paaren in Form von Iteratoren übergeben wird.

- `pair<iterator, bool> insert(const key_type& x)`

  fügt den Schlüssel `x` ein, sofern noch kein Element mit dem entsprechenden Schlüssel vorhanden ist. Der Iterator des zurückgegebenen Paars zeigt auf das eingefügte Element bzw. auf das Element mit demselben Schlüssel wie `x`. Der Wahrheitswert zeigt, ob überhaupt ein Einfügen stattgefunden hat – es könnte ja sein, dass der Schlüssel bereits existiert.

- `void insert(Iterator i, Iteratorj)`

  fügt die Elemente aus dem Bereich `[i, j)` ein.

- `size_type erase(const key_type& k)`

  alle Elemente mit einem Schlüssel gleich `k` löschen. Es wird die Anzahl *N* der gelöschten Elemente (hier: 0 oder 1, bei einem `multiset` auch mehr) zurückgegeben.
  ```

- `iterator erase(const_iterator p)`

  das Element löschen, auf das der Iterator `p` zeigt. Der zurückgegebene Iterator zeigt anschließend auf das `p` folgende Element, wenn es existiert, ansonsten wird ein End-Iterator (`end()`) zurückgegeben.

- `iterator erase(const_iterator p, const_iterator q)`

  alle Elemente im Iteratorbereich `[p, q)` löschen. Der zurückgegebene Iterator zeigt anschließend auf das `q` folgende Element, wenn es existiert, ansonsten wird ein End-Iterator (`end()`) zurückgegeben.

- `const_iterator find(const key_type& k) const` und
  `iterator find(const key_type& k)`

  geben einen Iterator auf ein Element mit dem Schlüssel `k` zurück, falls vorhanden. Andernfalls wird `end()` zurückgegeben.

13.6.11 unordered_map

Diese Art von Containern bietet sich an, wenn eine Sortierung nicht erforderlich und `map` zu langsam ist. Die zugrunde liegende Datenstruktur basiert auf einem Streuspeicher-Verfahren. Dabei werden die Elemente nach einem (Pseudo-)Zufallsprinzip auf den Speicherbereich »verstreut« (engl. *hashing*). Die Klasse wird durch den Header <unordered_map> eingebunden und speichert *Paare* von Schlüsseln und zugehörigen Daten. Dabei ist der Schlüssel wie bei `map` eindeutig, es kann also keine zwei Datensätze zu demselben Schlüssel geben. Das Besondere: Die Adresse, an der ein Paar abgelegt wird, wird aus dem Schlüssel mit einer sogenannten Hash-Funktion berechnet. Die Deklaration der Klasse ist

```
template<class Key,                          // Typ der Schlüssel
         class T,                            // Typ der Daten
         class Hash = hash<Key>,             // Hash-Funktion
         class Pred = std::equal_to<Key> >   // Elementvergleich
class unordered_map;
```

`hash<Key>` ist der Typ für ein Funktionsobjekt, das eine Zahl des Typs `size_t` als Hash-Wert zurückgibt. Für alle Grunddatentypen wie `int`, `double`, `char` usw. sowie für Zeiger und `string` liegen Spezialisierungen vor – man muss also nichts angeben. Für andere Typen muss man die Hash-Funktion selbst schreiben. Für den Vergleich der Elemente ist der Funktor `std::equal_to<Key>>` gedacht. Er ruft den Gleichheitsoperator == auf. Möchte man einen anderen Vergleich, muss man ihn angeben.

Die Klasse stellt im Wesentlichen dieselben Funtionen wie `map` zur Verfügung. Zum Beispiel lässt sich ein Wörterbuch genauso leicht wie mit `map` realisieren. Ersetzen Sie dazu im Listing 13.23 jedes Vorkommen von `map` durch `unordered_map` und »Alphabetisch« durch »Unsortiert« – fertig. Die Ausgabe des Programms ist grundsätzlich *unsortiert*. Wenn sie sortiert erscheint, ist das Zufall, bedingt durch die intern verwendete Hash-Funktion.

> **!** Wegen der erhöhten Komplexität der Anwendung für eigene Klassen (Hash-Funktion!) empfehle ich, `unordered_map` nur in den seltenen Fällen zu verwenden, in denen es auf eine Sortierung nicht ankommt *und* Messungen zeigen, dass `map` nicht schnell genug ist. ■

13.6.12 unordered_set

Ein `unordered_set` entspricht der Klasse `set`, nur dass die Elemente unsortiert abgelegt werden. Die Deklaration ist

```
template<class Value,                          // Typ der Schlüssel
         class Hash = hash<Key>,               // Hash-Funktion
         class Pred = std::equal_to<Key> > // Elementvergleich
class unordered_set;
```

Für `hash<Key>` und `std::equal_to<Key>>` gilt das im vorherigen Abschnitt zu `<unordered_map>` Gesagte. Die Klasse stellt im Wesentlichen dieselben Funtionen wie `set` zur Verfügung. Die Empfehlung im obigen Kasten gilt entsprechend: Nehmen Sie `set` statt `unordered_set`, wenn möglich.

13.7 Zeitmessung und Datum/Uhrzeit

Zeitdauer messen

Gelegentlich möchte man die Zeitdauer messen, zum Beispiel, wie lange ein Spieler braucht, um eine bestimmte Punktzahl zu erreichen. Für diesen Zweck stellt C++ Objekte und Funktionen bereit, die im Namespace `std::chrono` liegen und die mit dem Header `<chrono>` eingebunden werden. Das folgende Beispiel zeigt eine einfache Zeitmessung:

Listing 13.24 Zeitmessung *(beispiele/kap13/zeitmessung.cpp)*

```
1  #include <chrono>
2  #include <iostream>
3  using namespace std;
4  using namespace std::chrono;
5
6  int main() {
7    auto anfang = system_clock::now();
8    cout << "Bitte die Zeilentaste drücken...";
9    char dummy;
10   cin.get(dummy);
11   nanoseconds dauer = system_clock::now() - anfang;
12   cout.precision(12);
13   cout << "Sie haben " << dauer.count()
14        << " Nanosekunden oder "
15        << duration_cast<milliseconds>(dauer).count()
16        << " Millisekunden gewartet (genauer: "
17        << dauer.count()/1e6 << " ms)\n";
18 }
```

Die Ausgabe des Programms ist zum Beispiel

Bitte die Zeilentaste drücken...
Sie haben 3399487215 Nanosekunden oder 3399 Millisekunden gewartet (genauer: 3399.487215 ms)

In Zeile 8 wird die Variable `anfang` mit dem aktuellen Zeitpunkt initialisiert. Die bis zum Tastendruck verstrichene Zeitdauer wird in Zeile 12 ermittelt. Das Ergebnis liegt im Objekt `dauer` vor und wird mit der Methode `count()`, die die Dauer in Nanosekunden zurückgibt, abgefragt. Es kann in Millisekunden umgewandelt werden, indem einfach durch eine Million (10^6) geteilt wird, man kann aber auch die Dauer mit `duration_cast` in ein Objekt des Typs `milliseconds` umwandeln und dessen Methode `count()` aufrufen (Zeile 15). Die `precision`-Angabe (Zeile 12) legt die Anzahl der auszugebenden Stellen einer Kommazahl fest.

Datum und Uhrzeit ermitteln

Die aktuelle Uhrzeit wird mit `system_clock::now()` ermittelt, wie oben gesehen. Der zurückgegebene Datentyp eignet sich aber nicht, um direkt das Datum und die Uhrzeit abzufragen. Da sind die im Header `<ctime>` deklarierten Funktionen und Datentypen der Programmiersprache C[7] sehr hilfreich. Insbesondere gibt es einen Datentyp `time_t`, der die Zeitinformation aufnimmt, und eine vordefinierte Struktur des Datentyps `tm`, die die einzelnen Bestandteile eines Datums enthält. Das folgende Programm gibt zum Beispiel aus:

Heute ist Mittwoch, der 2.3.2016, 11:3:25 Uhr

Im Unterschied zum Listing 13.24 wird auf die `using namespace`-Deklaration verzichtet, damit die Zugehörigkeit einzelner Funktionen zum Namespace `chrono` leicht identifiziert werden kann.

Listing 13.25 Datum und Uhrzeit *(beispiele/kap13/datum.cpp)*

```
#include <chrono>
#include <ctime>
#include <iostream>
#include <string>
#include <vector>

int main() {
  auto jetzt = std::chrono::system_clock::now();
  std::time_t heute =
          std::chrono::system_clock::to_time_t(jetzt);
  std::tm* lokalezeit = std::localtime(&heute);
  std::vector<std::string> wochentag {
        "Sonntag", "Montag", "Dienstag", "Mittwoch",
```

7 C ist eine Untermenge von C++.

```
14            "Donnerstag", "Freitag", "Samstag"};
15   std::cout << "Heute ist "
16             << wochentag[lokalezeit->tm_wday]
17             << ", der " << lokalezeit->tm_mday
18             << '.'  << lokalezeit->tm_mon + 1
19             << '.' << lokalezeit->tm_year + 1900
20             << ", " << lokalezeit->tm_hour
21             << ':'  << lokalezeit->tm_min
22             << ':' << lokalezeit->tm_sec << " Uhr\n";
23 }
```

Die Umwandlung in die Hilfsvariable vom Datentyp time_t geschieht in den Zeilen 9-10. Die C-Funktion localtime() benötigt die Adresse der Hilfsvariablen und gibt einen Zeiger auf die vordefinierte Struktur tm zurück. Diese Struktur kann über den Zeiger abgefragt werden. Wie das geht, sehen Sie in den Zeilen 16-22. Bitte beachten Sie: Weil die Monatsinformation nur Werte von 0..11 enthält, muss 1 hinzugefügt werden. Die Jahresinformation wird um die Zahl 1900 korrigiert.

13.8 Komplexe Zahlen

Gehören Sie zu den Lesern dieses Buchs, die Elektrotechniker, Akustiker oder Physiker sind und mit der Berechnung von Schwingungen zu tun haben? Oder wollen Sie sich mit der computergestützten Bildverarbeitung beschäftigen? Dann können Sie beim C++-Lernen von der Template-Klasse complex profitieren, die das Rechnen mit komplexen Zahlen erleichtert. Real- und Imginärteil sind dabei vom Typ float, double oder long double. Die Klasse wird mit dem Header <complex> eingebunden.

Mit komplexen Zahlen kann wie mit einfachen Kommazahlen gerechnet werden. Ausgenommen sind die Operatoren ++, -- und %. Auch die Prüfung auf Gleichheit (==) oder Ungleichheit (!=) ist möglich. Das folgende Programm zeigt einige einfache Anwendungen.

Listing 13.26 Komplexe Zahlen *(beispiele/kap13/complex.cpp)*

```
#include <iostream>
#include <complex> // Header für komplexe Zahlen
constexpr double pi = 3.14159265358979324;
using namespace std;

int main() {
  complex<double> c1;                 // komplexe Zahl 0.0 + 0.0i
  complex<double> c2(1.2, 3.4); // (1.2 + 3.4i) erzeugen
  cout << c2 << '\n';            // Standard-Ausgabeformat: (1.2,3.4)
  c1 += c2 + c1;                 // beispielhafte Rechenoperationen
  c1 = c2 * 5.0;
  double re = c1.real();          // Realteil ermitteln
  cout << re << '\n';             // und ausgeben
  cout << c1.imag() << '\n'; // Imaginärteil direkt ausgeben
  // Beispiele mit Hilfsfunktionen
  complex<double> c3 = {1.0, 2.0}; // (1.0 + 2.0i) erzeugen
  c1 = conj(c3);                     // konjugiert komplex: (1.0 - 2.0i)
  // Umrechnung aus Polarkoordinaten
  double betrag = 100.0;
  double phase = pi / 4.0;           // π/4 = 45°
  c1 = polar(betrag, phase);
  // Umrechnung in Polarkoordinaten
  cout << "\nBetrag : " << abs(c1)
       << "\nWinkel (Bogenmaß): " << arg(c1)
       << "\nWinkel (Grad): " << arg(c1)*180./pi
       << "\nBetragsquadrat : " << norm(c1) << '\n';
  // Erzeugung imaginärer Zahlen (Realteil ist 0) mit Suffix i
  complex<double> imaginaer{3.7i};
  cout << "imaginaere Zahl = " << imaginaer << '\n';
}
```

Es gibt weitere Funktionen für komplexe Zahlen: sin, asin, sinh, cos, acos, cosh, tan, atan, tanh, exp, log, log10, sqrt und viele andere. Sie finden sie in [Br], [ISOC++] und [cppref]. Damit besitzen Sie nun das Handwerkszeug, um in C++ mit komplexen Zahlen zu rechnen.

14 Referenzsemantik

Fragen, die dieses Kapitel beantwortet:

- Was unterscheidet Kopier- und Referenzsemantik?
- Warum ist ein Programm bei Nutzung der Referenzsemantik manchmal schneller?
- Welche Empfehlungen gibt es für die Programmierung?

Ursprünglich gab es in C++ nur die Kopiersemantik, das heißt, Werte wurden etwa bei einer Zuweisung einfach *kopiert*. Später kam die Referenzsemantik dazu. Sie bedeutet, dass Werte auch *bewegt* werden können, um die Kopie zu sparen. Dazu zwei Beispiele:

```
// Beispiel 1
x = y;              // Variablen (d.h. nicht konstant)
```

Es muss dabei eine echte (tiefe) Kopie geben, andernfalls wären nicht beide danach unabhängig voneinander veränderbar. Das heißt, auch y kann auf der linken Seite einer Zuweisung stehen. Solche Variablen heißen deshalb L-Wert (L für links). Alle Variablen mit einem Namen sind L-Werte.

```
// Beispiel 2
string a = b + c;
```

Dieser Vorgang kann auf zwei Arten interpretiert werden:

1. Zunächst werden die Strings `b` und `c` aneinandergehängt. Das Zwischenergebnis ist nicht direkt sichtbar, es sei `tmp` (für temporär) genannt. Als Nächstes wird der Kopierkostruktor aufgerufen, der `a` erzeugt, indem der Inhalt von `tmp` *kopiert* wird. So eine Kopie würde nicht nur beim Kopierkonstruktor wie oben, sondern auch bei einer Zuweisung `a = b + c;` angewendet.

   Der Unterschied zum Beispiel 1 ist, dass das nur hilfsweise mit `tmp` bezeichnete Zwischenergebnis tatsächlich keinen Namen hat und nur bis zum Ende der Anweisung existieren muss. Es ist nicht änderbar. Solche Werte heißen R-Werte, weil sie nur auf der rechten Seite einer Zuweisung stehen können.

2. Seit C++11 gibt es zusätzlich die *Referenzsemantik*. Sie ermöglicht es, dass R-Werte *bewegt* (englisch *to move*) werden. R-Werte werden nach ihrer Verwendung nicht mehr gebraucht. Bewegen meint daher, dass der Inhalt des temporären Ergebnisses direkt an die Stelle von `a` tritt – die Kopie entfällt und es wird einiges an Geschwindigkeit gewonnen!

14.1 Compiler-generierte Funktionen

Eine Referenz auf einen R-Wert des Typs `T` wird als `T&&` formuliert. Dementsprechend gibt es zu den normalen Kopierkonstruktoren und Zuweisungsoperatoren auch die *move*-Varianten. Für eine Klasse `X` werden die folgenden Funktionen automatisch vom System erzeugt, wenn keine einzige von Ihnen selbst geschrieben wird:

Listing 14.1 Unter bestimmten Bedingungen vom Compiler erzeugt:

```
X(const X&);                // Initialisierungs-(Kopier-)konstruktor
X& operator=(const X&);     // kopierender Zuweisungsoperator
~X();                       // Destruktor
X(X&&);                     // bewegender Initialisierungskonstruktor
X& operator=(X&&);          // bewegender Zuweisungsoperator
```

Damit sind wir bei den »großen Fünf« statt der »großen Drei«!

> Wenn Sie nur eine der Funktionen des obigen Listings 14.1 selbst schreiben, sollten Sie in der Regel auch alle anderen schreiben. Das ist die Regel der »Großen Fünf«. ■

Einen leeren Funktionskörper können Sie dabei wahlweise mit geschweiften Klammern `{}` oder mit `= default;` erzeugen. Für die automatische Erzeugung durch den Compiler gilt:

- Wenn Sie mindestens eine der ersten drei Funktionen des Listings 14.1 schreiben, werden die letzten zwei (die »bewegenden«) nicht vom System erzeugt. Ein Programm wird deswegen nicht falsch. Es bedeutet nur, dass der kopierende Zuweisungsoperator und der normale Kopierkonstruktor auch für R-Werte verwendet werden.
- Wenn mindestens eine der bewegenden Funktionen (`X(X&&)` oder `operator=(X&&)`) selbst geschrieben wird, werden die beiden kopierenden Funktionen `X(const X&)` und `operator=(const X&)` nicht mehr automatisch erzeugt, sie müssen dann bei Bedarf ebenfalls selbst geschrieben werden.

14.2 Empfehlungen

Wenn Kopien eingespart werden, ist ein Programm natürlich schneller. Deswegen ist es am besten, C++-Software so zu entwerfen, dass *keine*[1] der Funktionen in Listing 14.1 selbst geschrieben werden muss. Das heißt: rohe Zeiger vermeiden und stattdessen Speicher mit anderen Mitteln besorgen, etwa mit den »schlauen Zeigern« `unique_ptr` oder `shared_ptr`, wie ab Seite 202 beschrieben, oder durch Einsatz eines `vector`-Containers wie in Listing 12.26 auf Seite 297.

1 Von manchen deswegen Rule of Zero genannt.

Empfehlungen bei Polymorphismus

Nach Abschnitt 9.4.1 soll der Destruktor bei allen Klassen, von denen geerbt werden kann, selbst `virtual` sein, um die korrekte Speicherfreigabe zu gewährleisten. Eine Definition der Art

```
virtual ~X() = default;        // virtueller Destruktor
```

bedeutet jedoch, dass man selbst einen Destruktor geschrieben hat. Damit wird die automatische Erzeugung der Funktionen von Listing 14.1 außer Kraft gesetzt. Es gäbe natürlich die Möglichkeit, auf den virtuellen Destruktor zu verzichten, wenn alle Anwender Ihrer Klasse Objekte nur mit `unique_ptr` oder `shared_ptr` verwalten. Die korrekte Speicherfreigabe ist dann garantiert. Das funktioniert jedoch nicht, wenn die Benutzer Ihrer Klasse sich nicht daran halten und zum Beispiel rohe Zeiger dafür nehmen. Um dennoch sicher zu gehen, fügen Sie dann einfach die vom System wegen des eigenen Destruktors nicht mehr erzeugten Funktionen selbst hinzu, also

```
X(X&&)                 = default;
X& operator=(X&&) = default;
```

Auf ein konkretes Beispiel angewendet: Die Ergänzungen von Seite 223 werden um die folgenden Zeilen erweitert:

```
GraphObjekt(GraphObjekt&&) = default;
GraphObjekt& operator=(GraphObjekt&&) = default;
```

14.3 Praktische Umsetzung

Bitte lesen Sie diesen Abschnitt nur, wenn Sie es genau wissen wollen... Die hier gezeigte Technik ist nur für Klassen sinnvoll, die `new` und `delete` verwenden – also eine Technik, die für normale C++-Anwender seit C++11 überholt ist. Um zu zeigen, wie es geht, wird die Klasse `MiniString` (siehe Listing 12.25 auf Seite 295) um einen bewegenden

Zuweisungsoperator erweitert. Nur weil die Klasse `new` und `delete` verwendet, ist das überhaupt sinnvoll möglich. Weil der Compiler bei der Übergabe per Wert nicht zwischen L- und R-Wert unterscheidet, wird zunächst der Parameter des bestehenden Zuweisungsoperators geändert, um ihm das zu ermöglichen. Die benötigte Kopie des Arguments wird durch die Deklaration der Variablen `temp` beschafft.

Listing 14.2 Kopierender Zuweisungsoperator

```
// Auszug aus beispiele/kap14/ministring.h
MiniString& operator=(const MiniString& m) {
  MiniString temp(m);   // Kopie inkl. Speicherbeschaffung
  swap(temp);
  return *this;
}
```

Der Rest bleibt. Der zweite Zuweisungsoperator ist für temporäre Objekte (R-Werte) zuständig. Dabei ist es interessant, dass keinerlei Speicher beschafft werden muss, weil der vom temporären Objekt gehaltene Speicher verwendet wird. Das spart Zeit. Das heißt natürlich auch, dass das übergebene Objekt, dessen Speicher »kannibalisiert« wird, nicht mehr anderweitig verwendet werden darf!

Listing 14.3 Bewegender Zuweisungsoperator

```
// Auszug aus beispiele/kap14/ministring.h
MiniString& operator=(MiniString&& m) {
  anzahl = m.anzahl;          // einfache Kopie
  ptr = m.ptr;                // Speicheraneignung!
  m.ptr = nullptr;            // nicht vergessen!
  return *this;
}
```

Die Zuweisung von `nullptr` darf nicht vergessen werden, weil sie dafür sorgt, dass der Destruktor von `m` keinen Schaden anrichtet: `delete []` angewendet auf einen Nullzeiger ist folgenlos. Die `nullptr`-Zuweisung wegzulassen, bedeutet: Der Destruktor von `m` ruft `delete []` für `m.ptr` auf. Der Destruktor von `*this` ruft irgendwann `delete []` für `ptr` auf. `ptr` und `m.ptr` zeigen aber auf denselben Speicher! Ein zweimaliges `delete` darauf führt vermutlich zum Programmabsturz. In einem `main()`-Programm könnte man die beiden Arten der Zuweisung wie folgt aufrufen:

Listing 14.4 Aufruf der verschiedenen Zuweisungsoperatoren

```
MiniString m0("Ein Text");
MiniString m1;

// Zuweisung eines L-Werts mit operator=(const MiniString&):
m1 = m0;

// Zuweisung eines R-Werts mit operator=(MiniString&&):
m1 = MiniString("temporär!");
```

Wenn Sie den Empfehlungen des obigen Abschnitts 14.2 folgen, können Sie sich das Schreiben des bewegenden Zuweisungsoperators und des bewegenden Initialisierungskonstruktors sparen, weil diese dann vom System generiert werden. Sie erreichen also mehr mit weniger Arbeit!

15 Ausblick

Fragen, die dieses Kapitel beantwortet:

- Welche Themen sind für Fortgeschrittene interessant?
- Warum werden sie in diesem Buch nicht behandelt und wo gibt es mehr Informationen dazu?

Es gibt einiges in diesem Buch, das nicht behandelt oder nur angedeutet wird – sei es aus Platzgründen oder weil es für Anfänger nicht sofort von Bedeutung ist. Deshalb gibt es einen Ausblick auf die betreffenden Themen, über die Sie in [Br] mehr finden.

15.1 Template-Erweiterungen

Template-Meta-Programmierung

Template-Meta-Programmierung ist eine in der C++-Standardbibliothek stark verbreitete Technik, die es erlaubt, dass schon der Compiler viele Berechnungen anstellt, die dann nicht mehr zur Laufzeit getan werden müssen. Dabei geht es nicht nur um Berechnungen im klassischen Sinn, sondern auch um die statische Überprüfung der Programme und die automatische Auswahl der richtigen Algorithmen.

Variadische Templates

Die Klasse `array` zum Beispiel verlangt genau zwei Datentypen als Parameter: den Datentyp der Elemente und die Anzahl der zu speichernden Elemente. Die Anzahl der Datentypen, auch Stelligkeit oder Arität genannt, ist zwei und nicht veränderbar. Ein variadisches (englisch *variadic*) Template hingegen hat eine unbestimmte Stelligkeit. Ein variadisches Funktions-Template wird zum Beispiel so deklariert:

```
template<typename... Args>
void f(Args... args) {
   // ...
}
```

Die Auslassungspunkte stehen dabei für mehrere Datentypen bzw. Argumente bei der Instanziierung des Templates. Die Liste der Argumente wird vom Compiler rekursiv abgearbeitet, es muss daher eine Funktion oder Template-Spezialisierung geben, die zum Abbruch der Rekursion führt. Variadische Templates ermöglichen Funktionen mit einer beliebigen Anzahl von Parametern. So kann man sich eine Funktion `anzeigen()` vorstellen, die alle Argumente, egal wie viele es sind, auf der Konsole ausgibt oder in eine Log-Datei schreibt.

15.2 Die C++–Standardbibliothek

Auch die C++–Standardbibliothek enthält Bereiche, die in diesem Buch nicht behandelt oder nur kurz angeschnitten werden. Dazu gehören die Algorithmen, von denen in Abschnitt 13.5 nur ein kleiner teil vorgestellt wird. Es folgt eine Auswahl der wichtigsten anderen Bereiche.

Threads

Thread (engl. für Faden) bezeichnet einen parallel laufenden Teil eines Programms. Threads erlauben es, die von einem Programm zu leistende Arbeit in viele parallele, gleichzeitig ablaufende Stränge zu zerlegen, um die Geschwindigkeit zu erhöhen. Je mehr Prozessoren (CPU-Kerne) dafür zur Verfügung stehen, umso schneller ist das Programm. Bei der Programmierung muss besonders sorgfältig mit dem gleichzeitigen Zugriff vieler Threads auf dieselben Daten umgegangen werden, insbesondere, wenn ein Thread die Daten ändern will, die ein anderer gerade liest. Die Thread-Programmierung gilt als anspruchsvoll, auch ist die Suche von Fehlern in parallel laufenden Programmen oft schwierig.

Reguläre Ausdrücke

Ein regulärer Ausdruck ist eine Zeichenkette, die eine oder mehr grammatische Regeln enthält und zum Suchen oder zur Textersetzung dienen kann. Zum Beispiel ist `(\d\d?\.){2}\d{4}` ein regulärer Ausdruck zur Beschreibung der grammatischen Struktur eines Datums. Die Leistungsfähigkeit der Programmiersprache Perl basiert wesentlich auf regulären Ausdrücken. Die Programmiersprache Java stellt seit langem reguläre Ausdrücke zur Verfügung. So verwundert es nicht, dass das C++-Standardkomitee sich entschlossen hat, sie in den C++-Standard aufzunehmen. C++ enthält eine Menge unterstützender Klassen und Funktionen zur Analyse regulärer Ausdrücke.

Anpassung an nationale Besonderheiten

Die Anpassung an nationale Besonderheiten (englisch *localization*) bewirkt, dass bei der Ein- und Ausgabe von Zahlen und Daten die gewünschte Schreibweise berücksichtigt wird. So gibt es den Punkt zur Gruppierung der Tausender und das Dezimalkomma im Deutschen (1.234,99). Im englischsprachigen Raum ist es gerade umgekehrt (1,234.99).

Numerische Bibliothek

Diese Teilbibliothek enthält verschiedene Zufallszahlengeneratoren, von denen Ihnen ein kleiner Teil bekannt ist. Des Weiteren gibt es dort den schon beschriebenen Datentyp `complex` zur effizienten Rechnung mit komplexen Zahlen, numerische Algorithmen zur Bearbeitung von Folgen (in Teilen beschrieben) und eine Klasse `valarray` zur Gestaltung von Matrizen. Auch gehören dazu sämtliche mathematischen Funktionen der C-Programmiersprache wie die im Buch verwendeten Sinus- und Kosinus-Funktionen und andere.

15.3 Test von C++-Programmen

Für die Programmierung im Hobbybereich ist sie nicht so wichtig – jedoch für jeden, der beruflich programmiert oder dessen Software woanders eingesetzt wird: die Qualität der Software. Damit ist unter anderem gemeint:

- Die Software soll den Anforderungen entsprechen und möglichst wenige[1] Fehler enthalten. Um Fehler zu finden, wird Software getestet. In [SpiBr] erhalten Sie eine Menge Hinweise, wie Sie beim Testen vorgehen können.
- Sie soll leicht zu warten, also leicht zu erweitern oder zu verbessern sein. Das setzt eine gute Lesbarkeit und Verständlichkeit des Programmcodes voraus.
- Software soll robust sein, also nicht gleich bei kleinen Fehlern abstürzen.

Die Erfahrung zeigt, dass beim Schreiben eines Programms weniger Fehler entstehen, wenn von Anfang an auf gute Lesbarkeit und Verständlichkeit geachtet wird.

[1] Fehlerfreiheit lässt sich außer bei sehr kleinen einfachen Programmen nicht erreichen.

A Anhang

Fragen, die dieses Kapitel beantwortet:

- Wie installiere ich den Compiler?
- Wie richte ich die Entwicklungsumgebung ein?
- Wie lege ich ein C++-Projekt in der Entwicklungsumgebung an?
- Wie richte ich das Grafik-Rahmenwerk SFML ein?
- Wie lege ich ein SFML-Projekt in der Entwicklungsumgebung an?
- Wie ist die Zuordnung von Zahlen zu Zeichen in der ASCII-Tabelle?

Die Antworten zu den ersten Fragen hängen zum Teil vom Betriebssystem ab. Deswegen gibt es auf die verschiedenen Betriebssysteme zugeschnittene Abschnitte: Windows ab Seite 368, Linux ab Seite 371 und Mac OS ab Seite 373.

Anstelle der Entwicklungsumgebung Netbeans, auf die unten kurz eingegangen wird, können Sie auch Code::Blocks nehmen, siehe

http://www.codeblocks.org/downloads/binaries und
http://www.sfml-dev.org/tutorials/2.3/start-cb.php.

Die Einstellungen und die Bedienung sind ähnlich.

A.1 Installationshinweise für Windows

A.1.1 Compiler

Die Internetseite *http://www.cppbuch2.de/downloads.html* bietet Verschiedenes zum Download an, darunter auch einen C++-Compiler. Laden Sie sich den Compiler von der Seite herunter. Wenn Sie die heruntergeladene Datei ausführen, wird der Compiler einschließlich der SFML-Bibliothek auf Ihrem Computer installiert.

A.1.2 Entwicklungsumgebung

Es gibt viele Entwicklungumgebungen für Windows. Hier beschränke ich mich auf Netbeans. Netbeans ist eine Entwicklungsumgebung, aber kein Compiler! Es wird daher vorausgesetzt, dass Sie vorher den Compiler wie oben beschrieben heruntergeladen und installiert haben.

Laden Sie Netbeans von *https://netbeans.org/* herunter und installieren Sie es. Falls nicht die C++-Version gewählt wurde, muss nachträglich das C++-Plug-in installiert werden: Tools → Plugins → Available Plugins → C/C++ markieren → unten links Install klicken. Anschließend muss Netbeans über den zu verwendenden Compiler informiert werden. Dazu tragen Sie im Fenster Tools → Options → C/C++ → Build Tools den Ort des Compilers usw. ein (siehe Abbildung A.1). Anschließend mit OK bestätigen.

Netbeans-Projekt anlegen

Dieser Text ersetzt keine Netbeans-Benutzungsanleitung. Es soll nur ein erster einfacher Einstieg gezeigt werden. Dazu klicken Sie links oben File an und wählen New Project. Im erscheinenden Fenster wählen Sie links C/C++ und rechts C/C++ Application. Weiter geht es mit Next. Oben tragen Sie dann den Projektnamen ein, zum Beispiel ErstesProjekt. Danach klicken Sie Finish. Das Projekt ist jetzt angelegt.

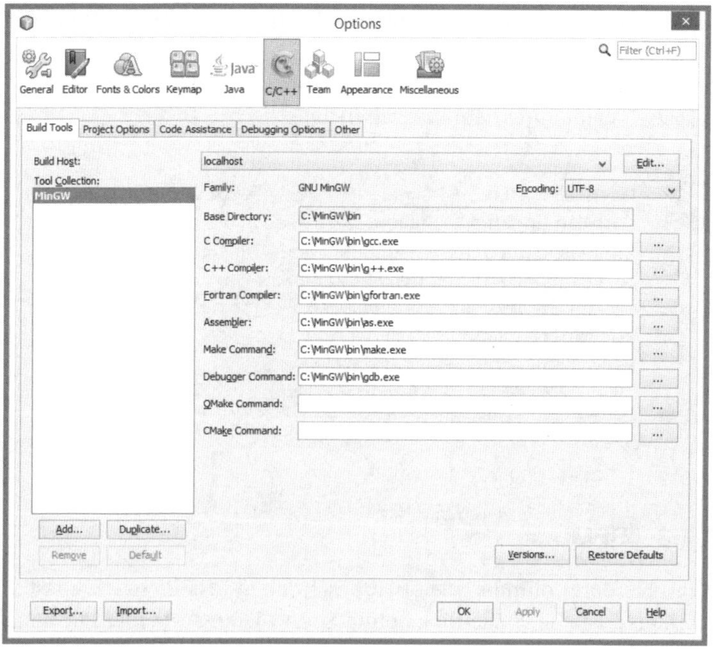

Bild A.1 Netbeans Compilereinstellungen

Um es zu bearbeiten, klicken Sie oben links im Fenster Source Files doppelt an und dann den erscheinenden Eintrag main.cpp. Ersetzen Sie den gesamten erscheinenden Text durch

Listing A.1 Programm *(beispiele/kap1/hello.cpp)*

```
#include <iostream>

int main() {
  std::cout << "Hello world!\n";
  return 0;
}
```

Ein Klick auf das Hammer-Symbol oder Drücken der Funktionstaste F11 compiliert die Datei. Ein Klick auf das grüne Dreieck oben (oder die Funktionstaste F6) führt das Programm aus. Den Text sehen Sie im Ausgabefenster unter dem Programmcode.

Generell sollten Sie bei *jedem* Projekt C++14 und Ausgabe der Warnungen einschalten. Dazu klicken Sie mit der *rechten* Maustaste auf den Projektnamen oben links und wählen *Properties* (im erscheinenden Menü ganz unten zu sehen). Dort klicken Sie links auf *C++ Compiler*. Rechts beim C++-Standard `<Default>` wählen. Unten bei *Additional Options* tragen Sie ein (Knopf am rechten Rand der Zeile klicken):

```
-Wall -std=c++14 -pedantic -fmax-errors=1
```

Mit OK bestätigen.

A.1.3 SFML

Wenn Sie den Compiler wie oben beschrieben installieren, wird SFML ebenfalls installiert, allerdings ohne Sound-Unterstützung. Für Sound unter Windows wird die Datei *openal32.dll* benötigt, die auf manchen Systemen nicht vorhanden ist. Beim Starten eines SFML-Programms, das Audio verwendet, gibt es ggf. eine Fehlermeldung. Abhilfe: die Datei *oalinst.zip* von *http://www.openal.org/downloads/* herunterladen und entpacken. Die dabei entstehende Datei *oalinst.exe* anklicken. Damit wird *openal32.dll* installiert. Nun können Sie Sound verwenden.

SFML-Projekt in Netbeans anlegen

Zunächst legen Sie ein Projekt an, wie in Abschnitt A.1.2 beschrieben. Wenn der Programmcode SFML-Elemente enthält, müssen Sie SFML der Entwicklungsumgebung bekannt machen. Dazu klicken Sie mit der *rechten* Maustaste auf den Projektnamen oben links und wählen Properties (im erscheinenden Menü ganz unten zu sehen). Dort klicken Sie links auf C++ Compiler. Unten bei Additional Options tragen Sie ein (Knopf am rechten Rand der Zeile klicken):

```
-Wall -std=c++14 -pedantic -fmax-errors=1
```

Oben bei Include Directories eintragen (beziehungsweise im Dateibrowser suchen): `C:/MinGW/SFML/include`. Dann links Linker anklicken und rechts im Fenster bei Additional Library Directories das folgende Verzeichnis eintragen: `C:/MinGW/SFML/lib`. Bei Libraries rechts den Button mit den Punkten anklicken und dort Add Library anklicken. Dort *libsfml-graphics.a* wählen und mit Select bestätigen. Diesen Vorgang für die Libraries sfml-window und sfml-system wiederholen (in dieser Reihenfolge!). Apply und OK klicken. Compilation und Starten des Programms gehen wie oben beschrieben.

A.2 Installationshinweise für Linux

A.2.1 Compiler

Auf Linux-Systemen ist oft ein C++-Compiler vorhanden. Die Versionsnummer sollte 5.2 oder neuer sein. Sie bekommen sie heraus, indem Sie in einer Konsole `g++ --version` eingeben. Wenn der g++-Compiler nicht vorhanden ist, müssen Sie ihn mit einem Systemwerkzeug zur Softwareverwaltung installieren. Manchmal wird er *g++-5* statt *g++* genannt. Installieren Sie auch *make*.

A.2.2 Entwicklungsumgebung

Es gibt viele Entwicklungsumgebungen für Linux, einschließlich Netbeans, für das entsprechende Beschreibungen oben schon existieren. Für die Einrichtung gilt Abschnitt A.1.2, außer dass Sie andere Einträge für den Compiler vornehmen. Wenn Sie nicht wissen, wo er zu finden ist, geben Sie `whereis g++` in einer Konsole ein und Sie bekommen die Antwort. Das Einrichten eines Projekts ist oben in Abschnitt A.1.2 beschrieben. Wie ein SFML-Projekt in Netbeans angelegt wird, steht in Abschnitt A.1.3.

A.2.3 SFML

Am besten ist es, Sie installieren SFML mit Ihrem Werkzeug zur Softwareverwaltung. Die Versionsnummer von SFML soll mindestens 2.2 sein. Ist das nicht der Fall, gehen Sie wie folgt vor:

SFML gibt es als fertig übersetztes Paket. Sie können es von der SFML-Homepage für Ihr System herunterladen [SFML]. Falls die Programme damit nicht funktionieren, liegt es vermutlich daran, dass der dafür verwendete Compiler vielleicht ein anderer ist als der sonst von Ihnen benutzte. Das kann zu Konflikten führen.

Wenn das der Fall sein sollte, ist es am besten, SFML selbst zu übersetzen. Leider ist das etwas mühselig. Gehen Sie wie folgt vor:

- Installieren Sie die von SFML benötigten Libraries mit dem Systemwerkzeug zur Softwareverwaltung, *einschließlich* der auf -devel endenden Paketnamen. Darunter sind: freetype, flac, pthread, opengl, xlib, xrandr, glew, jpeg, png16, sndfile, openal, udev, vorbis, xcb, xcb-util-wm-devel (für libxcb-icccm4 – anderer Name), xcb-util-image-devel (für libxcb-image0). Die Aufzählung ist vermutlich nicht vollzählig, aber CMake wird Sie auf noch fehlende Bibliotheken hinweisen.
- CMake von *http://www.cmake.org/* herunterladen und installieren.
- Die Datei *SFML-X.Y.Z-sources.zip* von *http://www.sfml-dev.org/* downloaden und entpacken. X.Y.Z steht hier für die Versionsnummer, zum Beispiel 2.3.2. X.Y soll mindestens 2.2 sein. Das beim Entpacken entstehende Verzeichnis heißt *SFML-X.Y.Z.*
- Grafische Benutzungsoberfläche von CMake starten (cmake-gui).
- Bei Where is the source code: das *SFML-X.Y.Z*-Verzeichnis eintragen. Bei Where to build the binaries: das noch nicht existierende *SFML-X.Y.Z/build*-Verzeichnis eintragen (wird anschließend von CMake angelegt).
- Links unten auf Configure klicken. Im erscheinenden Fenster oben bei specify the generator for this project Unix Makefiles auswählen und darunter Specify native compilers anklicken. Sie können »native compiler« wählen, wenn nur einer vorhanden ist. Bei mehreren wählen Sie ihn im nächsten Schritt aus (unten Next klicken).

- Im nächsten Fenster (compilers) bei C++ den Compiler Ihres Systems, zum Beispiel `/usr/local/bin/g++`, suchen bzw. eintragen. Dann Finish klicken.
- Die Fehlermeldung Error in configuration process... mit OK bestätigen. Nochmal links unten auf Configure klicken und nochmal! Die rot markierten Einträge müssten jetzt verschwunden sein.
- Generate klicken. Wenn Generating done gemeldet wird, CMake beenden. Jetzt eine Konsole im Verzeichnis *SFML-X.Y.Z/build* öffnen. Dort `make` eingeben und den Build-Prozess abwarten. Wenn es Fehlermeldungen gibt, fehlen vermutlich doch noch Libraries.
- Abschließend `sudo make install` und `sudo ldconfig` eingeben.

Wenn ein Verzeichnis nur *cpp*-Dateien enthält, die zu einem einzigen Projekt gehören, kann das Projekt nach der Installation von SFML so übersetzt werden:

```
g++ -Wall -c -fmax-errors=1 -std=c++14 *\.cpp
g++ -o prog.exe *.o -L/usr/local/lib -lsfml-graphics \
      -lsfml-window -lsfml-audio -lsfml-system
```

Das Backslash-Zeichen am Ende der Zeile bedeutet, dass die folgende Zeile dazu gerechnet werden soll – als ob nur eine Zeile eingegeben worden wäre.

A.3 Installationshinweise für OS X

A.3.1 Compiler und Entwicklungsumgebung

Xcode ist die Apple-Entwicklungsumgebung. Sie bringt den Compiler mit. Am besten installieren Sie Xcode über den Mac App Store – das kann etwas dauern, da das Paket einige Gigabytes umfasst. Sie benötigen auch die sogenannten Command Line Tools. Geben Sie dazu nach der Installation von Xcode `xcode-select --install` in einer Konsole ein und folgen Sie den Anweisungen.

Xcode-Projekt anlegen

Klicken Sie auf Create a new Xcode project, wählen Sie links unter OS X Application und rechts Command Line tool. Klicken Sie dann auf Next. Dann tragen Sie den Produktnamen, den Organisationsnamen und den Organisations-Identfier ein (beliebige Namen, solange Sie nicht professionell für Apples App-Store entwickeln) und wählen darunter C++ als Programmiersprache. Dann Next klicken und im nächsten Fenster New Folder wählen (Source Control mit GIT : nicht markieren). Geben Sie dann den Namen des Verzeichnisses an, in dem das Projekt gespeichert werden soll. Anklicken von Create legt das Projekt an. Sie können die vorgefertigte Datei *main.cpp* anklicken und dann mit dem Editor bearbeiten. ⌘+s sichert die Änderungen, ⌘+b stößt die Compilation an und ⌘+r führt das Programm aus. Die Ausgabe des Programms sehen Sie rechts unten im Editor-Fenster. Mit ⌘+n können Sie Dateien dem Projekt hinzufügen. Oben wird der Name eingetragen. In der Leiste des Editors ganz oben können Sie mit < und > zu den einzelnen Dateien wechseln.

A.3.2 SFML

Laden Sie SFML für Mac OS X von der SFML-Homepage herunter. Öffnen Sie das Download-Verzeichnis im Finder und klicken Sie auf die heruntergeladene Datei. Sie wird dann entpackt. Gehen Sie in das dabei entstehende Verzeichnis und folgen Sie den nachstehenden Anweisungen. Falls dabei ein Zielverzeichnis nicht existiert, muss es vorher angelegt werden!

- Kopieren Sie den Inhalt von *lib* nach */usr/local/lib.*
- Kopieren Sie den Inhalt von *include* nach */usr/local/include.*
- Kopieren Sie den Inhalt von *Frameworks* nach */Library/Frameworks.*
- Kopieren Sie den Inhalt von *extlibs* nach */Library/Frameworks.*
- Kopieren Sie den Inhalt von *templates* nach */Library/Developer/Xcode/Templates.*

Quelle: *http://www.sfml-dev.org/tutorials/2.3/start-osx.php.* Dort finden Sie auch Instruktionen zum Anlegen eine SFML-Projekts in Xcode. Für die Beispiele dieses Buchs ist die Kenntnis der genannten Instruktionen nicht erforderlich.

SFML-Projekt in Xcode anlegen

Der Unterschied zu einem anderen Projekt ist, dass Sie die Verzeichnisse angeben müssen, in denen Xcode die Include-Dateien und die Libraries finden kann. Außerdem muss der Linker wissen, welche der Bibliotheken er einbinden soll. Dazu klicken Sie in der Xcode-Leiste Build-Settings an und dort direkt darunter Basic und Levels (siehe Abbildung A.2).

Bild A.2 Xcode-Einstellungen für SFML (siehe Pfeile)

Bei Other Linker Flags tragen Sie ein (auf + bei Debug klicken):

```
-lsfml-graphics -lsfml-window -lsfml-audio -lsfml-system
```

Wenn Sie keinen Sound brauchen, lassen Sie den audio-Eintrag weg.

Bei Header Search Paths eintragen: */usr/local/include*

Bei Library Search Paths eintragen: */usr/local/lib*

Damit kann ein SFML-Projekt compiliert und ausführbar gemacht werden. Die drei Einträge sind in Abbildung A.2 mit Pfeilen markiert.

Es wird zwischen Debug (Voreinstellung) und Release unterschieden. Im Debug-Modus werden im ausführbaren Programmcode Informationen untergebracht, die es erlauben, das Programm mit einem Debugger (Programm zur Fehlersuche) zu analysieren.

Im Release-Modus fallen diese Informationen weg. Die ausführbare Datei benötigt weniger Speicher und es kann sein, dass das Programm schneller läuft. Der Release-Modus wird üblicherweise erst dann gewählt, wenn alle Tests zufriedenstellend verlaufen sind.

Wenn ein verzeichnis nur *cpp*-Dateien enthält, die zu einem einzigen Projekt gehören, kann das Projekt nach der Installation von SFML so übersetzt werden:

```
g++ -Wall -c -ferror-limit=1 -std=c++14 *\.cpp
g++ -o prog.exe *.o -L/usr/local/lib -lsfml-graphics \
      -lsfml-window -lsfml-audio -lsfml-system
```

Das Backslash-Zeichen am Ende der Zeile bedeutet, dass die folgende Zeile dazu gerechnet werden soll – als ob nur eine Zeile eingegeben worden wäre.

A.4 ASCII-Tabelle

ASCII ist die Abkürzung für *American Standard Code for Information Interchange*. ASCII ist weit verbreitet. Er ist ein 7-Bit-Code und besteht aus 128 Zeichen, die in nichtdruckbare und druckbare Zeichen unterteilt werden. Die ersteren werden Steuerzeichen (englisch *control characters*) genannt. Die Zeichen sind in den folgenden Tabellen A.1 und A.2 dargestellt.

Der Piepton »bell« der ersten Tabelle könnte natürlich als `\x07` anstatt als `\a` geschrieben werden, dasselbe gilt entsprechend für `\0`, `\t`, `\v` und `\r`. Die Zeichen mit den Nummern 34, 39 und 92 haben eine besondere Bedeutung in C++, weswegen sie in einem Programm durch einen vorangestellten Backslash (\) gekennzeichnet werden müssen, wenn nur das Zeichen selbst gemeint ist.

Tabelle A.1 ASCII-Steuerzeichen

Nr.	hex	Abkürzung	Name	C++
0	0x00	NUL	null	\0
1	0x01	SOH	start of heading	\x01
2	0x02	STX	start of text	\x02
3	0x03	ETX	end of text	\x03
4	0x04	EOT	end of transmission	\x04
5	0x05	ENQ	enquiry	\x05
6	0x06	ACK	acknowledge	\x06
7	0x07	BEL	alert	\a
8	0x08	BS	backspace	\b
9	0x09	HT	horizontal tab	\t
10	0x0A	NL/LF	new-line	\n
11	0x0B	VT	vertical tab	\v
12	0x0C	FF	form feed	\f
13	0x0D	CR	carriage return	\r
14	0x0E	SO	shift out	\x0E
15	0x0F	SI	shift in	\x0F
16	0x10	DLE	data link escape	\x10
17	0x11	DC1	device control 1	\x11
18	0x12	DC2	device control 2	\x12
19	0x13	DC3	device control 3	\x13
20	0x14	DC4	device control 4	\x14
21	0x15	NAK	negative acknowledge	\x15
22	0x16	SYN	synchronous idle	\x16
23	0x17	ETB	end of transmission block	\x17
24	0x18	CAN	cancel	\x18
25	0x19	EM	end of medium	\x19
26	0x1A	SUB	substitute	\x1A
27	0x1B	ESC	escape	\x1B
28	0x1C	FS	file separator	\x1C
29	0x1D	GS	group separator	\x1D
30	0x1E	RS	record separator	\x1E
31	0x1F	US	unit separator	\x1F
127	0x7F	DEL	delete	\x7F

Tabelle A.2 Druckbare ASCII-Zeichen (Spalte Z. = Zeichen)

Nr.	hex	Z.	C++	Nr.	hex	Z.	C++	Nr.	hex	Z.	C++
32	0x20			64	0x40	@	@	96	0x60	`	`
33	0x21	!	!	65	0x41	A	A	97	0x61	a	a
34	0x22	"	\"	66	0x42	B	B	98	0x62	b	b
35	0x23	#	#	67	0x43	C	C	99	0x63	c	c
36	0x24	$	$	68	0x44	D	D	100	0x64	d	d
37	0x25	%	%	69	0x45	E	E	101	0x65	e	e
38	0x26	&	&	70	0x46	F	F	102	0x66	f	f
39	0x27	'	\'	71	0x47	G	G	103	0x67	g	g
40	0x28	(	(	72	0x48	H	H	104	0x68	h	h
41	0x29	)	)	73	0x49	I	I	105	0x69	i	i
42	0x2A	*	*	74	0x4A	J	J	106	0x6A	j	j
43	0x2B	+	+	75	0x4B	K	K	107	0x6B	k	k
44	0x2C	,	,	76	0x4C	L	L	108	0x6C	l	l
45	0x2D	-	-	77	0x4D	M	M	109	0x6D	m	m
46	0x2E	.	.	78	0x4E	N	N	110	0x6E	n	n
47	0x2F	/	/	79	0x4F	O	O	111	0x6F	o	o
48	0x30	0	0	80	0x50	P	P	112	0x70	p	p
49	0x31	1	1	81	0x51	Q	Q	113	0x71	q	q
50	0x32	2	2	82	0x52	R	R	114	0x72	r	r
51	0x33	3	3	83	0x53	S	S	115	0x73	s	s
52	0x34	4	4	84	0x54	T	T	116	0x74	t	t
53	0x35	5	5	85	0x55	U	U	117	0x75	u	u
54	0x36	6	6	86	0x56	V	V	118	0x76	v	v
55	0x37	7	7	87	0x57	W	W	119	0x77	w	w
56	0x38	8	8	88	0x58	X	X	120	0x78	x	x
57	0x39	9	9	89	0x59	Y	Y	121	0x79	y	y
58	0x3A	:	:	90	0x5A	Z	Z	122	0x7A	z	z
59	0x3B	;	;	91	0x5B	[	[	123	0x7B	{	{
60	0x3C	<	<	92	0x5C	\	\\	124	0x7C	|	|
61	0x3D	=	=	93	0x5D	]	]	125	0x7D	}	}
62	0x3E	>	>	94	0x5E	^	^	126	0x7E	~	~
63	0x3F	?	?	95	0x5F	_	_				

Glossar

Dieses Glossar[1] enthält Kurzdefinitionen der wichtigsten in diesem Buch verwendeten Begriffe. Das Glossar ist zum Nachschlagen und zur Wiederauffrischung der Begriffe gedacht, nicht zur Einführung. Zusätzliche Textstellen finden Sie über das Stichwortverzeichnis.

Abstrakter Datentyp

Ein Abstrakter Datentyp fasst *Daten* und *die Funktionen*, mit denen die Daten bearbeitet werden dürfen, zusammen. Der Sinn liegt darin, den richtigen Gebrauch der Daten sicherzustellen. Mit »Funktion« ist hier *nicht* die Implementierung gemeint, das heißt, *wie* die Funktion im Einzelnen auf die Daten wirkt. Zur Benutzung reicht die Spezifikation der Zugriffsoperation aus. Ferner sind logisch zusammengehörige Dinge an einem Ort konzentriert. Ein Abstrakter Datentyp ist ein → *Datentyp* zusammen mit → *Datenkapselung*. Eine → *Klasse* ist ein Abstrakter Datentyp, geschrieben in einer Programmiersprache.

Abstrakte Klasse

Eine abstrakte Klasse ist eine → *Klasse*, von der es keine → *Instanzen* gibt. Abstrakte Klassen definieren → *Schnittstellen*, die durch abgeleitete Klassen implementiert werden müssen.

---

[1] Teilweise aus [Br] entnommen.

Aggregat

Ein Aggregat ist ein Array oder eine Klasse mit ausschließlich öffentlichen (`public`) Daten, ohne selbstgeschriebenen Konstruktor (Kap. 6), ohne Basisklasse und ohne virtuelle Funktionen (Kap. 9). Beispiele: `struct` nur mit Daten, Klasse `std::array`.

Attribut

Attribute beschreiben die Eigenschaften eines Objekts. Der Zustand eines Objekts wird durch die Werte seiner Attribute definiert. Zum Beispiel kann *Farbe* ein Attribut sein; ein möglicher Attributwert ist *rot*.

Ausnahme, Exception

Eine Ausnahme (englisch *exception*) ist die Verletzung der → *Vorbedingung* einer Operation (→ *Methode*) einer Klasse. C++ bietet die Möglichkeit, Ausnahmen zu erkennen und zu behandeln (*exception handling*).

Behälterklasse, Container

Datenstruktur zur Speicherung von Objekten. Beispiele: Array, Liste, Vektor

Binäre Suche

Die Binäre Suche ist eine sehr schnelle Suche, die auf sortierten Folgen funktioniert, wenn ein wahlfreier (also beliebiger) Zugriff auf einzelne Elemente möglich ist. Das sei am Beispiel der Suche einer Telefonnummer anhand eines Namens gezeigt. Wie suchen wir einen Namen in einem normalen (d.h. sortierten) Telefonbuch? Zum Beispiel so:

- Wir sehen in der Mitte des Buchs einen Namen. Falls es der gesuchte ist, sind wir fertig. Falls nicht, suchen wir weiter, indem wir in die linke oder in die rechte Buchhälfte sehen, abhängig von der relativen alphabetischen Position des gesuchten Namens im Vergleich mit dem Namen, den wir gerade gelesen haben. Wenn wir in der Mitte »Müller-Lüdenscheid« lesen, aber »Huckebein« suchen, wählen wir für die weitere Suche die erste Hälfte des Telefonbuchs. Die andere Hälfte können wir ignorieren!

- Wir wiederholen den vorherigen Schritt mit der gewählten Hälfte, bis der Name gefunden wird oder sich herausstellt, dass er nicht vorhanden ist. Bei jedem Schritt können wir eine weitere Teilhälfte ignorieren. Das Telefonbuch habe n Einträge. Jedes Mal wird die Anzahl zu durchsuchender Namen halbiert: $n/2, n/4, n/8, \ldots 4, 2, 1$.
- Es gibt eine Zahl k, so dass $2^{k-1} \leq n \leq 2^k$ gilt. Wir brauchen nie mehr als k Vergleiche.

Ein Beispiel: Wenn $k = 10$ ist, haben wir $2^{10} = 1024$ Telefonnummern. Es braucht aber nur zehn Schritte, um die richtige Nummer zu finden oder festzustellen, dass sie nicht vorhanden ist. Bei einer linearen Suche müssten alle 1024 Einträge angesehen werden.

Binden

→ *Linken*

Daten

Der Zustand eines Objekts wird durch seine Daten beschrieben. Die Daten sind die Werte der → *Attribute* eines Objekts.

Datenkapselung

Datenkapselung ist das »Verstecken« der Daten eines Objekts vor direkten Zugriffen. Zugriffe sind nur über die öffentliche → *Schnittstelle* der Datenkapsel (→ *Abstrakter Datentyp*) möglich. Datenbezogene Fehler sind damit leicht lokalisierbar. In C++ wird Datenkapselung mit der Zugriffsspezifikation `private` realisiert.

Datentyp, Typ

Ein Datentyp oder kurz Typ ist die Menge aller Objekte in einem System, die auf dieselbe Art auf eine Menge von Methodenaufrufen reagieren. Diese Objekte haben dieselbe öffentliche → *Schnittstelle*. In C++ wird ein Typ durch eine → *Klasse* beschrieben.

Definition

Eine *Definition* liegt vor, wenn *mehr als nur der Name eingeführt wird*, zum Beispiel wenn Speicherplatz angelegt werden muss für Daten oder Code oder die innere Struktur eines Datentyps beschrieben wird, aus der sich der benötigte Speicherplatz ergibt. Weil *auch* ein Name eingeführt wird, ist eine Definition immer auch eine Deklaration. Die Umkehrung gilt nicht.

Deklaration

Eine *Deklaration* teilt dem Compiler mit, dass eine Funktion (oder eine Variable) mit diesem Aussehen irgendwo definiert ist. Damit kennt er den Namen bereits, wenn er auf einen Aufruf der Funktion stößt, und ist in der Lage, eine Syntaxprüfung vorzunehmen. Eine Deklaration führt einen Namen in ein Programm ein und gibt dem Namen eine Bedeutung. Eine Deklaration kann gleichzeitig eine → *Definition* sein.

Delegation

Ein Objekt wird durch den Aufruf einer Methode aufgefordert, eine Dienstleistung zu erbringen. Diese Aufforderung kann an ein weiteres Objekt zur Bearbeitung weitergeleitet (= delegiert) werden.

Identität

Ein Objekt besitzt eine *Identität*, die es unterscheidbar macht von einem beliebigen anderen Objekt, selbst wenn beide gleiche Daten enthalten. Die Identität zu einem bestimmten Zeitpunkt wird durch eine eindeutige Position im Speicher gewährleistet; zwei Objekte können niemals dieselbe Adresse haben, es sei denn, ein Objekt ist im anderen enthalten. C++ hat keine Sprachmittel für die Identität. Die Adresse als Identitätsmerkmal gilt nur für ein vollständiges Objekt, d.h., dass es nicht als Subobjekt in einem anderen enthalten ist. Die Identität kann auch durch ein eigens für diesen Zweck vorgesehenes Element des Objekts definiert werden, zum Beispiel durch eine Seriennummer.

Initialisierung

Wenn ein Objekt *während der Erzeugung* mit Anfangsdaten versehen wird, heißt der Vorgang *Initialisierung*. Die Initialisierung ist die Aufgabe eines Konstruktors. Sie ist von der → *Zuweisung* zu unterscheiden.

Instanz

Eine Instanz einer Klasse ist eine andere Bezeichnung für ein → *Objekt*. Die Erzeugung eines Objekts wird auch Instanziierung genannt.

Kapselung

→ *Datenkapselung*

Klasse

Eine Klasse definiert die Merkmale (Daten) und das Verhalten (Operationen, Methoden) einer Menge von Objekten. Eine Klasse ist ein Datentyp, genauer: ein → *Abstrakter Datentyp*. In C++ gilt die Umkehrung (ein Datentyp ist eine Klasse) *nicht*, weil die Grunddatentypen (zum Beispiel `int`) und darauf aufbauende zusammengesetzte Typen (zum Beispiel C-Array) nicht als Klasse implementiert sind. Eine Klasse definiert die Struktur aller nach ihrem Muster erzeugten Objekte, entweder direkt oder indirekt durch → *Vererbung*.

Linken

Ein Funktionsaufruf muss an eine Folge von auszuführenden Anweisungen gebunden werden. Der Aufruf einer Funktion (oder Methode, Operation) heißt statisch gebunden, wenn bereits der Compiler oder der Binder (Linker) die Funktion einbindet, also *vor dem Programmstart*. Die Typverträglichkeit und Zulässigkeit von Funktionsaufrufen können damit sehr früh geprüft werden. Beim *statischen* Linken werden die Bibliotheksmodule also zu dem ausführbaren Programm gebunden. Die so erzeugte ausführbare Datei ist dementsprechend größer. *Vorteil:* Sie kann auf einen anderen Computer derselben Bauart und mit demselben Betriebssystemtyp kopiert werden und funktioniert dort wie auf dem Originalsystem. *Nachteil:* Wenn N Programme dieselbe statische Bibliothek benötigen, wird N Mal der zugehörige Speicherplatz gebraucht, wenn die Programme gleichzeitig laufen.

Wenn sich erst während des Programmlaufs ergibt, welche Methode für ein Objekt aufgerufen werden soll, kann das Binden noch nicht zur Compilier- oder zur Link-Zeit erfolgen, sondern eben erst später (englisch *late binding*). In C++ wird im Allgemeinen während der Übersetzung sichergestellt, dass nur zulässige Aufrufe einer Methode möglich sind (Ausnahme siehe Beispiel zum `dynamic_pointer_cast`). Dynamisches Linken heißt daher, dass Bibliotheksmodule *nicht* in der ausführbaren Datei enthalten sind, sondern erst bei Ausführung des Programms dazugebunden werden. *Vorteil:* Wenn beliebig viele Programme dieselbe dynamische Bibliothek benötigen, wird der zugehörige Speicherplatz nur einmal gebraucht. *Nachteil:* Die ausführbare Datei funktioniert auf einem anderen Computer derselben Bauart und mit demselben Betriebssystem nur, wenn die dynamische Bibliothek dort installiert ist.

Literal

Ein Literal ist eine Zeichenfolge, die einen Wert direkt im Programm beschreibt. Zum Beispiel beschreibt die Zeichenfolge »true« den Wahrheitswert `true`. In den folgenden Zeilen ist alles rechts vom =-Zeichen ein Literal, also die Zeichenkette, die Zahl 42 und das Wort `true`.

```
std::string text = "zweiundvierzig";
int zahl = 42;
bool fertig = true;
```

L-Wert

Ein L-Wert (Links-Wert, (englisch *lvalue*)) ist ein Ausdruck, der im Kontext seines Auftretens als (symbolische) *Adresse* eines Objekts oder einer Funktion aufgefasst werden kann. Die symbolische Adresse wird durch einen *Namen* repräsentiert. Ein L-Wert kann auf der linken Seite einer

Zuweisung auftreten, daher der Name. Ein L-Wert kann auch auf der rechten Seite einer Zuweisung auftreten, ein R-Wert jedoch *nur* auf der rechten Seite. In der Regel muss ein Objekt, das verändert werden soll, als L-Wert vorliegen. Alle Ausdrücke, die keine L-Werte sind, sind R-Werte (englisch *rvalue*)[2]. Weitere Informationen finden Sie in Abschnitt 14.

Magic Number

Eine »magic number« ist eine Zahl, die als Literal mehrfach in einem Programm vorkommt. Bei Änderungen muss sie an mehreren Stellen aktualisiert werden, was einerseits fehlerträchtig ist und andererseits unnötige Arbeit verursacht. Besser ist es, sie durch eine Konstante, die ja nur einmal definiert wird, zu ersetzen.

Mehrfachverbung

Eine Klasse kann in C++ von mehr als einer Klasse erben (→ *Vererbung*).

Methode

Methode ist eine andere Bezeichnung für eine Operation, die auf den Daten eines → *Objekts* ausgeführt werden kann. In C++ heißen Methoden auch Element- oder Mitgliedsfunktionen (englisch *member functions*), um auszudrücken, dass eine Methode ein Element einer Klasse ist. Sie unterscheidet sich von einer normalen Funktion auch dadurch, dass sie Zugriff auf die internen Daten des → *Objekts* hat.

Nachbedingung

Die Nachbedingung ist die Spezifikation einer → *Methode*, eines Programmschritts oder einer Funktion. Sie beschreibt ausgehend vom Zustand des Programms *vor* Ausführung (→ *Vorbedingung*), welchen Zustand ein Programm *nach* der Ausführung hat.

---

2 Nach [ISOC++], Abschnitt 3.10, ist die Unterscheidung noch differenzierter.

Oberklasse

Es kann verschiedene Klassen geben, die gemeinsame Anteile enthalten. Diese Anteile können »herausgezogen« werden und bilden eine Oberklasse. Die Klassen werden dann als Spezialisierung der Oberklasse aufgefasst, weil sie nur noch die Unterschiede beschreiben. Zum Beispiel haben eine Tanne und eine Eiche die gemeinsame Eigenschaft, ein Baum zu sein mit all seinen Merkmalen. In einer Beschreibung (Klasse) für eine Tanne genügt es, auf die Oberklasse »Baum« zu verweisen (→ *Vererbung*) und nur die Besonderheit »Nadeln« anzugeben. Eine Oberklasse ist eine durch → *Klassifikation* gewonnene Abstraktion in der Form einer *ist-ein*-Beziehung. Eine Tanne »ist ein« Baum – eine Eiche auch. Eine Oberklasse kann selbst wieder von einer weiteren Oberklasse erben. Manchmal wird eine Oberklasse oder die oberste Oberklasse »Basisklasse« (englisch *base class*) genannt.

Objekt

Ein Objekt ist die konkrete Ausprägung des durch eine → *Klasse* definierten Datentyps. Es hat einen inneren Zustand, der durch Attribute in Form von anderen Objekten oder Elementen der in der Programmiersprache vorgegebenen Datentypen dargestellt wird. Der Zustand kann sich durch Aktivitäten des Objekts ändern, also durch Ausführen von Operationen auf Objektdaten. Jedes Objekt hat eine Identität, sodass auch gleiche Objekte unterscheidbar sind. Im Ablauf eines Programms werden Objekte erzeugt (und wieder gelöscht), die aufgrund eines Methodenaufrufs hin aktiv werden.

Open Source

Bei Open-Source-Software sind die Quellen, wie der Name sagt, frei zugänglich. Open-Source-Software ist meistens kostenlos. Sie kann modifiziert, kopiert und weitergegeben werden. Allerdings heißt Open Source nicht, dass alles erlaubt ist. Was erlaubt ist, ist nicht einheitlich geregelt, sodass es für verschiedene Open-Source-Software unterschiedliche Lizenzen gibt. Die Bekannteste ist die unter *http://www.gnu.org/licenses/* erhältliche »GNU General Public License«.

Operand, Operator

Siehe Kasten auf Seite 24.

Operation

→ *Methode*

Polymorphismus

Die Fähigkeit von Programmelementen, sich *zur Laufzeit* auf → *Objekte* verschiedener → *Klassen* beziehen zu können, heißt Polymorphismus. Anders formuliert: Erst zur Laufzeit eines Programms wird die zu dem jeweiligen Objekt passende Realisierung einer Operation ermittelt. In C++ müssen diese Klassen in einer Vererbungsbeziehung stehen (→ *Vererbung*). Mit Polymorphismus eng verknüpft ist der Begriff → *dynamische Bindung*.

Prozessor

Der Prozessor (englisch *CPU*) (= central processing unit) ist das »Herz« des Computers. Dort werden alle Berechnungen ausgeführt. Die meisten Prozessoren sind ähnlich aufgebaut. Sie kommunizieren mit dem Halbleiterspeicher (englisch *RAM* = random access memory), oder kurz memory) des Computers über eine schnelle Datenleitung, die Bus genannt wird. Die CPU hat verschiedene interne Speicher, Register genannt. Sie arbeitet wie folgt: Aus dem Speicher (memory) des Rechners werden der Befehl und die Daten in die CPU-Register geholt, die Rechenoperation wird ausgeführt und das Ergebnis wird zurück in den Speicher geschrieben. Der Prozessor verarbeitet auch Ein- und Ausgaben, zum Beispiel einen Tastendruck von der Tastatur, oder die Ausgabe von Daten an die Grafikkarte (ein weiteres Element des Computers). Die Grafikkarte bringt die Informationen auf den Bildschirm.

Rekursion

Rekursion meint in Programmiersprachen, dass eine Funktion sich selbst aufruft. Eine genauere Erläuterung mit Beispielen finden Sie in Abschnitt 4.5.

Resource Acquisition Is Initialization (RAII)

Dieser Begriff stammt von B. Stroustrup [Str], dem Erfinder von C++. RAII bedeutet: Ein Objekt wird durch den Konstruktor initialisiert. RAII ist das Prinzip, Ressourcen durch die Initialisierung (das heißt durch den Konstruktor) zu belegen. Gleichzeitig ist damit die Freigabe der Ressource durch den Destruktor verbunden. Die Vorteile: Die Freigabe geschieht erst am Ende der Lebensdauer des Objekts. Sie erfolgt automatisch auch im Fehlerfall (Exception), ohne dass sie gesondert programmiert werden muss (wegen der Freigabe durch den Destruktor). Dieses Prinzip wird oft vorteilhaft eingesetzt. Beispiele: automatisches Schließen von Dateien, exception-sichere Beschaffung von Ressourcen mit `shared_ptr`.

R-Wert

→ *L-Wert*

Schnittstelle

Als (öffentliche) Schnittstelle (englisch *(public) interface*) bezeichnet man die Menge von Operationen, die für ein → *Objekt* ausgeführt werden können. In C++ werden Schnittstellen durch die → *Deklarationen* der `public`- → *Methoden* beschrieben.

Signatur

Die Signatur besteht aus der Kombination des Funktionsnamens mit der Reihenfolge und den Typen der Parameterliste. Anhand der Signatur kann der Compiler überladene Funktionen erkennen. Manche betrachten auch den Rückgabetyp als Teil der Signatur.

Subtyp

Ein Subtyp ist ein abgeleiteter → *Datentyp*, wobei ein Objekt eines Subtyps jederzeit an die Stelle eines Objekts der → *Oberklasse* treten kann. Ein abgeleiteter Typ, der nicht vollständig das Verhalten der Oberklasse zeigt, ist kein echter Subtyp.

Übersetzungseinheit

Eine Übersetzungseinheit ist das, was der Compiler in einem Durchgang liest: Eine *cpp*-Datei einschließlich aller inkludierten Header-Dateien (die selbst andere Header-Dateien inkludieren können).

Unterklasse

Eine Klasse, zu der eine → *Oberklasse* existiert, heißt Unterklasse bezüglich dieser Oberklasse. Wenn ein Objekt der Unterklasse stets an die Stelle eines Oberklassenobjekts treten kann, ist die Unterklasse ein → *Subtyp* der Oberklasse. Eine Unterklasse heißt auch »abgeleitete Klasse« (englisch *derived class*).

Vorbedingung

Die Vorbedingung beschreibt den Zustand eines Programms, der notwendig ist, um den nächsten Programmschritt korrekt durchführen zu können. Sie kann mit einer → *Zusicherung* überprüft werden. Der nächste Programmschritt kann eine einzelne Anweisung, aber auch der Aufruf einer → *Methode* sein.

Vererbung

Vererbung wird definiert durch eine Beziehung zu einer → *Oberklasse*, um deren Merkmale und Verhaltensweisen zu übernehmen. Eine Klasse »erbt« von Oberklassen, indem die direkten Oberklassen in der Klassendefinition angegeben werden. Gleichzeitig wird damit von allen Oberklassen der Oberklasse geerbt, sofern sie existieren. Der Aufruf einer Operation für ein Objekt lässt nicht erkennen, ob sie der Klasse des Objekts oder einer Oberklasse zuzuordnen ist, also geerbt wurde. Der

Vorteil liegt darin, dass eine für mehrere Klassen benötigte Funktion nur einmal in der gemeinsamen Oberklasse definiert sein muss. Notwendige Änderungen sind dann nur noch an einer statt an vielen Stellen vorzunehmen, was die Fehlerwahrscheinlichkeit reduziert.

Verkettete Liste

Eine doppelt verkettete Liste ist eine Datenstruktur, bei der jedes Element je einen Zeiger auf das vorangehende und das nachfolgende Element hat. Wenn kein Vorgänger oder Nachfolger existiert (also am Anfang und am Ende), ist es ein Null-Zeiger. In einer einfach verketteten Liste gibt es nur Zeiger auf das nachfolgende Element.

Zustand

Der Zustand eines Objekts ist definiert durch die Menge der Werte seiner → *Attribute.*

Zuweisung

Eine Zuweisung weist ein Objekt dem anderen zu und ändert damit dessen Wert. Im Unterschied zur → *Initialisierung* muss das zu ändernde Objekt vor der Zuweisung bereits existieren.

Zusicherung

Eine Zusicherung (englisch *assertion*) ist eine logische Bedingung, die erfüllt sein muss. Zusicherungen dienen dem Nachweis, dass ein Programm seiner Spezifikation entspricht. Dazu werden unter anderem → *Vorbedingungen* und → *Nachbedingungen* geprüft.

Literatur

[Br] Ulrich Breymann: *Der C++-Programmierer*. Hanser 2015. Siehe auch *http://www.cppbuch.de/*

[cppref] C++ Referenz. *http://www.cplusplus.com/reference/*

[gcc] *GCC, the GNU Compiler Collection. http://gcc.gnu.org/*

[ISOC++] ISO/IEC JTC 1/SC22/WG21: *Standard for Programming Language C++* (letzter öffentlicher C++14-Entwurf, 13. Oktober 2013), siehe *http://www.open-std.org/jtc1/sc22/wg21/docs/papers/2013/n3797.pdf*.

[SFML] Simple and Fast Multimedia Library: *http://www.sfml-dev.org/*

[SpiBr] Andreas Spillner, Ulrich Breymann: *Lean Testing für C++-Programmierer – Angemessen statt aufwendig testen.* dpunkt 2016. Siehe auch *http://www.leantesting.de/*

[Str] Bjarne Stroustrup: *Die C++-Programmiersprache.* Hanser 2015

Stichwortverzeichnis

A

Abstrakte Klasse 227, 379
Abstrakter Datentyp 379
accumulate() 333
Aggregat 114, 216, 380
Algorithmen (C++-Bibliothek) 322
Algorithmus (Definition) 16
Alias-Deklaration 123
Allgemeiner Konstruktor 145
Anweisung 53
array 114, 341
ASCII 19
– Tabelle 376
assert 128
assign() 340
Assoziative Container 344
at() 341
– Map 348
Attribute 380
Aufzählungstyp enum 76
Ausdruck 53
Ausgabe
– -datei 82
– -operator 284
Ausnahme 240, 380
auto 70

B

back() 341, 342
Basisklasse 218
Bedingungsoperator 52
begin() 317, 337
binary_search() 326
Binärdatei 86
Binäre Suche 380
Binärzahl 32
Bit-Operatoren 34
Block 22
bool 49
boolalpha 312

C

C++11, C++14 67
C-Arrays 195
case 73
cerr 80
char 39
chrono (Zeitbibliothek) 352
cin 27, 80
– clear, ignore 61
CircleShape (SFML) 168, 214, 253
clear() 337
Color (SFML) 168
Compiler 17, 19

complex 354
const 71
const char* 41, 192
constexpr
– Funktion 276
– Konstante 72
Container 336, 380
– -Adapter 307, 344
continue 64
copy() 328
count() (Zeitdauer) 352
cout 23, 80
CPU 387
C-String 192

D

Dateiein-/-ausgabe 82
Datenkapselung 134, 381
Datentyp 22, 39, 135, 381
Datum 353
Debug 376
dec 87
= default 288, 311
#define 101
Definition 94, 382
Deklaration 94, 382
Delegation 228, 382
delete 199
deque 343
Destruktor 150
distance() 320
double 33
do-while-Schleife 59
Drei (die großen Drei) 294
duration_cast 353
dynamic_pointer_cast 226, 266

E

Editor 18
Eingabe
– -aufforderungsfenster 19
– -datei 82
– -operator 286
einheitliche Initialisierung 337
Elementfunktion 135, 219
empty() 337
end() 317, 337
endl 80
enum 76
erase() 329, 340
– Map 348
– Set 350
Ereignisgesteuerte Programmierung 164
event loop 172
Exception 240, 380
– vordefinierte 244
exception 240
explicit 141
extern 105

F

Fakultät 109
__FILE__ 242
fill()
– Algorithmus 330
– array 124
final 224
find()
– Algorithmus 324
– Map 348
– Set 350
float 33
for-Schleife 61
Formatierung der Ausgabe 88
Framework 164
friend 283
front() 341, 342
fstream 82
Funktion 91

– freie 136
Funktionsobjekt, Funktor 310
Fünf (die großen Fünf) 359

G

generate() 331
getline() 42
Globale
– Konstante 105
– Variable 104
good() 54, 61, 83, 85
Grafik 163

H

Header-Datei 22
Heap (Speicherbereich) 189
hex 87
Hexadezimalzahl 32

I

Identität 382
if-Anweisung 48
#ifdef, #ifndef 102
ifstream 82
Initialisierung 28, 383
initializer_list 149, 160, 288, 338
inline 143, 284
inner_product() 335
insert() 340
– Map 348
– Set 349
Instanz 383
Intervall (und -notation) 320
iota() 331
Iterator 317

K

Klasse 135, 383
Klassenvariablen und -funktionen 169
Kommazahlen 33
Komplexe Zahlen 354
Konsole 19
Konstruktor 139, 145
– erben 220
Kopie, flache/tiefe 291
Kopierkonstruktor 146
– Elimination 148
Kopiersemantik 357

L

Lambda-Funktion 310, 314
Laufzeit 38
__LINE__ 242
Linken 18, 383
list 342
Liste 318, 390
Literal 38, 384
logic_error 244
Logisches UND, ODER 50
long double 33
lower_bound() 326
L-Wert 357, 384

M

magic number 129, 385
make_pair() 316
make_shared() 205
make_unique() 202
Makro 22, 101
map 345
Mehrfachvererbung 228
Methode 385
min(), max() 332
min_element(), max_element() 333
Mitgliedsfunktion 135
Modulo 31
mt19937 66

N

Nachbedingung 385
Namensraum, anonymer 109
namespace 100
NDEBUG 129
Negation 52
Negationsoperator 60
Netbeans 368
new 199
now() 353
Nullbyte 43
nullptr 191

O

Oberklasse 218, 386
Objekt 135, 386
observer_ptr 272
ofstream 82
Oktalzahl 32
one definition rule 94
Open Source 386
Operator, Operand 24
operator bool() 279
operator<<() 284
operator>>() 286
operator()() 310
operator=() 291
operator==(), operator!=() 282
operator-() 284
operator->(), operator*() 273
operator+=(), operator+() 289
operator++() 279
override 223

P

pair 315
Parameterübergabe
– per Zeiger 197
– per Referenz 102
– per Wert 93
Polymorphismus 387
pop_back() 341, 342
pop_front() 342, 344
precision() 88
private: 139
protected: 218
Prototyp 93
Prozessor 387
Präprozessor 18, 22, 27, 97
public: 139
push_back() 159, 341, 342
push_front() 342, 344
put() 82, 83

R

RAII 153, 388
random_device 68
Referenz 102
– auf const 147
– -semantik 357
Reguläre Ausdrücke 365
Rekursion 106
Relationale Operatoren 49
Release 376
remove()
– Algorithmus 329
– Liste 342
resize() 341
reverse() (Liste) 342
RGB (Farben) 168
runtime_error 244
R-Wert 358, 384

S

Schnittstelle 388
Scope-Operator :: 67, 169
seed 68
set 349
setFillColor() (SFML) 168
SFML 163, 370

shared_ptr 204
Signatur 219
size() 337
sizeof 30
size_t 30
Skalarprodukt 335
sleep() 185
sort() 314, 324
Sprite 251
Stack
– Datenstruktur 307
– und Heap 189
– Laufzeit- 150
– stack (C++-Bibliothek) 344
Standardkonstruktor 145
static 170
static_assert 306
static_cast 43
std (Namespace) 23
stoi() und ähnliche 85
strcmp() 306
strcpy() 296
string 39
strlen() 193, 296
struct 216, 292
Subtyp 219, 389
swap() 337
switch 73
Syntax 18
system_clock 353
Systemfehler 245

T
Template 302
– Meta-Programmierung 363
– Spezialisierung 305
– variadisch 364
Test 366
Textur 256
this 280
Threads 365
throw 240
TicTacToe 121, 230
time_t, tm 353
to_string() 159, 242, 252
typedef 123

U
Überladen
– Funktion 95, 219
Überlauf 66
Überschreiben 219
Übersetzungseinheit 98, 389
Uhrzeit 353
uniform_int_distribution 69
uniform_real_distribution 208
unique() Sequenzen 343
unique_ptr 202
unordered_map 350
unordered_set 351
unsigned 30
Unterklasse 389
upper_bound() 327
using, Alias-Deklaration 123

V
vector 116, 157, 341
Vector2f (SFML) 174, 215, 251
Verbundanweisung 48
Vererbung 214, 389
Vergleichsoperatoren 49
Verkettete Liste 318, 390
virtual 221
void 102
Vorbedingung 389
Vorwärtsdeklaration 273

W
Wert eines Attributs 380
what() 242

`while`-Schleife 57
whitespace 28
`width()` 88

Z

Zeiger 190
Zeitmessung 352
Zufallszahl (Pseudo-Z.) 66
Zustand 390
Zuweisung 28, 390
Zuweisungsoperator 291
Zwischenraumzeichen 28

